Dirk Pajonk

Entspannt gewinnt

Dr. med.
Dirk Pajonk

ENTSPANNT **GEWINNT**

Der **AKTIVPLAN**
vom Arzt, Zehnkämpfer
& Stress-Coach

Für Stresskompetenz und mehr Lebensqualität

MURMANN

Für Katharina, Leo, Jan und Fynn

Wichtiger Hinweis:

Die Medizin ist wie jede Wissenschaft durch Forschungen und klinische Erfahrungen einer ständigen Entwicklung unterworfen. Autor und Verlag haben große Sorgfalt darauf verwandt, dass die Ausgabe dieses Buch bei Fertigstellung dem aktuellen Wissensstand der Wissenschaft entspricht.

Die Informationen dieses Buches können individuell gezielten ärztlichen Rat nicht ersetzen. Konsultieren sie bei gesundheitlichen Beschwerden auf jeden Fall eine Ärztin oder einen Arzt. Eine Haftung des Autors und des Verlages für etwaige Schäden, die sich aus dem Gebrauch oder Missbrauch des in diesem Buch präsentierten Materials ergeben, ist ausgeschlossen.

Die Deutsche Bibliothek – CIP-Einheitsaufnahme
Ein Titelsatz für diese Publikation ist bei
der Deutschen Bibliothek erhältlich.
ISBN 3-938017-33-3

1. Auflage September 2005

Lektorat: Christian Weller, Hamburg
Mitarbeit: Rainer Kolbe, Tating/Eiderstedt
Fotos: Brigitte Werner, Hamburg
Umschlaggestaltung: Rothfos & Gabler, Hamburg
Herstellung und Gestaltung: Eberhard Delius, Berlin
Satz: Reihs Satzstudio, Köln
Gesetzt aus der Minion und der The Mix
Druck und Bindung: Freiburger Graphische Betriebe, Freiburg
Printed in Germany

Besuchen Sie uns im Internet: www.murmann-verlag.de
Mehr Informationen zum Buch: www.entspannt-gewinnt.de

Inhalt

Zum Geleit

von Prof. Dr. med. Günther Jacobi

Stress als Anpassungsstörung ist in den Industrienationen zu einem größeren Co-Killer geworden als Krebs. Einst von der Natur als Schutzfunktion installiert, wird die Stressreaktion heute zur Zivilisationskrankheit erster Ordnung – wenn ihr nicht kompetent begegnet wird. Falscher Umgang mit Stress, das heißt inadäquate Anpassung an unkontrollierte Stressoren aus dem beruflichen, partnerschaftlichen und familiären Umfeld, kann Ernährungsstörungen (krankhaftes Übergewicht), Herz-Kreislauf-Störungen (Bluthochdruck, Herzinfarkt), Muskelverspannungen (»der kranke Rücken«) sowie die sich hieraus ableitenden Folgeschäden begünstigen. Das Hängen an der Zigarette und die vermeintliche Entspannung durch den feierabendlichen Alkohol treiben im ungünstigen Fall eine Abwärtsspirale an, an deren Ende Sucht, Burn-out und seelische Verformung stehen.

Lebensqualität – und damit Lebensglück – ist geknüpft an einen vernünftigen Umgang mit dem Druck, dem wir alle ausgesetzt sind, und zwar mehr, als manch einer glauben mag. Stresskompetenz, also die Fähigkeit, kompetent dem Stress zu begegnen, wird in Volkshochschulen und Managerschmieden gleichermaßen behandelt. Immer mehr Menschen sind gezwungen, professionelle Hilfe von Trainern in Anspruch zu nehmen, um mentale Fitness und damit Seelenkompetenz zu gewinnen und zu erhalten. Bei Therapeuten, die sich mit der Veränderung riskanter Lebensstile befassen, erhält eine Frage zentrale Bedeutung: Wie kann ein Verhaltensplan, eine Strategie durchgehalten, der »innere Schweinehund« besiegt werden? Wahrscheinlich ist hier das Entdecken von Visionen, etwa die Sehnsucht nach einem neuen Selbst, der Schlüssel zum Erfolg. So wird Stresskompetenz durch Zugang zu Spiritualität und stetiger Selbstinventur wirkungsvoll unterstützt.

Dirk Pajonk hat hier ein auf die tägliche Praxis abgestimmtes Paket geschnürt, in dem alle wichtigen zu diesem komplexen Thema gehörigen

Hinweise enthalten sind: der Einstieg in ein praktikables Körpertraining und in eine wertvolle, dem individuellen Bedarf angepasste Ernährung, die Gewinnung von Stresskompetenz durch physische und mentale Entspannung. Die wesentlichen medizinischen Zusammenhänge werden für den Laien verständlich dargestellt. Zugleich ist es ein persönliches, authentisches Buch. Denn der Autor macht die Themen immer wieder durch den Bezug auf seine Erfahrungen zu seiner eigenen Sache. Gerade hierdurch gewinnen die dargelegten Strategien zu mehr Lebensqualität und Glück an Glaubwürdigkeit und animieren zum Beginnen und zum Durchhalten.

Dies ist ein Buch für die Praxis! Ich wünschte mir, dass es in seiner sachlich-lockeren Art und mit den vielen Beispielen aus der Welt des Sports auch und gerade Männer anspricht. Denn sie haben erwiesenermaßen einen besonderen Nachholbedarf, was die Beschäftigung mit den Themen Gesundheit, Prävention und Lebensqualität angeht. Aber auch bei Therapeuten, Ärzten und Trainern wünsche ich ENTSPANNT GEWINNT die weite Verbreitung, die dem Werk gebührt.

Günther Jacobi ist Universitätsprofessor für Urologie; er arbeitet und publiziert in den Schwerpunkten Sexualheilkunde, Umweltmedizin und präventive Verhaltensmedizin (Anti-Aging).

Entspannt gewinnt

Wer kennt ihn nicht, den typischen Arbeitstag mit seinem ganz normalen Wahnsinn? Schon im Auto per Mobiltelefon die ersten Termine klären und schnell ins Büro. Von nun an geschieht alles unter rasendem Zeitdruck – und im Sitzen. Die Mittagspause fällt aus, stattdessen wird hektisch irgendein Snack eingeworfen. Ein Termin jagt den nächsten. Es wird natürlich wieder mal später, die Familie wartet schon ungeduldig zu Hause. Und dann stürzt der Rechner ab, oder man findet partout eine wichtige Unterlage nicht… Jeder weiß, wie es sich anfühlt, wenn auf einmal nichts mehr klappt, wenn man überfordert ist, gereizt und ausgelaugt.

Und jeder kennt die Erlebnisse der ganz anderen Art: Bei einem Spaziergang oder nach einer Atempause wird der Kopf wieder frei. Ein Spieleabend mit Freunden oder ein Essen im Familienkreis weckt die Lebensgeister. Nach dem Schwimmen oder einer erholsamen Nacht fühlt man sich frisch und wie neugeboren.

Im Grunde ist es ganz einfach. Wir spüren sehr genau, ob unsere Kraftreservoirs aufgefüllt sind, ob unser Gleichgewicht stimmt. Was für uns gesund ist, zeigt unser innerer Kompass durch gute Laune, Wohlfühlen und Freude an den Herausforderungen des täglichen Lebens.

Aber warum sind dann so viele Menschen abgekämpft, lustlos oder gehetzt? Etwas vereinfachend lassen sich dafür drei Gründe nennen:

- Weil die Evolution uns im Lauf der Jahrtausende mit ein paar Mechanismen ausgestattet hat, die nicht recht passen zu unserem Leben in der Welt von heute.
- Weil wir in der Arbeitswelt unserer hektischen Wohlstandsgesellschaften das Gespür für den inneren Kompass zum Teil eingebüßt haben.
- Weil wir Krankmacher und Stressfallen nicht erkennen und bereitstehende Ressourcen nicht vernünftig nutzen.

Stress, konsumierender Lebensstil und Zivilisationskrankheiten haben sich zu einem lähmenden Team zusammengetan. Aber man kann sich fit machen gegen diesen Gegner. Stresskompetenz ist lernbar. Ein vernünftiger Umgang mit dem alltäglichen Stress ist zugleich eine effektive Weichenstellung für mehr Gesundheit und mehr Lebensqualität.

In diesem Buch zeige ich Ihnen, wo unser Organismus in der modernen hoch technisierten Welt regelrecht in Fallen läuft und wie wir seinen Bedürfnissen besser gerecht werden können. Ich gebe Ihnen einfache Werkzeuge an die Hand, um schädliche Einflüsse zu entlarven, zurückzudrängen und Ihre Energiereserven aufzufüllen. Letztlich geht es darum, den inneren Kompass wieder voll funktionstüchtig zu machen.

Auf den folgenden Seiten werden keine Einheitslösungen für alle propagiert. Der Mensch ist ein komplexes Wesen. Deshalb haben wir viele verschiedene Möglichkeiten, die allgegenwärtige Überforderung auszuhebeln. Und: Der Mensch funktioniert ganzheitlich.

Vergessen Sie die simplen Patentrezepte, die Ihnen viele Zeitschriften und Ratgeber anpreisen. Das Gefühl, sich rundum wohl zu fühlen, erreichen Sie dann, wenn es auf allen Ebenen halbwegs stimmt: von der Versorgung Ihres Körpers über Ihre Motivation bis hin zum Freundeskreis.

Dieses Buch bietet Ihnen deshalb eine große Bandbreite von Themen, Informationen und Anleitungen für die Praxis. Es bringt unter einen Hut, was Sie sich bisher an verschiedenen Stellen zusammensuchen mussten – Stressbewältigung, Gesundheitssport, Ernährungstipps und mehr. Verteilt auf drei überschaubare Bausteine wird aus der gebotenen Fülle Ihr Aktivplan zur Gewinnung von Stress- und Körperkompetenz.

Dies ist kein Buch, das Ihnen Dinge verbietet. Es ist ein Buch für Ihre Lebensqualität – für Ihre Gesundheit, Ihre Fitness und Ihre mentale Stärke im alltäglichen Dschungel der Anforderungen. Last, but not least ist es ein Buch über gelebte Präventiv- und Anti-Aging-Medizin.

Dieses Buch wird Ihnen Lust machen, Neues auszuprobieren. Sie werden feststellen, was Sie längst wussten, aber im Laufe des Alltagslebens aus den Augen verloren haben. Und Sie werden sehen: Für ein gutes Maß an Lebensqualität ist kein Riesenaufwand erforderlich. Bei der Lektüre finden Sie schnell die für Sie optimale Einstiegsmöglichkeit zum Upgrade der eigenen Lebensqualität. Sie werden merken, wo Sie locker auf Bestehendem aufbauen können, wo es bei Ihnen ganz besonders hapert oder wo es Ihnen ganz einfach am meisten Spaß macht anzufangen. So beginnt schon beim Lesen Ihr Einstieg in ein gesünderes und besseres Leben. Dabei wünsche ich Ihnen viel Freude und Erfolg!

Lebensqualität trotz Stress

Vom Leistungssportler zum Stress-Coach

Als junger Leichtathlet habe ich im Schaufenster eines Fernsehgeschäftes die Übertragung der olympischen Wettkämpfe in Los Angeles 1984 mit Jürgen Hingsen, Siggi Wentz und Guido Kratschmer gesehen. Fasziniert von diesen »Typen«, träumte ich von nun an davon, einmal an Olympischen Spielen teilzunehmen und deutscher Meister zu werden. Also schloss ich mich im Alter von 15 Jahren der Mehrkampfgruppe an.

Nach wie vor machen für mich die Vielseitigkeit und die mentale Stärke, die jeder Zehnkämpfer mitbringen muss, die Faszination dieser Disziplin aus. Die Wettbewerbe finden nach einem festgelegten Zwei-Tage-Programm statt. Der erste Tag beginnt mit dem 100-Meter-Lauf. Bei internationalen Ereignissen sind die Zehnkämpfer meist als Erste in der Arena. Es folgen Weitsprung, Kugelstoßen und Hochsprung. Der abschließende 400-Meter-Lauf ist in der Regel der letzte Event im Stadion, oft gegen 21.30 Uhr. Bis man gegessen und sich gepflegt hat, ist es oft weit nach Mitternacht. Da man etwa drei Stunden vor einer sportlichen Höchstleistung wach sein sollte, damit der Körper seine volle Leistungsfähigkeit entwickeln kann, klingelt der Wecker am nächsten Morgen gegen 5 Uhr. Nach dieser kurzen Nacht folgen 110-Meter-Hürden, Diskuswerfen, Stabhochsprung und Speerwerfen. Der abschließende 1500-Meter-Lauf ist für viele Zehnkämpfer der Albtraum. Nicht so für mich. Da ich ein schneller und guter Läufer war, hatte ich hier noch einmal die Möglichkeit, Punkte gutzumachen.

Zehnkampf ist eine Disziplin, bei der es nur Endkämpfe gibt. Jedes einzelne Ergebnis zählt für die Summierung der Punkte am Schluss. Man kann nicht in einer Disziplin seine Kräfte für die nächste aufheben. Es gilt, in allen das Leistungsmaximum herauszuholen. Das bedeutet auch, dass man sich immer wieder mental optimal einstellen und motivieren muss trotz der Müdigkeit, die während des straffen Zwei-Tage-Programms unweigerlich bei jedem Athleten immer wieder auftritt. Nur wer sowohl körperlich als auch geistig an sich arbeitet, wird entsprechend erfolgreich sein. Es ist diese Auffassung vom ganzheitlichen, vielseitigen Athleten, die mich immer angezogen hat.

Gleichzeitig war Zehnkampf für mich eine Lebensschule. Neben Kraft und Schnelligkeit ging es um die Koordination komplexer Bewegungsabläufe, die nur mit guter Technik zu leisten war. Dazu waren Selbsteinschätzung und kluge Krafteinteilung gefragt. Man lernte Durchhaltevermögen. Einen bestimmten Bewegungsablauf im Stabhochsprung habe ich unermüdlich geübt, wieder und wieder, bis es mir gelang, ihn zu meistern. Trotz der Schwielen an meinen schmerzenden Händen war ich so glücklich über diesen Erfolg, dass ich mich tatsächlich bis heute daran erinnere. Von meinem Training profitierten auch meine bis dahin mäßigen Schulnoten. Völlig unbewusst lernte ich, mich zu konzentrieren, Leistung zu fokussieren. Die Schule wurde für mich einfacher, ohne dass ich das Gefühl hatte, mehr dafür tun zu müssen.

Auf dem Weg zu den Olympischen Spielen

Meine Leistungen im Zehnkampf wurden gut und immer besser, und so schaffte ich 1988 die Qualifikation für die Sportförderkompanie, ein wichtiger Schritt für junge Leistungssportler. 1992, ich hatte bereits mein Medizinstudium in Düsseldorf begonnen, schloss ich mich dem Verein Bayer Leverkusen an und traf hier auf den Trainer Bernd Knut, den wohl wichtigsten Menschen meiner sportlichen Karriere. Er baute mich behutsam auf, glaubte frühzeitig an meine Leistungsfähigkeit und setzte Förderungen für mich durch.

In diesem Jahr habe ich meine Bestleistung um 400 Punkte erhöht. 1994 war es dann endlich so weit, ich qualifizierte mich für die Europameisterschaften in Helsinki. Aber auch Rückschläge blieben mir nicht erspart. In Finnland verletzte ich mich ernsthaft am Knie, und mein nächstes sportliches Lebenszeichen erfolgte erst Ende 1995, wo ich eine bis heute gültige Bestzeit im abschließenden 1500-Meter-Lauf ablieferte. Ich erreichte die magische Grenze von 8000 Punkten, eine Leistung, die mir in diesem Jahr kaum jemand zugetraut hat. Bei den Qualifikationswettkämpfen für die Olympischen Spiele in Atlanta 1996 qualifizierte ich mich als zweitbester Deutscher (die ersten drei dürfen bei entsprechender Qualifikationsleistung mitfahren). Für mich ist das bis heute sensationell. Es gab sicherlich drei oder vier Athleten, die höher einzuschätzen waren als ich – mein Plus war meine hohe Motivation.

Die Olympischen Spiele waren so, wie ich es mir vorgestellt hatte. Es ist unglaublich, in ein Stadion mit 80 000 wartenden Zuschauern einzulaufen, das olympische Feuer im Hintergrund. 1998 wurde ich deutscher Meister. Damit hatte ich die selbst gesetzten Ziele erreicht, und bald spürte ich, dass mein Feuer für den Zehnkampf nicht mehr genug loderte, um ganz vorne mitzuspielen.

Zu dieser Zeit war ich als Arzt am Krankenhaus bereits voll berufstätig. Zusätzlich gab ich regelmäßig Seminare für die Mitarbeiter eines Finanzdienstleisters; dabei schlug ich den Bogen aus dem Leistungssport in die Unternehmen anhand der Themen Motivation und Visionen. Mehr und mehr erweiterte ich diese Vorträge um die positiven Auswirkungen von Ausdauerbelastung, Koordinationsübungen und Krafttraining.

Stress und Kilos

Als ich meine Zehnkampfkarriere beendete, fand ich, ich sei genug gelaufen. Nun wollte ich Zeit und Energie in Familie und Beruf investieren. Ich ging am frühen Morgen in die Klinik, kam am späten Nachmittag nach Hause und kümmerte mich um meine wachsende Familie. An den Abenden und Wochenenden bereitete ich meine Vorträge vor. Dann begann ich, an meinen Urlaubstagen Praxisvertretungen zu übernehmen. Schließlich ging es ja darum, eine berufliche Perspektive aufzubauen. Mein Mobiltelefon hatte ich immer in der Hosentasche, um ja nichts zu verpassen. Am liebsten hätte ich alles auf einmal gemacht.

Ein paar Jahre ging das sehr gut. Ich sammelte neue Erfahrungen und lernte viel dazu. Mein Leben war spannend, und ich war im Aufbruch. Irgendwann kam jedoch der Punkt, ab dem ich mich einfach nur abgeschlagen fühlte. Ich war zunehmend gereizt, fühlte mich in Situationen überfordert, die mich zuvor überhaupt nicht belastet hatten, und fuhr – für mich ganz untypisch – leicht aus der Haut. Ich hatte das Empfinden, keine Zeit mehr für mich selbst zu haben. Und die Kontakte zu meinen Freunden kamen schon lange zu kurz.

Zu diesen Störgefühlen traten bald auch die ersten Anzeichen von körperlichem Unwohlsein. Ich achtete nicht mehr annähernd so bewusst auf meine Ernährung wie noch während meiner Sportlerkarriere. Immer häufiger litt ich an banalen Infektionskrankheiten. Ich war oft müde – sogar zu Zeiten, in denen ich scheinbar wenig zu tun hatte. Bei meiner alltäglichen Belastung gingen mir immer öfter ungute Sätze durch den Kopf wie: »Wenn du so weitermachst, bekommst du irgendwann einen Herzinfarkt.« Intuitiv erahnt man, was der eigenen Gesundheit abträglich ist, man will es oft nur einfach nicht wahrhaben.

Einen Ausweg aus meinem Dilemma sah ich erst einmal nicht. Die Arbeit musste ja weitergehen, sie sorgte schließlich für den Lebensunterhalt. Außerdem machte – und macht – sie mir Spaß. An der Priorität, die meine Familie genießt, wollte ich ganz sicher nicht rütteln.

In dieser Zeit fiel mir bei meinen Vorträgen auf, dass die Teilnehmer zunehmend das Thema Stress ansprachen, wenn sie nach ihren gesundheitlichen Risikofaktoren gefragt wurden. Ich begann mich mit dem Phänomen intensiver zu beschäftigen, konsultierte, wie im Leistungssport, einen professionellen Coach und lernte neben den theoretischen Hintergründen auch meine eigenen Schwächen und Stärken besser kennen.

Vom eigenen Körperprogramm zum Stress-Coaching

Während ich mehr und mehr begriff, was mich in die Situation gebracht hatte, in der ich war, beschloss ich eher instinktiv, meine Sportschuhe wieder auszugraben. Den Ausschlag gab mein Gewicht: Ich hatte weiter gegessen wie zu Sportlerzeiten, mich aber – natürlich – deutlich weniger bewegt. Als ich mit einem meiner Jungs beim Arzt war, wurde er gewogen (16,7 kg). Anschließend mussten wir in eine Apotheke, und ich begab mich selbst auf die Waage, die dort stand. Sie zeigte ein Gewicht von knapp über 100 Kilo an. Das musste ein Irrtum sein! Ich beorderte meinen Jungen auf die Waage, und siehe da: Sie zeigte 16,7 kg. An diesem Tag habe ich beschlossen, wieder mit Sport zu anzufangen.

Mir wurde bewusst, dass sich vieles, was ich in der intensiven Betreuung beim Leistungssport gelernt hatte, auf mein Alltagsleben übertragen ließ: mentale Leistungsunterstützung, die Wichtigkeit von Entspannung, Regeneration und Zeit-Management, gute Ernährung. Ich verband die Erfahrungen aus dem Sport mit meinem Wissen aus Medizin und Stress-Coaching und suchte nach praktischen Umsetzungen in meine täglichen Abläufe. Deutlich spürbar hatte ich ein Handwerkszeug gewonnen, um mit meinen Stressfaktoren besser umgehen zu können. Seitdem ist meine Lebensqualität merklich gestiegen.

Ich habe dabei keineswegs weniger gearbeitet als vorher. Aber ich habe meine »Selbstzeit« umgestaltet. Nicht alles ging dabei leicht von der Hand, eine gute Portion Disziplin war schon nötig. Nach den Jahren der Sportpause hat es einige Mühe gekostet, meinen »eingerosteten« körperlichen Motor wieder anzuschmeißen, und ich habe über Muskelkater geflucht. Vor allem die konsequente Änderung eingefahrener Lebensgewohnheiten hat mir zu Beginn einige Probleme gemacht. Es ist so verflixt bequem, passiv zu sein … Die Lebensqualität verbessert sich dadurch aber nicht!

So wie ich früher ein Trainingsbuch geführt hatte, begann ich nun, meine Erfahrungen mit der Umstellung von Lebensgewohnheiten und mit dem neuen Training aufzuschreiben. Als Leistungssportler war es mir allein um die körperliche Leistungsentwicklung gegangen. Heute steht mein ganz persönliches Wohlbefinden im Mittelpunkt. Es geht mir darum, mich uneingeschränkt wohl und gesund zu fühlen – nicht zuletzt im Hinblick auf die zweite Lebenshälfte, die wir wohl alle länger erleben werden als jemals eine Generation vor uns.

Ich merkte schnell, dass Sport ohne Konkurrenzdruck für mich ein gutes Medium ist, zu mir selbst zu kommen. Und ich stieß auf eine ganze Reihe anderer Dinge, die zur Steigerung meiner Lebensqualität beitragen.

Die Familie zog mit mir an einem Strang, vor allem bei den Ernährungsgewohnheiten. Bewusster Genuss lautet seitdem die Devise, und es ist erstaunlich, wie nahe wir einer vollwertigen Sporternährung gekommen sind. Denn auch im normalen Alltag sollte das Essen von hoher Qualität sein, um den Körper mit dem Besten zu versorgen. Als Nächstes stand meine Freizeitgestaltung auf dem Programm: weniger passives Fernsehen, mehr Lesen und soziale Kontakte. So folgte Stein um Stein. Das Wichtigste werden Sie im Buch wiederfinden.

Heute behandele ich als Orthopäde und Sportmediziner die unterschiedlichsten Menschen, vom Senioren bis zum Leistungssportler. Als Mitglied im medizinischen Team des Deutschen Leichtathletik-Verbandes betreue ich – wie sollte es anders sein – hauptsächlich Mehrkampfveranstaltungen. Das deutsche Zehnkampf-Team, bei dem ich das Ressort des Antidopingbeauftragten übernommen habe, unterstützt junge Athleten, ihre sportlichen Erfolge sauber, das heißt ohne Dopingmittel, zu erreichen. Ziel ist es, die Athleten über den »Treibstoff« Ernährung optimal auf körperliche Höchstleistungen vorzubereiten. Weltklasseleistungen sind auch ohne Doping zu erreichen, das dokumentieren und beweisen wir durch zusätzlich durchgeführte Dopingkontrollen.

Mein Körperkompetenz-Tagebuch erlaubte mir nachzuhalten, was mir entsprach und wirklich gut tat, was funktionierte und was nicht. Als praktisch stellte sich heraus, dass ich die hinzugewonnenen Erfahrungen in meine Tätigkeit als Vortragender und Stress-Coach einbauen konnte. Meine Vorträge und Seminare in Firmen und im akademischen Bereich kreisen um Alltags-Fitness, Präventivmedizin und Stresskompetenz. Hier – wie in meiner persönlichen Geschichte und in meiner ärztlichen Praxis – geht es um vernünftige Antworten auf unseren konsumierenden, bewegungsarmen und aufreibenden Lebensstil.

Die einzelnen Bausteine aus den verschiedenen Bereichen haben sich ganz folgerichtig zu diesem Buch zusammengefügt. Die Weichenstellung für gesteigerte Lebensqualität und verlässliche Gesundheit ist auf einen einfachen Nenner zu bringen: Es geht um das Zusammenspiel von gesunder Bewegung, ausreichender Erholung und guter Ernährung.

Was ist eigentlich Stress?

Die Hälfte der Deutschen fühlt sich mindestens zweimal pro Woche durch Stress belastet. »Oben wird die Luft dünn«, sagt schon der Volksmund. Bei Befragungen gaben sogar 70 Prozent der Führungskräfte an, sich durch die Belastungen des Jobs erheblich in ihrer Lebensqualität beeinträchtigt zu fühlen. Und das Phänomen dehnt sich in alle Lebensbereiche aus. Neben dem ganz alltäglichen Stress spricht man bereits von Freizeitstress und Urlaubsstress.

»Aber noch geht's mir gut« ist der klassische Satz des notorisch Gestressten. Die Betonung liegt dabei auf dem »noch«. Denn eines sollte jedem bewusst sein: Dauerstress ist nicht bloß Leistungshemmer Nummer eins bei organisatorischen Prozessen. Der entsprechende Lebenswandel stört auf Dauer empfindlich das innere Gleichgewicht. Und früher oder später hat diese Störung negative Auswirkungen auf die körperliche Gesundheit. Die Folgekosten des Phänomens Stress werden in Deutschland auf etwa 30 Milliarden Euro jährlich geschätzt.

Aber was ist Stress eigentlich? Der Begriff stammt aus dem Englischen und bedeutet wörtlich übersetzt »Druck«. Ursprünglich kommt er aus der Physik, und hier aus der Werkstoffkunde. Er wird für Materialien verwendet, die unter Druck und Zug stehen und sich dabei verformen. Dies lässt sich anschaulich auf den menschlichen Organismus übertragen. Jeder versteht die Aussage: »Ich stehe unter Druck.«

Dringen immer neue Stressfaktoren auf uns ein, reagieren wir gereizt, genervt und ungeduldig. Fehlt ein Gegengewicht, gerät die innere Balance ins Wanken. Wir verformen und verändern uns. Dann reagiert auch unser Körper. Anfangs zeigt sich die Schwächung durch immer wieder auftretende Infektionskrankheiten. Schwerwiegender sind Magengeschwüre, Bluthochdruck und das Risiko eines Herzinfarkts.

Die Stressreaktion – damals wie heute

In früheren Zeiten waren es meist äußere, umweltbedingte Faktoren wie Hunger, Kälte oder physische Bedrohung, die Stress machten. Heutzutage sind es in aller Regel die privaten oder beruflichen, die inneren und zwischenmenschlichen Anforderungen und Probleme, die Stressreaktionen auslösen. Stressfaktoren erster Kategorie sind Konflikte mit unseren Partnern, Familienstreit oder Auseinandersetzungen mit Arbeitskollegen sowie Angst vor der beruflichen Zukunft. Aber auch eigene, zu hoch gesteckte Erwartungen, die zunehmende Informationsflut, fehlender Schlaf, Zeitdruck und Hektik, unregelmäßiges und unbewusst konsumiertes Essen und Trinken führen zu einer Stressreaktion. Diese als Stressoren bezeichneten Faktoren sind es, die uns aus unserer psychisch- mentalen – und später dann auch unserer körperlichen – Balance bringen.

Dabei sind die physiologischen Vorgänge unter Stress seit Jahrzehntausenden prinzipiell gleich geblieben. Der Mensch der Urzeit musste vor allem vorbereitet sein auf unerwartete Gefahren. So konnte beim Jagen im Wald plötzlich ein wildes Tier auftauchen. Dann hatte er nur zwei Möglichkeiten: Ihm gelang die Flucht, oder er kämpfte sich frei. In jedem Fall führte die Stresssituation zu körperlicher Aktivität.

Bis heute aktiviert die massive Ausschüttung von Stresshormonen alle Organe, die zur Flucht oder zum Kampf benötigt werden. Das Herz fängt an zu rasen, der Blutdruck steigt, verfügbare Energiereserven werden mobilisiert, die Luftwege weit gestellt, die Muskulatur wird angespannt und die Reaktionszeit verkürzt. Gedrosselt werden dagegen die Funktionen aller Organsysteme, die man zur Abwehr der Gefahr nicht benötigt.

Die körperlichen und psychischen Reaktionen auf Stress sind genetisch festgelegt. Sie laufen auch im 21. Jahrhundert exakt nach demselben Prinzip ab. Gleichzeitig hat sich vieles verändert. Wilde Tiere trifft man nicht mehr so oft, stattdessen stößt man auf hinderliche Behördenmitarbeiter, konkurrierende Kollegen und chaotische Chefs. In solchen Situationen ist es wenig ratsam, die innere Stressreaktion durch körperliche Aktivität zu lösen, selbst wenn unser Körper so programmiert ist. Offener Kampf oder Flucht sind hier keine Lösung, sondern schaffen eher neue Probleme …

In früherer Zeit war die Stressreaktion lebensrettend, sie machte in Gefahrensituationen ein schnelles, effektives Handeln möglich. Ohne sie hätte unsere Spezies nicht überlebt. Die Stressreaktion entstand, als höhere Lebewesen in die Lage kamen, sich auf veränderte Umwelteinflüsse einzustellen. So ist sie eng verknüpft mit Eigenschaften, die bis in unsere Zeit hoch geschätzt sind: Flexibilität und Anpassungsfähigkeit.

Auch heute ist Stress im Grunde produktiv. Er macht kreativ, er zwingt uns, zu lernen und neue Lösungsmöglichkeiten zu finden. Leistungssportler beispielsweise setzen sich bei der Jagd nach Bestleistungen ganz bewusst immer wieder Stresssituationen aus. Ohne Stress würde es keine neuen Rekorde, keinen sportlichen Wettkampf geben. Ohne Herausforderung und ein gewisses Maß an Aufregung wäre unser Leben langweilig. Und das gilt nicht nur im Sport, sondern auch in anderen Bereichen, egal ob in der Liebe oder im Job.

Stress – die Hormone

Die Stressreaktion wird bei allen Wirbeltieren – also auch bei uns – durch die Hormone Noradrenalin, Adrenalin und Kortisol ausgelöst. Da alle Informationen zunächst im Gehirn bewertet werden, dient das Gehirn als Schaltstelle. Über die Ausschüttung von Noradrenalin und/oder spezifischen Botenstoffen bestimmt es, wie viel von welchem Stresshormon die Nebenniere produziert. Das ist deshalb so wichtig, weil die verschiedenen Hormone im Rahmen der Stressreaktion unterschiedliche Bedeutung haben. Während Adrenalin und Noradrenalin in akuten, plötzlichen Stresssituationen produziert werden, kommt Kortisol vor allem bei lang anhaltendem Dauerstress zum Zuge.

Deshalb spielen Noradrenalin und Adrenalin die Hauptrolle bei Ärger und Furcht – aber auch bei der erfolgreichen Bewältigung von Herausforderungen, dem so genannten *Eustress*. Eine länger andauernde Kortisolerhöhung im Blut führt zu einer ganzen Reihe von Störungen, von der Deregulation des Insulinhaushalts bis hin zu psychosomatischen Beschwerden. So wird bei Personen, die sich depressiv und hilflos fühlen, ein hoher Kortisolspiegel nachgewiesen. Die negative Form des Stresserlebens nennt man *Dysstress*.

Die Stressreaktion läuft bis heute physiologisch in drei Stadien ab:

- Die **Alarmphase** führt im Gehirn zur Aktivierung der wichtigsten Schaltzentrale bei Gefahrensituationen, dem so genannten zentralen noradrenergen System. Über Ausschüttung vor allem von Noradrenalin und Adrenalin wird das Gehirn und der gesamte Organismus wachgerüttelt. Ein klassisches Beispiel ist folgende Situation: Sie schlummern sanft in Ihrem Bett. Plötzlich weckt Sie ein fremdes, lautes Geräusch. Sofort sind Sie hellwach und versuchen herauszufinden, woher die »Bedrohung« kommt, und was Sie tun können, um sie zu beseitigen.

  Aktiviert werden alle Organsysteme, die zur Bewältigung der möglichen Bedrohung beitragen können. Das Herz schlägt schneller, die Muskulatur wird aktiviert, der Blutdruck steigt. So wird auch das Gehirn besser durchblutet, und die Reaktionszeiten sinken. Die in der Leber gespeicherten Energiereserven werden freigesetzt, und der Blutzuckerspiegel steigt. Diese Reaktion fällt umso stärker aus, je bedrohlicher uns die Situation erscheint. Unser Gehirn reagiert also nicht starr nach Schema F, sondern kann die Abläufe flexibel steuern.

  Organsysteme, die zur Bewältigung der Krise nicht nötig erscheinen, werden zunächst auf ein Minimum zurückgeschaltet. Die bekannte Schreckreaktion »da bleibt mir die Spucke weg« ist ein typisches Beispiel für eine solche Körperfunktion im Stand-by-Betrieb. Anschaulich wird das wieder über die Situation des Urzeitmenschen: Wenn er einem gefährlichen Tier gegenüberstand, wird er kaum an Nahrungsaufnahme gedacht haben, die Speichelproduktion wurde nicht benötigt.

- Die folgende **Widerstandsphase** ist gekennzeichnet durch den Einsatz der zuvor aktivierten Organe, zum Beispiel durch eine Kampf- oder Fluchthandlung. Wir können aber auch unseren Grips nutzen und uns Strategien ausdenken, um die Bedrohung auszuschalten, das Problem zu lösen oder uns zu arrangieren.

Behalten wir die Situation in der Hand, gelingt es uns, den Kopf aus der Schlinge zu ziehen, und gönnen wir uns im Anschluss etwas Ruhe und Entspannung, um verbrauchte Energiereserven wieder aufzufüllen, dann ist nicht mit negativen Folgen für unsere Gesundheit zu rechnen. Im Gegenteil: Wir können stolz sein, eine weitere Herausforderung bewältigt zu haben, unser Selbstbewusstsein steigt.

Beim Eustress, der positiven Form des Stresserlebens, werden Kompetenzen erweitert und neue Fähigkeiten entdeckt. Verantwortlich für diese Form des Stresserlebens ist vor allem Noradrenalin. Das Hormon hat in unserem Körper eine kurze Halbwertszeit, zerfällt also schnell. Die Stressreaktion ist beendet, der Körper kann zur Ruhe finden. Und: Erfolg macht high. Eustress steigert das Wohlbefinden und die gute Laune durch Freisetzung der natürlichen Opiate β-Endorphin und Enkephalin.

Dauert das Widerstandsstadium zu lange an, ohne dass eine Lösung in Sicht ist, geht es uns früher oder später an die Substanz. Das Problem raubt uns die Zeit, die wir für Ausgleich und Entspannung unweigerlich brauchen. Der gleiche Effekt tritt ein, wenn man sich in zu kurzer Zeit immer neuen Stresssituationen aussetzt. Man ist irgendwann ausgelaugt, selbst wenn die Probleme positiv gelöst werden.

Stressreaktionen waren und sind vom Organismus als schnelle Krisenintervention ausgelegt. Gesundheitliche Probleme entstehen, wenn aus der kurzfristigen Notfallreaktion ein Dauerzustand wird. Kommt die Erholung zu kurz, landet man in der dritten Phase.

- Die **Erschöpfungsphase** ist geprägt vom Gefühl, überfordert zu sein und aus eigener Kraft nicht mehr mit der Situation fertig zu werden. Äußerliche Zeichen von beginnendem Dysstress sind Überdruss, Nervosität, Gereiztheit oder chronische Müdigkeit. Die Lebensqualität erleidet spürbare Einbußen. Diese ersten Symptome von Erschöpfung bei andauernden anspannenden Situationen sind ein hervorragendes Frühwarnsystem unseres Körpers. Treten wir jetzt nicht in absehbarer Zeit auf die Bremse und legen eine Verschnaufpause ein, dann gefährden wir Gesundheit und Wohlbefinden. Klassisch für Menschen im Erschöpfungsstadium bei fortgesetzter Dauerstressbelastung ist das Burn-out-Syndrom.

Stress und Gesundheit

Hier – im Schnelldurchlauf – die wichtigsten gesundheitlichen Nebenwirkungen von Stress im Überblick.

■ **Verdauungsorgane** »Das ist mir auf den Magen geschlagen« beschreibt treffend die Reaktion in einer als angstvoll empfundenen Situation. Der Verdauungstrakt gilt in Alarmsituationen als weniger wichtig. Die Speichelproduktion, die zur Vorbereitung der Verdauung dient, wird gedrosselt, der Mund wird trocken, und der Magen verkrampft sich – das typische Gefühl in schreckhaften Momenten. Lang andauernder Stress führt entsprechend zu Verdauungsstörungen wie Durchfall oder Verstopfung und kann die Magenschleimhaut schädigen. Stress ist einer der Hauptfaktoren bei der Entstehung von Magengeschwüren.

■ **Immunsystem** Bei einer kurzfristigen Stressreaktion wird das Immunsystem über die Hormone Adrenalin und Noradrenalin stimuliert. Es kommt zu einem Anstieg der natürlichen Killerzellen, der entwicklungsgeschichtlich ersten Verteidigungslinie im Kampf gegen eindringende Fremdkörper. Bei länger andauerndem Stress wird vermehrt Kortisol ausgeschüttet, das eine überschießende Immunreaktion verhindern soll. Bleibt die Stressreaktion bestehen, wird das Immunsystem geschwächt. Ein klassisches Beispiel ist die Grippe nach einer Prüfungssituation. Zunächst wird das Immunsystem aktiviert, alle Kräfte werden gebündelt. Der Stress hält an und steigert sich noch bis zur Prüfung. Es kommt dann meist zu einer erhöhten Infektanfälligkeit der oberen Atemwege. Auch das Auftreten von Allergien ist bei Stressbelastungen möglich, wenn die Kortisolbildung – zum Beispiel aus organischen Gründen – ausfällt und es zu überschießenden Immunreaktionen kommt.

Muskulatur Stress versetzt die Muskulatur in Alarmbereitschaft. Wir sind bereit, zu kämpfen oder zu flüchten. Anhaltende Stresssituationen führen daher zu Verspannungen. In besonderem Maß ist dabei übrigens die Nackenmuskulatur betroffen, denn durch Hochziehen der Schultern wurde ursprünglich die Halsschlagader vor Bissattacken geschützt.

Schlaf Der alltägliche Stress ist der Schlafräuber Nummer eins. Die Hektik des Tages, Sorgen um die berufliche Existenz oder alltägliche Probleme lassen viele Menschen nachts nicht zur Ruhe kommen. Ein Teufelskreislauf: Wer sich von einer Seite auf die andere wälzt, statt in erholsamen Schlaf zu sinken, verpasst nicht nur die wichtigste Verschnaufpause – er handelt sich noch einen weiteren Stressfaktor ein. Der Druck, am nächsten Tag endlich ausgeschlafen und erholt zu sein, kann selbst zu einem Schlafhindernis werden. Es ist zentral wichtig, das eigene Bett von solchen Anspannungen frei zu halten und es für Erholung und Schlaf zu reservieren. Chronischer Stress senkt den Spiegel des Hormons Melatonin, das den Schlaf einleitet und die Schlaftiefe steuert.

Sexualität Denken wir zurück an den Urzeitmenschen in direkter Konfrontation mit einer Gefahr, wird schnell klar, dass Lust und Fortpflanzung für ihn erst einmal in den Hintergrund traten. Unter Stress wird die Produktion von Geschlechtshormonen, insbesondere des männlichen Testosterons, gedrosselt. Entwickelt sich daraus ein Dauerzustand, verändert sich der sensible Haushalt unserer Sexualität. Die Libido sinkt, bei Frauen kann es zu Zyklusstörungen kommen. Wie beim Schlaf gefährdet man auch hier eine zentrale Kraftquelle. Sex ist einer der wesentlichen Faktoren für innere Zufriedenheit und für eine dauerhafte, erfüllende und harmonische Partnerschaft. Genussvolle Erotik und intakte Partnerschaft sind für jeden für uns Erholung pur.

Gehirn Bis vor wenigen Jahren nahm man an, dass unser Gehirn ausschließlich Ausgangspunkt und nicht auch Ziel der Stressreaktion ist. Mittlerweile konnte wissenschaftlich bewiesen werden, dass Noradrenalin, das zu Beginn einer Stressreaktion und beim positiven Eustress vorherrscht, die benutzten Nervenbahnen stabilisiert. Die Strukturen, die uns helfen, eine Herausforderung zu bewältigen, werden ausgebaut und gestärkt, damit beim nächsten Kontakt mit einer ähnlichen Herausforderung sofort darauf zurückgegriffen werden kann. Kortisol dagegen, das verstärkt unter Dauerstress ausgeschüttet wird, führt zum Abbau und zur Destabilisierung neuronaler Strukturen, die sich bei der Lösung der anstehenden Probleme nicht bewährt haben.

Herz-Kreislauf-System Stressreaktionen lösen im Rahmen der Flucht- oder Kampfvorbereitung eine sofortige Erhöhung der Herzfrequenz und des Blutdruckes aus. Muskulatur und Gehirn werden mit mehr Blut versorgt. Bei plötzlich auftretender Gefahr ist das auch wichtig, denn unser Körper wird aus dem Stand leistungsfähig. Bei kurzfristigen Stressreaktionen hat die ebenfalls einsetzende Blutdruckerhöhung in der Regel keine negativen Folgen. Das alles ist auch Ausdruck unserer Lebendigkeit.

Problematisch wird es dagegen bei Dauerstressbelastung. Fehlt die Zeit für Entspannung und körperlichen Ausgleich, verlieren die Gefäße ihre Elastizität, und der Blutdruck bleibt chronisch erhöht. Die als zusätzliche Energie bereitgestellten Zucker und Fette werden nicht mehr – wie bei unseren Urahnen durch Flucht oder Kampf – verbrannt, sondern überschwemmen die Blutbahnen und können sie verstopfen. Erhöhter Blutdruck in Kombination mit der veränderten Blutzusammensetzung ist ein wesentlicher Risikofaktor für Gefäßverkalkung und Herzinfarkt.

Stresskompetenz

Wie gestresst sind Sie? Mit ein paar Fragen lässt sich Ihr aktueller Status klären:

- Versuchen Sie häufig, mehrere Dinge auf einmal zu erledigen?
- Fühlen Sie sich chronisch müde, auch wenn Sie scheinbar genug geschlafen haben?
- Essen Sie häufig unregelmäßig und hektisch?

Den ausführlichen Fragebogen zur Feststellung Ihres Stresspegels finden Sie im praktischen Anleitungsteil dieses Buches (Seite 206).

Stress ist ein fester Bestandteil im Leben der meisten von uns. Eine stressfreie Arbeitswelt ist schwer vorstellbar. Wir hätten schlechte Karten, wenn Stress ausschließlich ein Krankmacher wäre. Das ist er aber nicht. Die Stressreaktion ist schlicht und einfach Teil unserer biologischen Grundausstattung. Sie hat unser Überleben gesichert und befähigt uns, auf Veränderungen in unserer Umwelt zu reagieren. Hätten wir nicht immer wieder Lust auf den Zustand, in den uns bewältigte Stresssituationen bringen, gäbe es keine Achterbahnen, keine Ausscheidungswettkämpfe und keinen biographischen »Sprung ins kalte Wasser«. Hans Selye, der »Vater der Stressforschung«, muss es wissen, und er hat gesagt: »Stress ist die Würze des Lebens.«

Was uns mürbe macht, ist Dauerstress. In den geraten wir nicht nur durch verfahrene Situationen, bei denen längerfristig kein Ausweg in Sicht ist (der falsche Job, eine überlebte Beziehung). Auch eine Kette von erkämpften Erfolgen laugt uns aus, wenn die Pausen zwischen ihnen zu knapp bemessen sind. Der gleiche Effekt ergibt sich aus einem Übermaß an Widerständen und Unstimmigkeiten, die für sich genommen nicht sonderlich dramatisch sind, die uns aber, geballt und auf Dauer, die Kraft rauben.

Für unser geistiges und körperliches Wohlbefinden brauchen wir also die Fähigkeit, dauerhaften Stress zu vermeiden beziehungsweise zu durchbrechen. Wir brauchen Stresskompetenz. Auf Stressoren werden wir umso qualifizierter reagieren, je früher und differenzierter wir sie erkennen.

Aber: Was uns auf die Palme treibt und aus der Fassung bringt, wie wir wieder auf den Boden und ins innere Gleichgewicht zurückkommen – das ist individuell sehr verschieden.

Manche Menschen bringt scheinbar nichts aus der Ruhe, während andere schon bei Kleinigkeiten an die Decke gehen. Manche Autofahrer bleiben in der Rushhour souverän und ruhig, während andere vor Wut kochen. Einige Mitarbeiter gehen berufliche Risiken ein, versuchen Innovationen und Ideen umzusetzen, andere sind eher zögerlich und abwartend. Aber auch ein und derselbe Mensch kann heute mit einer neuen Aufgabe gestresst und überfordert sein, die er morgen als positive Herausforderung empfindet.

Stresserleben ist ein subjektives Phänomen. Und gerade darin liegt der Ansatzpunkt, wie Sie sich vor den negativen Folgen von Dauerstress schützen können. Intensität und Qualität der Stressreaktion sind geprägt von Ihren Motiven und Einstellungen. Wie Sie Belastungen und Anforderungen verkraften, hat eine Menge mit Ihrem Allgemeinzustand und momentanen Befinden zu tun. Ob Sie mit dem alltäglichen Stress vernünftig umgehen, ist nicht zuletzt abhängig von Ihren Verhaltensmustern.

Deshalb ist der erste Schritt zur Stresskompetenz die Fähigkeit zur ehrlichen Selbstreflexion. Es gilt, ehrlich mit seinen Stärken und Schwächen umzugehen und sie zu akzeptieren. Nur wer weiß, wer er ist, kann bewusst, konsequent und authentisch handeln. Diese Haltung und dieses Wissen ist den wenigsten von uns in die Wiege gelegt. Hier ist Mut und ein wenig Experimentierfreude gefragt, um mehr über sich selbst herauszufinden!

Es liegt entscheidend an Ihnen selbst, wie Sie an die alltäglichen Anforderungen herangehen: ENTSPANNT GEWINNT!

Viele Leistungssportler nutzen heutzutage die Unterstützung von professionellen Psychologen, die gezielt auch die Stress- und Drucksituationen des Sportlers ansprechen und den Umgang damit trainieren. In den USA ist das längst bereits bei Nachwuchsathleten üblich, und der neue Trainerstab der deutschen Fußballnationalmannschaft hat die psychologische Arbeit vor kurzem zum festen Bestandteil des Trainings gemacht. Die volle Leistungsfähigkeit gerade in Stresssituationen abrufen zu können – das unterscheidet jene Sportler, die in Wettkämpfen die Medaillen holen, von den so genannten Trainingsweltmeistern.

Was für den Leistungssport gilt, lässt sich in diesem Fall auch in den Alltag übertragen. Ob hervorragende Mitarbeiter oder exzellente Führungskräfte: Sie zeichnen sich unter anderem dadurch aus, dass sie selbst in extremen Situationen souverän ihre Leistung abrufen können. Um diese Fähigkeit zu erlangen und zu bewahren, braucht man Stresskompetenz – die Fähigkeit, Energie gezielt und sinnvoll einzusetzen, zu wissen, wo man Grenzen ziehen muss, und vor allem: die Krafttanks immer wieder aufzufüllen, um nicht auszubrennen. Wie das geht? Lesen Sie einfach weiter!

Gewinnen Sie Ihre Lebensqualität zurück!

Keiner Generation vor uns ging es wirtschaftlich besser. In den Industrienationen leben fast alle von uns in einem Wohlstand von bisher nicht bekanntem Ausmaß. Und unsere Gesundheitssysteme stehen dem in nichts nach. Nie zuvor in der Menschheitsgeschichte gab es eine ähnlich gute und flächendeckende medizinische Versorgung. Längst hat sich die Konsumgesellschaft auch der großen Themen Schönheit, Glück, Gesundheit und Langlebigkeit angenommen. Glaubt man der Werbung, scheint es bald nichts mehr zu geben, was man nicht käuflich erwerben kann.

Alle diese Vorzüge werden aber ganz offensichtlich nicht eins zu eins in ein Gefühl gesteigerter Lebensqualität umgesetzt. Wie kommt das?

Das lähmende Team: Stress, Konsum und Zivilisationskrankheiten

Die letzten hundert Jahre haben die Lebenswelt, vor allem in den westlichen Industrienationen, grundlegend umgestaltet. Durch Automatisierung wurde die körperlich notwendige Arbeit auf ein Minimum reduziert. Wir bereisen andere Kontinente ohne größere Mühen in kürzester Zeit mit Flugzeugen, benutzen lieber Rolltreppen und Fahrstühle als konventionelle Treppen. Selbst die kürzesten Strecken für kleine Erledigungen werden oft mit dem Auto erledigt. Interessante Berufe sind mehr und mehr Bürojobs am Bildschirm. In einem solchen Umfeld gerät der Wunsch nach körperlicher Betätigung schnell in Vergessenheit. Kopfarbeitern, die täglich von morgens bis abends am Schreibtisch sitzen, ist der Bewegungsdrang oft völlig abhanden gekommen. Viele an sich kluge Menschen nutzen ihren Körper nur noch als Hülle für den Transport zwischen Arbeitsplatz und Wohnung.

Ins Bewusstsein rückt die »Bewegungslosigkeit« individuell erst, wenn körperliche Handicaps mit einem Mal den Alltag mühsam werden lassen. Diese Beschwerden treten gerade bei den sitzenden Kopfarbeitern meist im Bereich der Wirbelsäule auf (zum Thema Rücken siehe Seite 86–91). Ein anderer Hinweis sind äußere Veränderungen, die sich nicht mehr kaschieren lassen, wie Wohlstandsbauch und Doppelkinn (zum Thema Übergewicht siehe Seite 141–145).

Wissenschaftler haben errechnet, dass sich der Energiebedarf der Menschen in der Bundesrepublik Deutschland aufgrund der veränderten Arbeitsbedingungen im Schnitt um 20 Prozent verringert hat. Nahrungsangebot und Konsum sind konstant geblieben. Das Ergebnis wird zunehmend sichtbar. Etwa zwei Drittel der Männer und die Hälfte aller Frauen in den Industrienationen sind übergewichtig. Diese Zahl nimmt kontinuierlich zu, obwohl fast täglich etwas über die negativen Auswirkungen von Übergewicht auf die Gesundheit und den Alterungsprozess in den Zeitungen steht. Alle bekannten Zivilisationserkrankungen werden durch überzählige Kilos gefördert. Im Gegensatz zur mentalen Stimmung, die in aller Regel nachhaltig beeinträchtigt wird.

Unser Leben ist also zu komfortabel geworden. Gleichzeitig gestaltet es sich immer hektischer. Analytiker der Mediengesellschaft wie Paul Virilio sprechen von einem »rasenden Stillstand« – so der Titel eines seiner wichtigsten Bücher. Einerseits bewegen wir uns kaum noch, andererseits bewegt alles sich immer schneller. Vor allem mit dem Eintritt in das Informationszeitalter hat sich eine weitere radikale Veränderung unserer Lebensbedingungen vollzogen. Begriffe wie »Beschleunigung«, »Flexibilität« und »Multitasking« haben Hochkonjunktur.

Wohl niemand mehr kann sich darauf verlassen, dass das einmal Erlernte ein Leben lang reichen wird. Computer, Internet und eine Vielzahl neuer Medien konfrontieren uns mit einer kaum zu bewältigenden Informationsflut. Es bleibt zu wenig Zeit, um diese vielen Informationen zu verinnerlichen und zu eigenem Wissen zu verarbeiten. Laptop und Mobiltelefon lassen die Bedeutung räumlicher Grenzen in den Hintergrund treten. Jeder versucht, jederzeit erreichbar zu sein – eine Verfügbarkeit rund um die Uhr, die in vielen Berufen ausdrücklich erwartet wird. Wirtschaftlich schwierige Zeiten verstärken Hektik und Erfolgsdruck noch.

Ein Ende dieser Entwicklung ist nicht abzusehen. Anschaulich wird die Revolution des Arbeitsplatzes durch die modernen Medien, wenn man die Entwicklung von Automobilen und Computern vergleicht. Hätte die Automobilindustrie zwischen 1981 und 1998 die Autos im gleichen Maße weiterentwickeln können wie die Computerbranche unsere PCs, würden wir mit einem Wagen fahren, der bei möglichen 500 000 Stundenkilometern rund 0,05 Liter pro 100 Kilometer verbraucht. Damit noch nicht genug: Der Anschaffungspreis wäre heute niedriger als damals.

Die gesellschaftlichen und beruflichen Umwälzungen unserer Zeit bringen ungeahnte Neuerungen – sie setzen uns aber auch gehörig unter Druck. In einer Studie gaben weit mehr als die Hälfte der so genannten Kopfarbeiter an, dass sie aufgrund der hohen beruflichen Anforderungen unter Stress leiden und dieser ihnen deutliche Schwierigkeiten in ihrem Leben bereitet. Etwa ein Drittel der Teilnehmer gab sogar an, mit dem Stress in ihrem Leben nicht mehr zurechtzukommen.

Lange Zeit war es, insbesondere in Managerkreisen, »chic«, völlig ausgebucht zu sein und nicht einen freien Termin zu haben. Stress galt als Statussymbol. Als Referent in Seminaren und Workshops verschiedener Unternehmen habe ich in den letzten Jahren einen vorsichtigen Wandel erlebt. Mehr und mehr erkennen diejenigen, die sich in den Kreislauf von Stress und Beschleunigung gestürzt haben, wie hoch der Preis für diese Lebensführung ist. Gesundheit, Lebensqualität, Partnerschaft, Kontakte zu Freunden und Bekannten gehen in solchen Systemen auf Dauer verloren – und am Ende der Kette auch die eigene Leistungsfähigkeit.

Wissenschaftliche Studien zeigen, dass gestresste Menschen verstärkt zu gesundheitsschädlichem Verhalten neigen. Da keine Zeit bleibt, an seinen Körper oder an körperliches Training zu denken, hängt man zur »Entspannung« passiv vor dem Fernseher. Die Ernährung wird sträflich vernachlässigt, beziehungsweise man futtert sich eine »Schutzschicht« an. Zur kurzen Flucht aus dem Büro wird eine Zigarette geraucht. Gegen die Erschöpfung gibt es reichlich Kaffee, und Alkohol soll helfen, Druck abzubauen.

Die Biologie des Menschen ist trotz der beschriebenen Umwälzungen der modernen Lebenswelt im Wesentlichen die Gleiche geblieben. Evolutionäre Veränderungen spielen sich nicht in einem Zeitfenster von hundert Jahren ab. Der Mensch ist auch im 21. Jahrhundert ein genetisch festgelegtes Wesen, dessen Programm sich über Jahrzehntausende ausgeprägt hat. Unser Wohlbefinden hängt nach wie vor entscheidend von körperlicher Bewegung und Entspannung ab, von sozialen Bindungen und einem überschaubaren Lebensumfeld – auch wenn unsere Gesellschaft sich in eine ganz andere Richtung entwickelt hat. Die Evolution braucht ihre Zeit. Und so wie wir gestrickt sind, bilden Stress, Konsum und Zivilisationskrankheiten für uns ein gefährlich lähmendes Team.

Gesundheit, Wohlfühlen und Leistungsfähigkeit

Die gesellschaftlichen Veränderungen lassen sich, so viel ist klar, nicht rückgängig machen. Was wir brauchen, sind Strategien, um den veränderten Bedingungen aktiv entgegenzutreten, und Kompetenzen, um die eigene Lebensqualität zurückzugewinnen und zu verbessern. Ein kreativer und positiver Umgang mit unseren veränderten Lebensbedingungen ist der richtige Weg.

Dafür hat es in letzter Zeit gute Weichenstellungen gegeben. So ist man beispielsweise im Bereich der Stressforschung dem Zusammenwirken von Körper und Geist ein gutes Stück näher gekommen. Jahrzehntelang hatten sich Psychologen und Psychiater auf der einen und Hormon- und Hirnforscher auf der anderen Seite über die richtige Sicht der Dinge gestritten. Was ist Stress? Je nach Sichtweise war es entweder ein hormoneller oder ein seelischer Zustand. In gewisser Weise haben die Wissenschaftler die in unserer Gesellschaft herrschende Tendenz zur Trennung von Körper und Geist gespiegelt. Mehr und mehr setzt sich nun die Überzeugung durch, dass das eine ohne das andere nicht zu haben ist. Gefühle sind stets mit Hormonausschüttung und Muskelaktivierung verbunden. Aber ebenso: Stress ist immer auch abhängig von der seelischen Verfassung und vom sozialen Umfeld.

Die aktuelle Relevanz einer mehr als 2000 Jahre alten Weisheit wird wiederentdeckt: *Mens sana in corpore sano.* Gesundheit und Wohlbefinden sind ein körperliches und geistiges Phänomen. Man kommt auf einen, im besten Sinne ganzheitlichen, Ansatz zurück. Für die Philosophen früherer Tage gab es keine Trennung von Wissenschaft und Lebenskunst. Es war selbstverständlich, dass man alle hinzugewonnenen Errungenschaften – ob theoretische oder praktische – in Lebensqualität umzusetzen versuchte. Eine effektive Strategie gegen die Fallen unseres Lifestyles wird also immer beide Seiten berücksichtigen: Körper und Geist.

Letztlich geht es um Ihre physisch-mentale Balance. Haben Sie das Gespür für dieses innere Gleichgewicht wiedergewonnen, verfügen Sie über einen verlässlichen Kompass, der Ihnen ganz von selbst den für Sie gangbaren Weg durch die Leistungs-, Informations- und Freizeitgesellschaft weist.

Ausdauerbelastung und maßvolles Muskeltraining sowie eine ausgewogene Ernährung sind unsere größten Trümpfe gegen Zivilisationskrankheiten und Stressbelastung. Trotzdem sind sie nicht das alleinige Wundermittel. Unverzichtbar ist ein bewusster und schonender Umgang mit uns und unseren individuellen Ressourcen. Deshalb habe ich den Aktivplan, den ich Ihnen in diesem Buch vorstelle, ganz bewusst in drei große Bausteine aufgeteilt: Bewegung, Erholung und Ernährung.

Die große Herausforderung besteht darin, das richtige Maß zu finden – für das Powern und die Pausen, für Arbeit und Privatleben, für den Alleingang und das Team, für Pflichten und Fun. In dieses Spannungsfeld gehört ein offener Umgang mit dem Begriff Stress. Wer sich und anderen keine Pausen gönnt und keine Schwäche zugesteht, ist ein Kandidat für Magengeschwüre oder Herzinfarkt. Nur wer achtsam und bewusst mit sich und seinem Umfeld umgeht, wird eine kompetente Antwort auf die zunehmende Beschleunigung der Arbeitsprozesse finden.

Haben Sie die Anfangsschritte getan, werden Sie in Privatleben und Job rasch die ersten Erfolge bemerken. Sie werden besser und souveräner in Situationen auftreten, in denen Sie zuvor wahrscheinlich vor Ungeduld aus dem Rahmen oder wegen Überlastung hinter Ihre Leistungskraft zurückgefallen wären. Die nächsten Schritte werden Ihnen dann umso leichter fallen, denn unser Gehirn ist so konzipiert, dass Erfolg Lust auf mehr Erfolg macht und uns noch zielgerichteter werden lässt.

Lifestyle mag käuflich sein – Gesundheit und Wohlbefinden sind es nicht

Die Industrien des Gesundheitssektors träumen von einem Produkt, das fit, gesund und nach Möglichkeit auch noch schlank und schön macht. Dies alles am besten in Form einer Tablette. Manchmal tut die Werbung so, als sei dieses Präparat schon gefunden. Aber seien Sie sicher, weder Gesundheit noch Lebensqualität lassen sich als Lifestyle-Produkt kaufen. Ein Pülverchen oder eine Wunderdiät, die bewirken, dass man ohne Änderung von Ess-, Trink- und Bewegungsgewohnheiten auf der Couch liegend schlank und dynamisch bleibt, wird man nicht entdecken. Körperliches und geistiges Wohlbefinden gibt es nur als Ergebnis eines von uns selbst aktiv vollzogenen Prozesses, der jeden Tag neu gestaltet und gelebt werden will. Es gilt, was schon immer gegolten hat: »Von nichts kommt nichts!«

Gerade in unserer hektischen, reizüberfluteten Zeit ist es wichtig, auch einmal abzuschalten. Aber: Wellness ist nicht genug! Sich etwas zu gönnen, sich zu pflegen oder gepflegt zu werden und sich am Wochenende so richtig zu entspannen ist wunderbar. An Ihren Gewohnheiten und Einstellungen ändern Sie damit nichts. Die Gründe, warum Sie sich gestresst und abgespannt fühlen, lösen sich nicht in Luft auf, wenn Sie sich passiv verwöhnen lassen.

Wellness hat einen unbestreitbaren Stellenwert zum Erreichen des eigenen Wohlbefindens. Noch wichtiger ist es jedoch, dass Sie Eigenkompetenzen entwickeln, eigene Stärken ausbilden oder wiederentdecken. Und: Ohne ein paar aktive Veränderungen werden Sie nicht von der Stelle kommen. Neben genügend Erholung braucht unser Körper ausgewogene Ess- und Trinkgewohnheiten und – genetisch bedingt – Bewegung.

Finden Sie Ihre Vision!

Wenn du ein Schiff bauen willst,
so trommle nicht Männer zusammen,
um Holz zu beschaffen,
Werkzeuge vorzubereiten,
Aufgaben zu vergeben und die Arbeit einzuteilen,
sondern lehre die Männer die Sehnsucht nach dem großen weiten Meer.

Antoine de Saint-Exupéry, Autor des *Kleinen Prinzen*

Wohlbefinden und Lebensqualität werden in unserem Sprachgebrauch weitgehend mit den Begriffen Zufriedenheit und Glück gleichgestellt. Was aber macht diese Empfindungen aus? Wodurch entsteht das wunderbare Gefühl, mit sich und der Welt im Einklang zu sein? Ist dieser Gemütszustand vielleicht nur eine Laune des Schicksals; der eine hat es, der andere nicht? Sind manche Menschen schlicht und einfach von der Natur mit einem sonnigen Gemüt begünstigt worden?

Glück sieht für jeden von uns ein wenig anders aus. Und: Jeder ist seines Glückes Schmied. Psychologisch von Bedeutung ist hier der Begriff der *self-fulfilling prophecy* – auf Deutsch: sich selbst erfüllende Erwartungen. Lebensqualität und Lebensdauer steigen erwiesenermaßen durch ein positives Selbstbild, durch Orientierung und Zielperspektiven.

Schaffen Sie sich daher eigene, positive Visionen, wie Sie sich Ihr Leben in diesem konkreten Lebensabschnitt vorstellen.

Aus meiner aktiven Zeit als Zehnkämpfer und als betreuender Arzt im Deutschen Leichtathletik-Verband weiß ich, dass viele erfolgreiche Leistungssportler mit positiven Visionen an der eigenen Leistungsentwicklung arbeiten. Meist sind die Sportler besonders erfolgreich, die sich die konkreten Situationen des Erfolges lange vorher vorgestellt haben.

Hier sollen nicht die gravierenden Unterschiede zwischen einem maßvollen Gesundheitstraining und dem Power-Programm eines Leistungssportlers heruntergespielt werden. Und dennoch: In beiden Fällen geht es um Menschen, die sich stark und leistungsfähig fühlen wollen. Aus meiner Sicht gibt es, um ein Ziel zu erreichen, kaum etwas Wichtigeres als eine konkrete, gut reflektierte Vision.

Nur, wenn Sie diese Zielperspektive im Blick behalten, werden Sie das Durchhaltevermögen haben, den eingeschlagenen Weg zu verfolgen, wenn sich der innere Schweinehund meldet, wenn es einmal Widerstände oder Rückschläge gibt. Schließlich geht es nicht um einen kurzfristigen Trend, sondern um die nachhaltige und dauerhafte Veränderung von Lebensgewohnheiten.

Ein wichtiger Motivationsfaktor für den Wandel von Lebensgewohnheiten ist auch das soziale Umfeld. Gerade wenn Sie längere Zeit keinen Sport mehr getrieben haben, wenn Erholung für Sie wie ein Fremdwort klingt und Ihre Ernährung alles andere ist als sachdienlich – dann suchen Sie sich Verbündete: zu Hause, bei Freunden und Arbeitskollegen. Es wird Ihnen nur sehr schwer gelingen, Ihr Programm gegen die Abwehr Ihres unmittelbaren Umfelds durchzuhalten. Können Sie Ihren Lebenspartner für einige der Veränderungen begeistern? Gibt es jemanden in Ihrem Freundeskreis oder bei den Kollegen, der ebenfalls Sport treiben möchte? In jedem Fall sollte das soziale Netz Ihnen den Rücken stärken!

Ein Leistungssportler, der nicht wirklich beseelt ist von der Idee, seine eigenen Grenzen weiter hinauszuschieben, um neue Bestleistungen zu erreichen, wird am Ende keinen Erfolg haben. Fremdbestimmung im Leistungssport – durch Trainer, die Talent entdeckt haben, oder eine ehrgeizige Familie im Hintergrund, die sich sportliche Erfolge vom Sprössling wünscht – führt nur in Ausnahmefällen zum Erfolg und praktisch nie zu Glück und Zufriedenheit. Die Schlüssel zum Erreichen selbst gesteckter Ziele sind Aufrichtigkeit, Authentizität und Zielstrebigkeit.

An erster Stelle stehen bei Ihrer Motivation ohne Wenn und Aber Ihre eigenen Bedürfnisse, Ansprüche und Wünsche: Ihre Erwartungen an sich selbst und Ihr weiteres Leben. Schaffen Sie sich Ihre Vision von einem gesunden, erfolgreichen Leben und von hoher Lebensqualität in jedem Lebensabschnitt.

So nutzen Sie dieses Buch

Es gibt kein Buch, das für jeden Leser die individuell passenden Rezepte für körperliches Wohlbefinden, Gesundheit, Stresskompetenz, Schlanksein etc. zur Hand hat. Bücher können – mehr oder weniger sinnvoll – Informationen liefern und Zusammenhänge darstellen.

Wo es um Ihre Gesundheit und um Ihre Lebensqualität geht, sind Sie auch selbst der Hauptakteur. Von außen übergestülpte Weisheiten oder bloß übernommene Einstellungen werden Sie nicht zu den mittel- und langfristig angepeilten Zielen führen. Es geht darum, die Dinge, die Sie sich wünschen, selbst zu erforschen und Ihre ureigensten Bedürfnisse auf die Tagesordnung zu setzen. Nur wenn Sie selbst wissen, wer Sie sind, was Sie brauchen und was Sie erreichen wollen, werden Sie Erfolg haben.

Dieses Buch will Ihnen ganz praktische Hilfestellung geben, wie Sie sich auf einen Weg begeben können, der wahrscheinlich in

Ihrem Kopf bereits vorgezeichnet ist, denn sonst hätten Sie nicht begonnen, sich mit der vorliegenden Thematik zu beschäftigen.

Stellen Sie sich die folgende Situation plastisch vor: Sie haben hier und jetzt eine zufrieden stellende, rundum gute Lebensqualität erreicht. Was kommt Ihnen dabei als Erstes in den Sinn?

- Sie denken in erster Linie an Ihre Gesundheit? Sport bietet aktive Prävention gegen Zivilisationskrankheiten und wirkt sich positiv auf die Lebensqualität aus. In Kombination mit einigen Ernährungsumstellungen schaffen Sie sich optimale Synergien für Ihre Gesundheit. Leistungsfähigkeit und Lebensqualität im beruflichen wie im privaten Umfeld steigen spürbar an.
- Ihr Wunsch ist es, vom körperlichen und geistigen Abstellgleis wieder zu einem aktiven, dynamischen Menschen zu werden? Dann gilt auch hier: Wellness ist nicht genug. Es kommt entscheidend darauf an, sich selbst zu reflektieren und den eigenen authentischen Handlungsplan auf die Beine zu stellen. Es gibt verschiedene Wege, dafür den Kopf frei zu bekommen. Für den einen sind ausgiebige Spaziergänge oder Jogging richtig, andere brauchen Ruhe und Abgeschiedenheit. Sport ohne Leistungs- und Konkurrenzdruck ist in jedem Fall ein sehr gutes Medium, um zu sich zu finden. Sport macht Sie nicht nur körperlich, sondern auch geistig flexibler und zu einem agierenden statt reagierenden Menschen.
- Sie wollen an Gewicht verlieren und sich wieder wohl fühlen in Ihrer Haut? Sport lässt Fettgewebe schmelzen, eine vernünftige Ernährung bietet Ihnen Genuss statt Reue. Entspannung und Erholung geben Ihnen ein gutes Körpergefühl zurück.

Setzen Sie die Liste für sich individuell fort, um Ihr eigenes optimales »Motivationsrezept« zusammenzustellen. Reflektieren Sie die für Sie positiven Dinge. Finden Sie heraus, was Sie persönlich am meisten motiviert! Sie haben sich die für Sie richtigen und wichtigen Fragen gestellt? Dann kann es jetzt losgehen.

Drei Bausteine für mehr Lebensqualität

Die Bausteine für Stresskompetenz und Lebensqualität sind Bewegung, Erholung und Ernährung. Eine Vielzahl von Angeboten bietet bei jedem der Bausteine die Möglichkeit zum Einstieg, zum Ausbau und Aufbau. Dies alles entspricht einem ganzheitlichen Ansatz. Es geht um Sie als ganzen Menschen. Das bedeutet aber nicht, dass Sie sofort alle Bausteine in allen Bereichen Ihres Lebens umsetzen müssen.

Beginnen Sie bei dem Baustein, der Sie am meisten anspricht. Vielleicht wollten Sie schon längst mal wieder Sport treiben? Schöpfen Sie Kraft aus Ihrem Familien- und Freundeskreis? Haben Sie sich schon seit einiger Zeit vorgenommen, ausreichend zu schlafen und Ruhepausen einzulegen? Sind Sie zufrieden mit Ihren momentanen Ess- und Trinkgewohnheiten?

- Baustein I – Bewegung Seite 47
- Baustein II – Erholung Seite 95
- Baustein III – Ernährung Seite 133

Bewegung bringt Sie nach vorn

»Körperliche Fitness ist die wohl wichtigste Ressource, die wir zur Bewältigung unserer beruflichen und privaten Stressprobleme aktivieren können.« Dieser Satz stammt nicht von einem Sportler oder Fitnessguru, sondern von Klaus Linneweh, Professor für Angewandte Sozialpsychologie, und zwar aus seinem Standardwerk *Stresskompetenz*. Der Weg dorthin führt vor allem über ruhiges Ausdauertraining wie Jogging oder Schwimmen. Das Erfolgsrezept besteht erstaunlicherweise darin, die Belastung bewusst gering zu halten.

Die Stress abbauende Wirkung von entspannter Ausdauerbelastung wird auch von Sportlern genutzt. Ob Leichtathleten oder Fußballer: Nach der körperlichen und psychischen Anspannung einer Höchstleistung »laufen sie sich aus«. Etwa eine halbe Stunde lang gehen sie energisch oder laufen entspannt. Das klingt zunächst einmal überhaupt nicht nach Leistungssport. Der Effekt ist jedoch, dass Stresshormone und Botenstoffe im Blut abgebaut werden, die Anspannung sinkt, die Regeneration beginnt, und dem Muskelkater wird vorgebeugt. Untersuchungen bei Führungskräften haben ergeben, dass diejenigen, die regelmäßig ruhiges Ausdauertraining betrieben, sich den beruflichen Belastungen besser gewachsen fühlten. Sie konnten sich leichter konzentrieren, erlebten sich als leistungsstärker und durchsetzungsfähiger. Durch ein solches Training wird der Stresshormonspiegel deutlich gesenkt. Regelmäßig betrieben, führt es dazu, dass selbst bei akutem Stress weniger Hormone ausgeschüttet werden. Stressige Situationen können souverän und überlegt angegangen werden.

Ich beschäftige mich seit vielen Jahren als Sportmediziner mit den Auswirkungen von ruhiger Ausdauerbelastung. Das positive Wirkungsspektrum ist unglaublich – vom Schonen des Herzmuskels durch Senken des Ruhepulses bis hin zu innerer Ausgeglichenheit. Würde jemand eine Pille entwickeln, die im Körper die gleiche Wirkung hervorruft wie ruhige Ausdauerbelastung, wäre ihm der Nobelpreis für Medizin sicher. Neben dem Phänomen Stress werden alle bekannten Zivilisationskrankheiten positiv beeinflusst beziehungsweise präventiv vermieden. Körperliches Training wirkt harmonisierend auf Körper und Geist und fördert die innere Balance. Wissenschaftliche Untersuchungen zeigen: Trainierte Menschen haben eine höhere Lebenserwartung!

Gesundheitssport – Ausdauer trainieren

Bevor ich Ihnen Empfehlungen gebe, wie, wie viel und was Sie trainieren sollten, zunächst im Überblick die positiven Auswirkungen von gesundheitsorientiertem körperlichem Training.

Stresshormone Im Rahmen sportwissenschaftlicher Untersuchungen wurde bei willkürlich ausgesuchten Personen der Stresshormonspiegel im Blut gemessen, bevor man die Probanden etwa 20 Minuten spazieren gehen ließ. Das Ergebnis überraschte sogar die Wissenschaftler. Bereits nach dieser kurzen und leichten Betätigung war der Spiegel der Stresshormone signifikant gesunken. Wir können unserem Körper also offensichtlich ganz einfach einen Ersatz für die Kampf- und Fluchthandlungen geben, auf die er sich unter Stress vorbereitet. In einer angenehmen Freizeitbetätigung, die auch anderweitig unser Wohlbefinden verbessert, lassen sich die bei der täglichen Arbeit entstandenen Stresshormone verbrennen. Bei gutem Trainingszustand werden auch in stressbeladenen Situationen weniger Stresshormone über das zentrale Nervensystem ausgeschieden. Die psychische Balance wird stabiler und kann länger gehalten werden als bei Untrainierten.

Das Herz-Kreislauf-System Untersuchungen, bei denen man gesunden, aktiven Probanden Bettruhe verordnete, zeigten fatale Auswirkungen auf den Kreislauf. Nach nur neun Tagen war das Herzvolumen um zehn Prozent gesunken. Nach vier Wochen war es zu einer Abnahme der Blutmenge von über 700 ml gekommen, die Ruhepulsfrequenz des Herzens war um 22 Prozent angestiegen. Aber es geht erfreulicherweise auch umgekehrt: Regelmäßiges ruhiges körperliches Training führt zu einer Kräftigung des Herzmuskels, das Herzvolumen nimmt zu. Das Herz kann pro Schlag mehr Blut in den Körper pumpen und muss bei gleich bleibender Leistung weniger arbeiten. Der Ruhepuls sinkt. Statt den 70 bis 80 Schlägen pro Minute bei untrainierten Menschen werden nur noch rund 60 Schläge benötigt, um den Körper mit Sauerstoff und Nährstoffen zu versorgen. Der Lebensmuskel Herz wird dadurch enorm entlastet. Schon an einem Tag hat man sich rund 29 000 Schläge erspart.

Extremsportler wie Fahrradprofis schaffen es durch ihr Ausdauertraining, den Ruhepuls auf unter 40 Schläge pro Minute abzusenken. Der Herzmuskel dieser Sportler ist so stark und groß, dass er bei einem seiner Schläge das doppelte Volumen wie bei uns »Normalverbrauchern« pumpt. Bei einer solchen Herzfrequenz würden die meisten Freizeit- und Gesundheitssportler das Bewusstsein verlieren. Aber auch für entspannt Trainierte gilt:

> Mit einem gesenkten Ruhepuls haben Sie eine größere Leistungsreserve zur Verfügung, wenn in Stresssituationen ein rascher Anstieg der Herzfrequenz gefragt ist. Ihre alltägliche Belastbarkeit verbessert sich deutlich!

Ebenfalls positiv beeinflusst wird der Blutdruck. Neben der Ökonomisierung der Herzarbeit werden neue kleinste Blutgefäße, so genannte Kapillaren, in der Muskulatur gebildet. Diese dienen zur Versorgung der unter Belastung aktivierten Muskulatur. Der Blutdruck, der nach der Methode von Scipione Riva-Rocci in Millimeter-Quecksilbersäule (mmHg) gemessen wird, kann durch diese Effekte um etwa 15 mmHg gesenkt werden. Insgesamt verbessern sich die Fließeigenschaften des Blutes. Es entsteht ein wirksamer Schutz gegen einige der wichtigsten Zivilisationskrankheiten, vor allem gegen das Risiko von Herzinfarkt und Schlaganfall.

Hämoglobin Durch Training kommt es zu einem Anstieg der roten Blutkörperchen. Das in ihnen vorhandene Hämoglobin, der charakteristische rote Blutfarbstoff, ist im Körper für den Transport von Sauerstoff zuständig. Zu der vermehrten Sauerstoffzufuhr durch sportliche Betätigung kommen also zusätzlich bessere »Transportmöglichkeiten« in Organe und Zellen. Zusammengenommen wirkt sich das unmittelbar leistungssteigernd aus. Und zwar bereits beim regelmäßigen Spaziergänger.

Dieser Turbo-Effekt ist übrigens der Grund, warum es Leistungssportler, beispielsweise Langstreckenläufer, ins Höhentrainingslager zieht und warum Ausdauersportler aus den hoch gelegenen afrikanischen Ländern ihre Konkurrenten auf längeren Strecken meist abhängen können. Als Antwort auf die sauerstoffarme Höhenluft bildet der Körper verstärkt rote Blutkörperchen mit Hämoglobin. Den Läufern stehen somit mehr »Transporter« für den unter extremen Belastungen vermehrt benötigten Sauerstoff zur Verfügung. Ausdauersportler mit hohen Hämoglobinwerten müssen erst viel später als andere eine so genannte Sauerstoffschuld eingehen und können ihr Tempo und ihre Leistung lange Zeit hoch halten. Ein unter Ausdauerleistungssportlern verbreitetes Dopingmittel ist daher Epo, ein Hormon, das normalerweise in der Niere gebildet wird und den Körper stimuliert, rote Blutkörperchen zu bilden.

Cholesterin Medizinische Studien haben den Zusammenhang von erhöhtem Cholesterinspiegel und Herz-Kreislauf-Erkrankungen nachgewiesen, vom Bluthochdruck bis hin zur Herzkranzgefäßverkalkung mit möglichem Herzinfarkt. Die Bestimmung des Cholesterinwertes ist also im Rahmen einer Routineuntersuchung immer sinnvoll. Das Blutfett Cholesterin teilt sich in zwei Unterfraktionen, deren Wirkung unterschiedlicher nicht sein könnte: HDL-Cholesterin spielt eine entscheidende Rolle beim Abtransport von Fetten aus der Blutbahn; LDL-Cholesterin dagegen ist mitverantwortlich für die Gefäßverkalkung, die sich vor allem auf die feinen Gefäße des Herzens bedrohlich auswirkt. Insgesamt erfüllen die Cholesterine verschiedene lebenswichtige Funktionen. So sind sie Bestandteil verschiedener Hormone, unter anderem der Sexualhormone. Von einem unerwünscht hohen Cholesterinspiegel spricht man bei einem Wert des Gesamtcholesterins von mehr als 200 mg/dl beziehungsweise bei einem LDL-Wert von mehr als 160 mg/dl. Bedenklich ist auch eine Absenkung des HDL-Cholesterins auf einen Wert unter 40 mg/dl. Wichtig ist daher der Quotient aus HDL und LDL. Er sollte etwa bei 1:3 liegen.

Man vermutet, dass ein um 10 Prozent erhöhter Gesamtcholesterinwert das Risiko einer Herz-Kreislauf-Erkrankung schon um 20 bis 30 Prozent steigert. LDL-Cholesterin wird über fettreiche Ernährung und Getränke aufgenommen; Ernährungsumstellung und Gewichtsreduktion sind bei erhöhtem LDL-Wert also sinnvoll. Das reinigende HDL-Cholesterin dagegen wird nicht mit der Nahrung aufgenommen. Zu einer Anhebung des HDL-Werts führen Nikotinverzicht, Gewichtsreduktion und geringer Alkoholkonsum, bis zu zwei Gläsern Wein pro Tag, vor allem aber körperliches Training. Neben dem Cholesterin spielen auch erhöhte Triglyceride, das sind freie Fettmoleküle im Blut, die als reine Speicherfette fungieren, eine Rolle bei der Entwicklung von Herz-Kreislauf-Erkrankungen. Der Triglyceridwert lässt sich über eine fett- und kohlenhydratarme Ernährung, Gewichtsreduktion, Alkoholkarenz und Ausdauertraining senken.

Lungenfunktion Körperliches Training führt in unserem Körper zu einem erhöhten Sauerstoffbedarf, der durch eine Steigerung der Atemfrequenz und des Atemvolumens gedeckt wird. Im Ruhezustand atmen wir etwa 8 Liter Luft in der Minute ein und wieder aus, bei körperlicher Anstrengung sind es im gleichen Zeitraum bis zu 100 Liter. Entsprechend steigt auch die Menge an Sauerstoff, die in den Körper und die Zellen gelangt, um mehr als das Zehnfache. Durch regelmäßige Belastung der Atemwege wird die Atemmuskulatur gestärkt. Das Kapillarnetz der Lungenflügel, in dem Sauerstoff aus der Atemluft aufgenommen und Kohlendioxid als Abfallprodukt abgegeben wird, erweitert sich. Trainierte Lungen atmen insgesamt tiefer und kräftiger ein und aus. Dadurch verbessert sich die Sauerstoffaufnahme auch im Ruhezustand. Im Vergleich zur Leistungssteigerung des Herzens und anderer Organsysteme sind die positiven Veränderungen im Bereich der Lunge allerdings eher moderat.

Immunsystem Ruhiges körperliches Training führt zu einer Stärkung aller bekannten Faktoren des Immunsystems und ermöglicht einen präventiven Schutz vor Infektionskrankheiten. Zu diesem Ergebnis kommen alle einschlägigen Studien. Unmittelbar aktiviert werden die so genannten natürlichen Killerzellen, die erste »Verteidigungslinie« des Körpers zur Abwehr körperfremder Zellen und Krankheitserreger. Entwicklungsgeschichtlich waren die Killerzellen wohl der Bestandteil des Immunsystems, der bei Kampf- oder Fluchtsituationen hochgefahren wurde. Auch die Zahl der Antikörper, die gezielt an bestimmte Krankheitserreger oder Giftstoffe im Blut andocken können, steigt bei körperlichem Training.

Aber Vorsicht bei Überlastung: ENTSPANNT GEWINNT! Leistungssportler, die sehr intensiv und Kräfte zehrend trainieren, erkranken häufiger an Infektionskrankheiten. Zu viel Training ist des Guten zu viel und Stress für den Körper. Kortisol dämpft das Immunsystem. Das gilt auch für manchen Extremsport: Bei starken emotionale Belastungen wie beim Fallschirmspringen ist ein Abfall der Killerzellen für mindestens drei Tage nachweisbar.

Bei körperlicher Überlastung entstehen außerdem wesentlich mehr so genannte freie Radikale als bei gesundem Ausdauertraining im Gesundheitsbereich. Diese äußerst reaktionsfreudigen, meist sauerstoffhaltigen Verbindungen können andere körpereigene Strukturen angreifen, zum Beispiel die Zellwände. Sie bilden sich bei starker körperlicher Belastung, wenn der Körper eine Sauerstoffschuld eingehen muss, um ausreichend Energie zu gewinnen. Da man bei großer Anstrengung vermehrt schwitzt, gehen zugleich Mineralstoffe und Spurenelemente verloren, die normalerweise im Körper als Radikalfänger fungieren.

Gehirnleistung und -gesundheit Sportwissenschaftliche Untersuchungen haben in den letzten Jahren erstaunliche Fakten geliefert: Körperliches Training hat auf das Gehirn eine ähnlich positive Wirkung wie auf das Herz-Kreislauf-System. Die nachgewiesene Steigerung der Gehirnleistung, der Konzentrations- und Merkfähigkeit wird unter anderem durch die verbesserte Durchblutung erklärt. Unter körperlicher Belastung wird die Sauerstoffzufuhr zum Gehirn um bis zu 100 Prozent erhöht. Das führt zur Bildung biochemischer Botenstoffe, die auf das Wachstum von Gehirnzellen fördernd oder, je nach Bedarf, rückbildend wirken. In jedem Fall wird die Arbeit des Gehirns ökonomisiert.

Bis vor wenigen Jahren wurde angenommen, dass die während der Hirnentwicklung einmal angelegten Verschaltungen nicht mehr umgebaut und beeinflusst werden könnten. Heute weiß man, dass das Gehirn lebenslang eine hohe strukturelle Plastizität besitzt. Entscheidend für die Funktionsweise unseres Gehirns ist daher, wie wir uns geistig und körperlich fordern. Körperliches Training stimuliert über spezifische Nervenwachstumsfaktoren die Bildung von Neuronen, das sind die Endungen oder Verästelungen der Hirnzellen. Ebenso stimuliert wird die Bildung von Synapsen, das sind die Brücken oder Kontaktflächen zwischen den einzelnen Hirnzellen. Was heißt das? Das Gehirn eines älteren Menschen, der über viele Jahre körperliches Ausdauertraining betrieben hat, braucht zur Lösung identischer kognitiver Aufgaben ähnlich viele Gehirnabschnitte wie das eines jungen Menschen. Untrainierte Ältere brauchen im Vergleich wesentlich mehr Gehirnabschnitte. Vermutet wird auch, dass körperliches Training als Prophylaxe gegen Demenz-Erkrankungen wie Alzheimer wirkt.

Geist und Psyche Gesundheitssport ist in den letzten Jahren zunehmend von Psychologen und Psychiatern als therapeutisches Mittel entdeckt geworden. Die positive Wirkung auf nahezu alle Formen von Depression und Angsterkrankungen ist mittlerweile bewiesen. Körperliches Training führt zur Bildung von körpereigenen Botenstoffen, den Endorphinen, die unsere Stimmung aufhellen und uns zuversichtlich machen. Diese Botenstoffe machen uns auch unempfindlicher gegen Schmerzen.

Alle Untersuchungen über den Zusammenhang zwischen Ausdauerbelastung und psychischem Befinden haben eine Steigerung des Wohlbefindens, des Selbstbewusstseins und des Gefühls der eigenen Leistungsfähigkeit ergeben. Einer der Gründe sind spezifische Neurotransmitter, Signal-Botenstoffe des Gehirns, die beim Training vermehrt produziert werden. Solche körpereigenen Botenstoffe, die entscheidenden Einfluss auf die Stimmungslage haben, sind Serotonin und Dopamin. Bei Menschen, die an Depressionen leiden, liegt häufig ein Serotoninmangel vor. Dieser kann auch zu Schlafstörungen und Aggressivität führen. Verschiedene Lebensmittel, zum Beispiel Bananen oder Schokolade (am besten mit Kakaoanteil über 70 Prozent), erhöhen den Spiegel der positiven Botenstoffe des Gehirns. Eine ähnliche Wirkung hat übrigens Tageslicht, das im Rahmen der Sportrunde an der frischen Luft gleich mitgeliefert wird.

Dopamin lenkt gezielt unsere Wahrnehmung dahin, wo wir für uns

Positives erwarten. Es ist verantwortlich für unsere Aufmerksamkeit, unser Lernvermögen, unsere Kreativität und unsere Lust nach Genuss, sei es gutes Essen oder Sex. Dopamin ist die Substanz, die uns antreibt, Pläne auch in die Tat umzusetzen. Warum schwören einige Menschen, dass sie alkoholisiert die besten Ideen hätten? Alkohol führt zu einer Dopaminausschüttung im Gehirn, ebenso wie Nikotin. Allerdings stehen die zu erwartenden Nebenwirkungen bei dauerhaftem Gebrauch in keinem Verhältnis zu den positiven Auswirkungen. Ohne gesundheitsschädliche Nebenwirkungen erhöhen regelmäßige körperliche Trainingseinheiten den Dopaminspiegel im Gehirn, vor allem Koordinationsübungen. Da Koordination auch bei Musikern eine wichtige Rolle spielt, lassen sich zum Beispiel bei Pianisten besonders hohe Dopaminwerte nachweisen. Bei Training im richtigen Pulsbereich kommt es zusätzlich zum Anstieg des so genannten adrenocorticotropen Hormons (ACTH). ACTH steigert die Kreativität und löst Fettablagerungen im Gehirn auf. Der Gedankenstrom wird schneller und effektiver.

Diabetesprävention Die schon im Herz-Kreislauf-Abschnitt erwähnten sportwissenschaftlichen Untersuchungen haben gezeigt, dass es bei gesunden Probanden nach längerer Bettruhe und Immobilität auch zu einer Abnahme von Insulinrezeptoren und zu einer Verschlechterung der Insulinsensibilität kommt. Der Blutzuckerspiegel kann nicht mehr in gewohnter Weise konstant gehalten werden. Körperliches Training führt zu einer Zunahme der Rezeptoren und der Insulinsensibilität, die Stoffwechselprozesse werden optimiert. Auch die Pfunde, die man dabei meist verliert, wirken sich positiv auf den Stoffwechsel aus. Jede Form von körperlichem Training wirkt der Entstehung des ungemein verbreiteten so genannten Altersdiabetes (Typ II) präventiv entgegen. (Zum Zusammenhang von Diabetes und Ernährung siehe Seite 149–151.)

Osteoporose Bei dieser Erkrankung, von der insbesondere Frauen nach den Wechseljahren betroffen sind, spielt ein aktiver und präventiver Umgang eine besonders wichtige Rolle. Denn es handelt sich um eine zunächst vollkommen schmerzfreie Krankheit, durch die der Knochen seine

Substanz, Struktur und schließlich auch Funktion einbüßt. Erste Anzeichen des Verlustes an Knochensubstanz ist die Abnahme der Körpergröße. Besonders Wirbelkörper verlieren aufgrund ihrer hohen Belastung die Struktur und somit auch ihre ursprüngliche Höhe. Das Risiko eines Knochenbruchs steigt um ein Vielfaches. Deutliche Beschwerden treten in aller Regel erst auf, wenn es bereits zu schwer wiegenden Veränderungen gekommen ist. Regelmäßiges körperliches Training wirkt präventiv: Es stabilisiert die Knochenstruktur, denn durch die ständige Belastung werden Kalzium und Mineralstoffe in den Knochen eingelagert. (Zur Osteoporoseprävention durch Ernährung siehe Seite 171/172.)

■ **Übergewicht** Schon Kinder und Jugendliche sitzen lieber vor dem Fernseher oder der Spielkonsole, statt sich zu bewegen. Der tägliche Fernsehkonsum liegt derzeit bei etwa zwei Stunden in der Altersgruppe der 14- bis 15-Jährigen. Gerade für Jugendliche, die chronisch unter der vom Organismus benötigten Minimalschwelle an Bewegung bleiben, steigt die Gefahr, an einer der Zivilisationskrankheiten zu erkranken. Es kommt zu Haltungsschwächen und einer verminderten Ausbildung der koordinativen Fähigkeiten, was nach Aussage der *Medical Tribune* Ursache für steigende Unfallzahlen an Grundschulen ist.

Bewegungsmangel und falsche Ernährung (siehe dazu Seiten 141–145) sind die Hauptgründe für Übergewicht, das zwar oft als Makel empfunden und angeprangert wird, sich dennoch unvermindert auf dem Vormarsch befindet. Zusammen mit einer Ernährungsumstellung ist ein kontinuierliches Trainingsprogramm ein sicherer Weg, überflüssige Pfunde zu verlieren. Durch körperliches Training wird Fett verbrannt und Muskulatur aufgebaut. Die Zahl von Mitochondrien, das sind die »Kraftwerke« der Muskulatur, in denen Zucker und Fette zu Energie umgewandelt werden, nimmt zu, und deren Oberfläche vergrößert sich. Bei konsequenter Ausdauerbelastung wird die Muskulatur zu einem Fett verbrennendem Motor.

Ihre Fähigkeit, Fett als Energielieferant zu verwerten, verbessert sich mit jeder Trainingswoche. Außerdem steigt die Produktion von

Enzymen, die die Fettverbrennung weiter ankurbeln. Mit dem Fett werden die darin gespeicherten Giftstoffe abgebaut. Die optische Verbesserung durch Zunahme der Muskelmasse können Sie selbst im Spiegel kontrollieren, und ein positiver Eindruck vom eigenen Körper stärkt das Selbstbewusstsein. Durch Gewichtsreduktion steigt also nicht nur Ihr körperliches, sondern auch Ihr psychisch-mentales Wohlbefinden.

Nehmen Sie sich Zeit für Ihre wichtigste Ressource!

Körperliches Training ist für die meisten von uns mit positiven Begriffen wie Gesundheit, Wohlbefinden, Dynamik verbunden. Warum treiben dann nicht viel mehr Menschen Sport? Schon bei der Vorstellung, eingefahrene, vielleicht bequeme Gewohnheiten zu ändern, bekommen einige ganz offensichtlich kalte Füße. Als wichtigster Hinderungsgrund erscheint aber immer wieder der Faktor Zeit. »Wann soll ich denn das noch machen?« ist die Standardreaktion, wenn man in der Praxis Patienten zu mehr Bewegung rät. Bei Befragungen, warum kein Sport betrieben wird, geben etwa 70 Prozent der Befragten an, der Zeitaufwand sei zu hoch und sie hätten zu wenig Zeit. Aber niemand sollte sich etwas vormachen: Untätigkeit ist Raubbau am Körper!

Insbesondere beruflich stark engagierte Menschen wissen ziemlich genau, dass sie durch Ihre Arbeitsweise und den damit verbundenen Lebensstil Ihren Körper über Gebühr strapazieren. »Aber noch geht es mir doch gut!« heißt es meist halbherzig, wenn sie darauf hingewiesen werden. Und die Betonung liegt auf dem »noch«.

Der Körper ist mit dem, was ihm da zugemutet wird, sehr geduldig. Die Organe haben große stille Reserven – sie funktionieren auch dann noch, wenn sie schon lange nicht mehr die volle Leistung erbringen können. Die Verengung der Herzkranzgefäße bei Menschen, die körperlich nicht aktiv sind, wird durch Schmerzen oder Belastungseinbußen oft erst wahrgenommen, wenn der Gefäßdurchmesser bereits zu 80 Prozent verengt ist. Sind die Reserven aufgebraucht, dann ist der kritische Punkt überschritten, und es kommt – scheinbar plötzlich – zu Gewebszerstörung mit Funktionsverlust, ohne dass zuvor Schmerzen oder andere Symptome aufgetreten waren.

Wer in seinem Terminplan keinen Platz für Sport (sowie für vernünftige Mahlzeiten und für Erholungspausen) findet, setzt seine Prioritäten verkehrt. Er spart am falschen Platz: bei der Zeit für seine wichtigste Ressource, die eigene Gesundheit. Ohne entsprechende körperliche und geistige Gesundheit aber ist niemand in der Lage, sein Potenzial optimal auszunutzen.

Der Zeitaufwand ist geringer als allgemein angenommen. Sie können viel erreichen, ohne stundenlang Sport zu treiben. Entscheidend sind Konsequenz und Regelmäßigkeit. Haben Sie die ersten Schritte getan und etwa sechs bis acht Wochen durchgehalten, werden die Ergebnisse des Trainings Sie überzeugen!

Der Faktor Zeitmangel steht vor allem bei Menschen in verantwortungsvollen Positionen im Vordergrund. Dabei sind gerade sie es, die am meisten von einem vernünftigen Ausdauertraining profitieren. Sportwissenschaftliche Untersuchungen beweisen, dass körperlich aktive Führungskräfte sich den Belastungen und Stresssituationen in ihrem Beruf besser gewachsen fühlen. Die untersuchten Manager gaben an, dass Konzentrationsfähigkeit und Durchsetzungskraft gestiegen seien und dass sie größeres Vertrauen in ihre beruflichen Qualitäten hätten.

Sportliche Aktivität ist also alles andere als Zeitverlust! »Subjektiv« hat man nach einer Gewöhnungsphase an das Training wahrscheinlich sogar das Gefühl, Zeit zu gewinnen. Natürlich muss für Jogging, Walking oder Schwimmen eine gewisse Dauer einkalkuliert werden. Aber Zeit ist für uns nicht nur eine lineare Abfolge, ein regelmäßiger Takt wie für unsere Uhren. Zeit wird von jedem von uns – in Abhängigkeit von dem Erlebten – mal langsam oder schnell, mal langweilig oder interessant, mal als fruchtbar oder verloren erlebt. Man kann viel Zeit vertun, und es gibt die paar Minuten, die alles entscheiden.

Subjektiver Zeitgewinn entsteht dann, wenn man bei klarem Kopf in kurzer Zeit die Lösung eines beruflichen oder privaten Problems findet. So etwas habe ich während oder nach dem Ausdauertraining häufig erlebt, und in die gleiche Richtung gehen die Rückmeldungen vieler Menschen, die regelmäßig langsame Ausdauerbelastung betreiben. So habe ich während meiner Promotion über manche Fragestellungen lange nachgegrübelt. Der entscheidende Gedanke kam mir oft beim anschließenden Spaziergang oder Jogging. Solche Effekte finden ihre Erklärung in der beschriebenen verbesserten Hirnleistung durch regelmäßiges körperliches Training.

Haben Sie sich erst einmal in Bewegung gesetzt, wird auch Ihnen die Arbeit leichter von der Hand gehen, werden auch Sie Stresssituationen souveräner bewältigen.

Grundregel: Spaß muss sein!

Gute Gründe haben Sie also genug, um mit dem Training anzufangen. Aber Vernunft und gute Vorsätze sind nicht genug. Das entscheidende Kriterium, damit Sie Ihr geplantes Programm durchhalten, ist der Faktor Spaß. Genuss an dem, was Sie tun und wie Sie es tun, ist in allen Lebensbereichen der Schlüssel zum Erfolg! Suchen Sie sich eine Sport- oder Bewegungsart, die Ihnen Freude bereitet. Dann werden Sie Ihr Trainingsprogramm auch durchhalten, wenn dabei lieb gewonnene und bequeme Lebensgewohnheiten geändert werden müssen.

Vielfalt macht Freude! Kombinieren Sie nach Möglichkeit und Vorlieben verschiedene Trainingsarten für vernünftigen Gesundheitssport. Die Abwechslung erhöht den Spaß, und es werden immer wieder verschiedene Muskelgruppen angesprochen. Liegt Ihr Schwerpunkt eindeutig und klar beim Jogging, empfehle ich, die Laufstrecken häufig zu variieren. Augen und Gehirn werden die Abwechslung danken, und außerdem lernt man seine Nachbarschaft besser kennen.

Ihrer Phantasie und Ihren sportlichen Vorlieben sind keine Grenzen gesetzt.

Sollten Sie länger keinen Sport mehr getrieben haben oder übergewichtig sein, beginnen Sie besser mit Walking, Nordic Walking oder einer anderen gelenkeschonenden Sportart. Sagen Ihnen aber Mannschaftssportarten wie Fußball oder Basketball eher zu, lassen Sie sich bitte nicht abhalten.

Fast alle Mannschaftssportarten – ebenso wie Tennis, Badminton oder Aerobic – trainieren Ausdauer. Sie fördern zusätzlich Koordination und Geschicklichkeit mehr als reine Ausdauersportarten. Außerdem haben Mannschaftssportarten durch den Kontakt mit den Mannschaftskollegen einen hohen sozialen Stellenwert, sie bilden Teamfähigkeit und schaffen Freundschaften. Vor allem bei Tennis, Squash, Hallenfußball und Handball kommen durch die plötzlichen Start- und Stoppbewegungen allerdings verstärkte Belastungen auf Gelenke und Muskulatur zu. Solche schnellkräftigen Sportarten sind gerade für ältere Gesundheitssportler nicht das Nonplusultra.

Ausdauersportarten

- **Spazieren gehen** eignet sich vor allem für Menschen, die sich längere Zeit nicht mehr bewegt haben sowie für Menschen mit Übergewicht. Ein spezielles Equipment oder eine spezielle Technik sind nicht notwendig. Eine Senkung des Stresshormonspiegels bei regelmäßigem Spazierengehen ist wissenschaftlich nachgewiesen. Der Zeitaufwand sollte nicht unter 20 Minuten liegen, optimal ist eine Dauer von etwa 45–60 Minuten, etwa drei bis vier Mal pro Woche.

Walking ist ein anderes Wort für schnelles Gehen. Der Unterschied zum Spazieren und zum Jogging liegt im betonten Armeinsatz. Durch die Aktivierung der oberen Rumpf- und der Armmuskulatur wird der Trainingseffekt verstärkt. Zum Walking sollten Sie sich mit Laufschuhen und adäquater Sportbekleidung ausrüsten.

Nordic Walking ist eine relativ neue, trainingseffektive Trendsportart. Durch den intensiven Einsatz der oberen Rumpf- und der Armmuskulatur werden deutlich mehr Muskelgruppen angesprochen als bei einfachem Jogging und Walking. Die verwendeten Stöcke sollen die Gelenke entlasten, was insbesondere für Menschen mit Übergewicht oder nach längerer Sportabstinenz sinnvoll ist. Das entsprechende Equipment ist in jedem Laufshop oder Sportfachgeschäft erhältlich. Hier gibt es meist auch Informationen, wo in Ihrer Nähe ein Kurs zum Erlernen der Technik angeboten wird, denn der koordinierte Armeinsatz ist zur richtigen Ausführung wichtig. Nehmen Sie an einem solchen Kurs teil, und lernen Sie »Mitstreiter« kennen, mit denen Sie sich zu gemeinsamen Laufexkursionen treffen!

Jogging ist die Ausdauersportart schlechthin. Deshalb werde ich darauf gleich etwas ausführlicher zu sprechen kommen. Laufen kann man immer und überall nahezu unabhängig von Ort, Witterung und Jahreszeit. Das benötigte Equipment – Laufschuhe und Sportbekleidung – passt in jede Reisetasche. Eine Technik im engeren Sinne muss nicht erlernt werden.

Fahrradfahren eignet sich hervorragend zum Einstieg in ein körperliches Trainingsprogramm. Bei der gelenkschonenden Sportart muss das eigene Körpergewicht nicht getragen werden. Nicht umsonst wird Fahrradfahren eingesetzt, um nach einem Herzinfarkt die Belastbarkeit wieder herzustellen, sowie in der Arthrosebehandlung, da die gleichmäßigen Bewegungen ohne Gewichtsbelastung die Bildung von Gelenkflüssigkeit fördern und diese gleichzeitig sanft in den Knorpel gepresst wird. Der Gelenkknorpel wird somit optimal mit Nährstoffen versorgt, und Arthroseschmerzen gehen bei vielen Patienten deutlich zurück. Aktiviert wird allerdings fast ausschließlich die Beinmuskulatur, also nur etwa ein Sechstel der Muskelmasse des menschlichen Körpers. Notwendig ist die Anschaffung eines für Sie geeigneten Fahrrads, auf dem Sie die richtige Sitzposition einnehmen können. Diese sollte beim Gesundheitssport relativ aufrecht sein, um Ihren Rücken zu schonen.

- **Inlineskating** ist eine moderne Trendsportart, die sich mehr und mehr in allen Altersgruppen durchsetzt und sich aufgrund ihrer Wendigkeit und Schnelligkeit gut zum Stressabbau eignet. Aber Vorsicht: Von allen vorgestellten Sportarten ist hier die Technik am schwierigsten zu erlernen. Bei ungeübten Einsteigern besteht eine relativ hohe Verletzungsgefahr. Ohne entsprechendes Equipment, Knie-, Ellenbogen- und Handschoner sowie Helm, sollten Sie nicht beginnen. Für Einsteiger und ältere Menschen ist Inlineskating sicher nicht die Sportart der ersten Wahl.

- **Schwimmen** ist insbesondere bei relativ hohem Übergewicht oder Gelenkerkrankungen die optimale Sportart, um mit dem Training zu beginnen. Die Gelenke werden geschont, denn der Körper ist im Wasser weitestgehend von der Schwerkraft befreit. Im Leistungssport haben Schwimmen und Aquajogging einen festen Platz bei der Rehabilitation und Regeneration nach Verletzungen. In den Trainingslagern der Zehnkämpfer gehört eine ruhige Einheit Aquajogging zwischen den harten Trainingseinheiten zum täglichen Programm. Meist fühlen sich die Athleten nach der sanften Bewegung besser und frischer. Die häufig in öffentlichen Schwimmbädern angebotenen Wasser- oder Aqua-Fitnessangebote sind also ausgesprochen sinnvoll. Beim Schwimmen selbst werden nahezu alle Muskelgruppen angesprochen.

- **Golf** Immer häufiger werde ich als Sportmediziner auch zum Thema Golf befragt. Der ehemals elitäre Sport ist in den letzten Jahren bezahlbarer geworden, der Zeitaufwand bleibt jedoch relativ hoch. Wer seine Leidenschaft für das Golfen einmal entdeckt hat, wird davon vermutlich nicht so schnell wieder loskommen, denn es fördert nicht nur Ausdauerleistung und Beweglichkeit. Es schult Koordination bei Schwung und Schlag. Es erfordert mentale Stärke und hohes Konzentrationsvermögen. In Abhängigkeit von der Platzanlage legen die Spieler bei jeder 18-Loch-Runde bis zu zehn Kilometer zurück und dies zumeist in schöner Natur. Wenn dann noch auf eine rückenschonende Haltung geachtet wird, lautet das Fazit des Mediziners: Eine rundum gute Sache.

Körperliche Grenzen, Marathon und Superkompensation

Respektieren Sie Ihre körperlichen Grenzen; überfordern Sie sich nicht! Wer seine individuelle Belastungsgrenze nicht kennt, sollte am Anfang lieber etwas weniger trainieren als zu viel. Erschöpfungszustände nach einer Überlastung stellen gleich zu Beginn Ihre Motivation auf eine unnötig harte Probe. Setzen Sie sich nicht unter Druck, und seien Sie nicht ungeduldig!

Ein zentraler Punkt bei allem, was Sie ausprobieren und beginnen: Es darf nicht wehtun. Schmerzen werden Ihre Lust an der Bewegung mindern. Schmerzen frustrieren Sie und überdecken die vielen positiven Effekte des Trainings. Kämpfen Sie also nicht gegen auftretende Missempfindungen an, sondern nehmen Sie diese ernst.

Sollten die Beschwerden anhalten, obwohl Sie sich einige Tage geschont haben, ist es ratsam, das Ganze von einem Sportmediziner klären zu lassen. Oft lassen sich solche Beschwerden zu Beginn noch relativ einfach aus der Welt schaffen. Sind diese erst einmal chronisch geworden, wird eine rasche Therapie dagegen schwer.

Übermäßig hartes Training ist der Leistungsentwicklung und der Gesundheit abträglich. Aus meiner Sicht und festen Überzeugung muss daher nicht jeder, der um seiner Gesundheit willen ruhige Ausdauerbelastung betreibt, an einem Marathon teilnehmen. Wir reden schließlich über Gesundheitssport zur Erhaltung und Förderung des körperlichen und geistigen Wohlbefindens. Ein Marathonlauf ist eine enorme Belastung für Muskulatur, Gelenke, Skelettsystem und nicht zuletzt die inneren Organe. Deshalb bedarf es einer intensiven und gewissenhaften Vorbereitung, um gesundheitliche Risiken wie Schäden an Muskulatur und Gelenken zu minimieren. Eine umfassende ärztliche Untersuchung, vor allem des Herz-Kreislauf-Systems, sollte selbstverständlich sein für jeden, der plant, einen Marathon zu laufen.

Natürlich ist der Mythos Marathon ein Motivationsfaktor ersten Grades – für alle, die ein klares Trainingsziel brauchen. Ich persönlich kann jeden verstehen, der sich hin und wieder voll verausgaben und seine Leistungsgrenze finden will.

Sollten auch Sie vom Mythos Marathon »infiziert« sein, kann ich Ihnen nur empfehlen, diese Inspiration zu nutzen. Verlieren Sie aber dabei das Wesentliche nicht aus dem Blick: Nicht jede körperliche Betätigung erzielt die genannten positiven Trainingseffekte.

Wann der Körper seine Leistung zuverlässig steigert, erklärt der wissenschaftliche Begriff der *Superkompensation*. Beim Training werden erst einmal Energiereserven erschöpft und bestimmte Enzyme zur Energiebereitstellung verbraucht, Strukturen der Muskulatur wie die Zellmembranen werden angegriffen. Der Körper nimmt diese »Alarmsignale« wahr und setzt seine Reparaturmechanismen so ein, dass er bei einem nächsten Training, das mit der gleichen Intensität betrieben wird, möglichst nicht mehr in das Erschöpfungsstadium gerät. Der Körper ist also nach dem Training stets bemüht, sein Ausgangsniveau zu verbessern. Er passt sich den Erfordernissen an, und zwar auch, wenn man einige Jahre keinen Sport mehr getrieben hat.

Je stärker der Trainingsreiz war, desto länger dauert die Phase der Regeneration. Die Belastungsintensität ist also von zentraler Bedeutung. Etwas anderes sollte aber keinesfalls vergessen werden: Der eigentliche Trainingseffekt entsteht nach dem Training, in der Phase der Erholung, wenn der Körper das Ausgangsniveau anhebt. Wer seine körperlichen Grenzen überschreitet und die Erholung vernachlässigt, indem er die Trainingsreize zu kurz aufeinander folgen lässt oder zu hart dosiert, verspielt die positiven Effekte.

Entscheidend für die Verbesserung Ihrer körperlichen Leistung ist die Entspannung nach vollbrachter Leistung. Auch hier gilt das Motto: ENTSPANNT GEWINNT! Eine ansteigende körperliche Leistungsfähigkeit erreichen Sie durch die richtige Trainingsdosis in Kombination mit ausreichender Erholung. Der Überlastung einzelner Muskelgruppen und Gelenke beugen Sie vor, indem Sie vielseitig und abwechslungsreich trainieren. Fordern Sie sich verschiedene Bewegungsabläufe ab, aktivieren Sie unterschiedliche Muskelsysteme, vermeiden Sie Einseitigkeit, Verbissenheit und Scheuklappen-Sport.

Übrigens: Auch Alkohol kann die körperliche Erholungsphase nach dem Sport stören. Damit ist nicht das abschließende Bierchen mit Teampartnern oder Lauffreunden gemeint. Aber bereits mehr als zwei Gläser Wein oder zwei Flaschen Bier lassen den Trainingseffekt verpuffen.

Ebenso sicher ist, dass körperliche Veränderungen und die genannten positiven Effekte nicht von heute auf morgen geschehen, vor allem nach längerer Sportkarenz. Kurzfristige Erfolge haben gerade bei den Themen Fitness, Gewicht und Gesundheit selten dauerhaften Bestand. Besser ist, kontinuierlich und regelmäßig »am Ball« zu bleiben. Der gewünschte Erfolg wird sich sicher einstellen.

Finden Sie Ihre Vision von dem, was Sie erreichen wollen, dann werden Sie auch bei aufkommender Trägheit oder schlechtem Wetter Ihr Ziel fest vor Augen behalten.

Gerade zu Beginn ist es ratsam, ein Trainingstagebuch zu führen, in dem Sie die Dauer der Belastung und Ihr körperliches Befinden vor und nach dem Training notieren. Trainingserfolge werden auf diese Weise dokumentiert, und Sie können Ihre individuelle Belastbarkeit besser einschätzen. Ein Trainingstagebuch steigert Ihre Motivation und gibt Ihnen Sicherheit.

Ausdauersport Nummer eins: Laufen

Um die volle Schärfe des Denkens zu erreichen, blieb Sokrates mit seinen Schülern beim Philosophieren immer in Bewegung: Man »wandelte umher«. Nach allen Erkenntnissen, die wir besitzen, müssten in den Büros Laufbänder oder Fahrradergometer installiert werden. Denn der Zusammenhang von körperlichem Training und Kreativität ist wissenschaftlich erwiesen. Laufen macht den Kopf frei.

Der Laufstil Laufen ist eine vollkommen natürliche Sache, bei der jeder Mensch einen eigenen Stil entwickelt. Gäbe es einen ultimativen Laufstil, würden alle Leistungssportler versuchen, ihn zu kopieren. Aber so ist es nicht. Schaut man sich eine Leichtathletikveranstaltung an, wird man schnell sehen, dass jeder Sportler seinen individuellen Laufstil hat. Auch beim Jogging muss also keine spezielle Technik erlernt werden.

Vorsicht: Bei ganz normalen Laufschritten wirkt etwa das Dreifache des Körpergewichtes auf Ihre Gelenke. Es kommt gerade bei Übergewicht zu enormen Belastungen des Muskel-, Gelenk- und Skelettsystems. Bei gesundheitlich orientiertem Training sollten Sie auf die Schrittlänge achten. Lange Schritte bedeuten eine starke Verlagerung des Körperschwerpunktes, nach oben und nach unten, sowie hohen Energieverbrauch. Machen Sie lieber kleinere und flüssige Schritte. Bewegen Sie sich locker und entspannt.

Die Trainingszeit Wann ist die optimale Tageszeit zum Laufen? Der tägliche Zeitplan lässt meist wenig Platz, »mal eben zwischendurch« zu joggen. Meine persönliche Empfehlung ist, das Training in die Morgenstunden vor dem Frühstück zu verlegen. Organisatorisch lässt sich diese Zeit am besten in den Tagesablauf einplanen, denn früh am Morgen gibt es in aller Regel noch keine Termine, auf die Rücksicht genommen werden muss, Telefon und Handy klingeln noch nicht. Ihr persönliches Umfeld wird mit der Stunde, die Sie morgens früher aufstehen, besser umgehen können, als wenn Sie nach der Arbeit später nach Hause kommen. Außerdem fällt es nach einem anstrengenden Berufs- oder Familientag in aller Regel schwer, sich »aufzuraffen«. Gründe und Ausreden, warum das Training verschoben werden muss, finden sich in den Abendstunden im Dutzend.

Natürlich ist es zu Beginn relativ schwer, eine Stunde früher als gewohnt aus dem Bett zu kommen. Es gibt niemanden, dem das Starten – vor allem zu Beginn des Trainings – nicht auch mal schwer fällt. Ich stelle mir deshalb schon am Abend alle Dinge an der Haustür bereit, die ich morgens zum Laufen benötige. Wenn der Wecker klingelt, stehe ich nur noch auf, ziehe mich direkt um und laufe los.

Bei der Rückkehr vom Lauf werden Sie sich frisch und wach fühlen. Belohnen Sie sich dann mit einem köstlichen Frühstück und frischem Obst. Nach etwa sechs bis acht Wochen, wenn sich Ihr Körper an die regelmäßige und ritualisierte Belastung gewöhnt hat, werden Sie spüren, wie Sie profitieren. Sie beginnen den Tag mit einem Plus an Sauerstoff, hellwach, aktiv und konzentriert. Sie fühlen sich beschwingt und wohl in Ihrer Haut.

Auch ich musste mich, nachdem ich einige Jahre fast überhaupt keinen Sport mehr getrieben hatte, erst einmal durch die ersten Wochen der ungewohnten Belastung und des frühen Aufstehens mühen. Das biologische Prinzip unseres Körpers ist die Anpassung an die jeweiligen Erfordernisse. Eine lange Zeit der Inaktivität lässt Muskulatur und Beweglichkeit schwinden. Aber das Prinzip funktioniert auch umgekehrt. Bei Wiederaufnahme der Belastung wird der Körper wach und stark – und das in jedem Alter.

Mittlerweile ist die morgendliche Trainingseinheit fester Bestandteil meines Alltagslebens. Das frühe Aufstehen bereitet mir schon lange keine Schwierigkeiten mehr, ganz im Gegenteil: Ich freue mich auf die aktive Zeit nur für mich. Ich habe meine »Eigenzeit« wiederentdeckt! Morgens ist die Luft vor allem in den Großstädten besser als in den Nachmittags- und Abendstunden. Am frühen Morgen wird das Atmen doppelt zum Genuss.

Wer zeitlich uneingeschränkt die Möglichkeit hat zu trainieren, kann nach anderen Gesichtspunkten entscheiden. Physiologisch optimal sind die frühen Nachmittagsstunden.

Es geht vor allem darum, dass Sie Ihr Trainingsprogramm flexibel und individuell gestalten. Wenn Sie meinen, dass Sie besser abends trainieren können, weil Sie vielleicht ein Morgenmuffel sind, dann tun Sie das. Machen Sie Ihre eigenen Erfahrungen, und finden Sie Ihren eigenen Rhythmus. Verlieren Sie aber dabei nicht Ihr Ziel aus den Augen.

Das Equipment, das Sie sich zum Walking, Nordic Walking oder Jogging zulegen sollten, ist überschaubar. Das wichtigste Utensil sind die richtigen Laufschuhe. Bei jedem Fußauftritt muss beim Laufen etwa das Zwei- bis Dreifache des eigenen Körpergewichtes abgefangen werden. Rechnet man pro Schritt rund 200 kg, kommt man bei einem entspannten, lockeren Lauf über fünf Kilometer auf über hundert Tonnen Belastung. Hiervon sind selbstverständlich insbesondere die Füße betroffen.

Falsches oder schlechtes Schuhwerk kann zu Schmerzen im Bereich der Sprung-, Knie- und Hüftgelenke sowie im Bereich der Lendenwirbelsäule führen. Gute Laufschuhe schützen vor Verletzungen und Schmerzen und unterstützen Sie damit aktiv beim Training. Gerade weil in der Stadt meist auf hartem Untergrund, zum Beispiel asphaltierten Wegen, gelaufen wird, sollte der Schuh eine ausreichend gute Dämpfung besitzen. Auch die Fußform spielt eine wichtige Rolle beim Schuhkauf. Häufige Fußfehlstellungen lassen sich durch geeignetes Schuhwerk ausgleichen. So können Schmerzen des Fußgewölbes oder der Achillessehne verhindert werden. Was wohl jedem klar ist: Schuhe müssen gut passen und ausreichend Stabilität bieten.

Es ist sinnvoll, sich in einem Fachgeschäft beraten zu lassen, welcher Schuh der beste für Sie ist. Die Wahl der Laufbekleidung ist für das Training eher nachrangig. Wählen Sie Kleidung, in der Sie sich wohl fühlen, die praktisch ist und Ihnen gefällt. Die Sportbekleidungsindustrie wartet inzwischen mit den ausgefeiltesten Funktionsfasern auf. Was Sie davon wirklich brauchen, werden Sie im Laufe Ihres Trainings herausfinden. Sicher sinnvoll ist atmungsaktive Kleidung.

Schlüssel zum Erfolg: Training im Sauerstoffüberschuss

Die positiven Effekte für Ihre Gesundheit treten nur ein, wenn Sie im so genannten aeroben Bereich trainieren, also im Sauerstoffüberschuss. Fordern Sie sich nur so weit heraus, dass Ihr Körper die benötigten Energiereserven aus dem im Blut zirkulierenden Sauerstoff schöpfen kann. Als Daumenregel gilt: Gesundheitlich orientiertes Training ist leicht, locker und entspannt.

Ist der Sauerstoffvorrat aufgebraucht, muss der Körper auf die eiserne Reserve zurückgreifen. Die so genannte anaerobe Energie steht nur sehr begrenzt zur Verfügung, unsere Kohlenhydrat- oder Zuckerreserven betragen nur etwa 1000 kcal. Für eine längere Laufstrecke reicht das nicht. Ein anschauliches Beispiel für anaerobe Energiegewinnung ist ein 400-Meter-

Läufer, der auf den ersten Metern der Distanz für seinen Leistungsstand zu schnell gelaufen ist. Zum Ende des Rennens verlieren solche Läufer immer erheblich an Geschwindigkeit, es scheint, als würden sie die Beine »nicht mehr hochbekommen«. Physiologisch erklärt sich der Leistungsverlust zunächst mit dem Verbrauch der schnell verfügbaren Kohlenhydratspeicher. Die zweite Stufe der anaeroben Energiegewinnung, bei der Glukose bis zum Laktat abgebaut wird, führt zu einer Übersäuerung der Muskulatur und des gesamten Organismus und damit zu einem rapiden Leistungsabfall.

Laufen wir hingegen im Sauerstoffüberschuss, greifen wir, nachdem die Kohlenhydratspeicher aufgebraucht sind, auf die Fettreserven zurück. Und diese sind reichlich vorhanden, denn jeder Mensch trägt rund 80 000 kcal mit sich herum, was rein rechnerisch etwa für einen Lauf von Düsseldorf nach Rom reichen würde. Aber woran erkennt man, ob man sich im vernünftigen Rahmen bewegt, ob man im Sauerstoffüberschuss trainiert?

Orientieren Sie sich beim Einstieg ins Lauftraining zunächst an Ihrer Herzfrequenz oder Ihrem Puls!

Das richtige Tempo für Stressabbau und Gesundheitsförderung ist meist niedriger, als man denkt. Die Faustregel lautet: »Pulsschlag 220 minus Lebensalter mal 0,6 bis 0,8 = richtige Pulsfrequenz im Training.« Bei einem 40-Jährigen wäre also eine Pulsfrequenz von 110–120 Schlägen pro Minute vollkommen ausreichend.

Sind Sie fest entschlossen, regelmäßig zu laufen, dann ist die Durchführung eines Laktattests empfehlenswert. Dieser Test dient der genauen Bestimmung der Schwelle zwischen aerober und anaerober Belastung. Er zeigt, in welchem Pulsbereich Sie die benötigte Energie aus Ihren eigenen Sauerstoffreserven schöpfen können – und das ist abhängig vom Leistungsstand und von Mensch zu Mensch unterschiedlich.

Im aeroben Training deckt der eingeatmete Sauerstoff den Bedarf des Körpers für die gewählte Belastung und die damit verbundene Herzarbeit. Dabei werden Kohlenhydrate und Fette verwertet. Die aerob-anaerobe Schwelle markiert den Punkt, ab dem der Körper andere Energiereserven anzapfen muss. Ist die Belastung so hoch, dass der eingeatmete Sauerstoff nicht mehr ausreicht, um genügend Energie zu erzeugen, setzt die so genannte Glycolyse ein – und es entstehen die Abfallprodukte Laktat (auf Deutsch Milchsäure) und Sauerstoffradikale. Durch Bestimmung des dazugehörigen Pulsschlags lassen sich genaue Empfehlungen geben, bei welcher Herzfrequenz trainiert werden und welche Schwelle nicht überschritten werden sollte.

Aus eigener Erfahrung und nach Auswertung vieler Laktattests bei Sporteinsteigern und -wiedereinsteigern kann ich Ihnen sagen, dass zu Beginn meist eine Pulsfrequenz zwischen 100 und 120 Schlägen pro Minute ausreicht.

Genauere Daten als das Tasten des Pulses mit der Hand liefern Pulsuhren. Ein spezieller Gürtel mit Elektroden, der in Herzhöhe umgeschnallt wird, sendet die Herzfrequenz zu einer Uhr am Handgelenk, wo sich der Wert bequem ablesen lässt, ohne dass man das Laufen unterbrechen muss. Pulsuhren sind kein modischer Trend, sondern zur optimalen Trainingsführung sehr zu empfehlen. Die ausgeklügelten Tabellen, die Ihnen die neueren Modelle als Belastungsempfehlung mitliefern, beruhen allerdings auf statistischen Werten und bieten keinen vollwertigen Ersatz für den persönlichen Laktattest. Diesen Test machen Sie beim Sportmediziner, der während eines ansteigenden Belastungstrainings auf dem Laufband oder Fahrradergometer Ihren Milchsäurewert im Blut bestimmt. Manche Fitnesscenter bieten diese Untersuchung in ihren Räumen an; weitere Stellen sind Universitäten und Olympiastützpunkte. Die Investition von rund 150 Euro (leider zahlen die Kassen nicht) ist lohnenswert. Untersuchungen bei Trainierenden haben gezeigt, dass viele Menschen ihre Leistungsfähigkeit überschätzen und zu schnell laufen. Dies lässt sich mit Hilfe eines Laktattests und der Trainingskontrolle durch eine Pulsuhr vermeiden.

Das Trainingsprogramm

Zur Ihrer Beruhigung: Es bedarf nicht allzu viel, um dem durch unsere Lebensweise bedingten Bewegungsmangel und seinen negativen Auswirkungen entgegenzutreten. Wenig, aber bewusstes Training ist besser, als erst gar nicht zu beginnen!

Positive Auswirkungen auf Ihren Stoffwechsel lassen sich durch zügiges Spazierengehen oder eine entspannte Fahrradtour schon in einer Viertelstunde erzielen. Statt in der Mittagspause in der Kantine zu sitzen, können Sie Stress abbauen und etwas für die Gesundheit tun, indem Sie einen kurzen Spaziergang um das Firmengelände machen. Je regelmäßiger Sie diese Maßnahmen durchführen, desto größer der Effekt. Allerdings werden bei einem solchen Minimalprogramm noch nicht alle positiven Auswirkungen auf die Stoffwechselvorgänge des Körpers in Gang gesetzt.

Das Optimalprogramm zur Verbesserung des Herz-Kreislauf-Systems, des Stoffwechsels sowie zur Prävention gegen Zivilisationskrankheiten erreichen Sie bei einer drei- bis viermaligen Belastung pro Woche zwischen 30 und 60 Minuten. Gerade nach längerer Sportabstinenz sollten Sie sich zu Beginn nicht zu viel zumuten. Haben Sie nach einigen Wochen einen guten Trainingseffekt erzielt, verlängern Sie erst einmal die Strecke und Dauer des Trainings. Verzichten Sie zunächst auf ein höheres Tempo.

Übertriebener Ehrgeiz steht einer gesunden und vernünftigen Fitness eher im Weg. Zu einem ausgewogenen Fitnessprogramm gehören die entsprechenden Pausen, um sich Erholung zu gönnen. Auch Leistungssportler, die ja meist sehr ehrgeizig sind, müssen sich immer wieder den folgenden Satz von ihren Trainern anhören: »Nicht: viel hilft viel!« Zu häufiges und zu hartes Training sind der Leistungsentwicklung auch im Leistungssport abträglich. Umso mehr sind Pausen und Entspannungstage im Gesundheitssport eine wichtige Grundlage, um die Lebensqualität zu verbessern. Ein Trainingspensum von 4- bis 5-mal pro Woche ist vollkommen ausreichend. Ein Einsteigerprogramm finden Sie auf Seite 219–225.

Was ist Muskelkater?

Gerade zu Beginn von körperlichem Training nach längerer Sportabstinenz kommt es häufig zum so genannten Muskelkater, einer normalen physiologischen Reaktion der Muskulatur auf neue, ungewohnte oder zu starke Beanspruchung.

Lange Zeit dachte man, die Ansammlung von Laktat in der Muskulatur sei für die Missempfindungen verantwortlich. Laktat entsteht als Abbauprodukt bei der anaeroben Energiegewinnung. Dass diese Theorie falsch ist, ließ sich unter anderem dadurch zeigen, dass Laktat im menschlichen Körper keinen Schmerzreiz auslöst.

Muskelkater wird durch kleinste Mikroverletzungen der Muskulatur nach intensiver Belastung ausgelöst. Die Schmerzen treten erst nach 12 bis 24 Stunden auf, da bei diesen kleinsten Verletzungen nur so wenige der schmerzvermittelnden Botenstoffe freigesetzt werden, dass diese so lange brauchen, um bis zur Zellwand der Muskelzellen zu gelangen. Erst hier treffen sie auf eine Nervenzelle, die die Information zum Hirn weiterleitet.

Wird Muskelkater zu häufig in zu kurzer Zeit ausgelöst, besteht die Gefahr, dass sich diese Mikroverletzungen summieren und beispielsweise zu einem Muskelfaserriss führen. Man sollte also bei Muskelkater die Belastung verringern und sich schonen. Eine vorbeugende Maßnahme gegen Muskelkater ist natürlich ein vorsichtiger und vernünftiger Belastungsaufbau, bei dem Überlastungen vermieden werden. Ist der Muskelkater trotzdem einmal da, hilft Wärme in der Badewanne, im Whirlpool oder der Sauna gegen die Beschwerden. Auch ein betont ruhiger Dauerlauf oder Spaziergang fördert die Stoffwechselvorgänge und beschleunigt den Abtransport der schmerzauslösenden Substanzen.

Ausdauertraining – noch einmal zusammenfassend die positiven Auswirkungen:

- Sie kräftigen Ihre Lunge, vertiefen Ihre Atmung.
- Sie stärken Ihr Immunsystem.
- Sie verbessern Ihre Herzfunktion und vermindern das Risiko eines Herzinfarktes.
- Sie vermindern das Risiko von Gefäßverkalkung, Bluthochdruck und Schlaganfall.
- Sie reduzieren Ihr Risiko, Prostata- oder Darmkrebs zu bekommen.
- Sie vermindern Ihr Risiko, an »Alterszucker«, Diabetes mellitus Typ II, zu erkranken.
- Sie verbessern die Gesundheit und Leistungsfähigkeit Ihres Gehirns und damit auch Ihre Konzentrationsfähigkeit und Kreativität.
- Die Produktion von Sexualhormonen, insbesondere von Testosteron steigt an, was die männliche Potenz verbessern kann.
- Sie tun etwas für Ihr Selbstbewusstsein. Falls notwendig: Bewegung ist ein Antidepressivum.
- Sie tun etwas für die Figur und gegen Übergewicht.

Stretching – für Geschmeidigkeit und Körpergefühl

Das Stretching habe ich in meiner Zehnkampfzeit schätzen gelernt. Bei internationalen Wettkämpfen ist die Nacht zum zweiten Wettkampftag, wie schon erwähnt, meist sehr kurz. Am nächsten Morgen fühlt man sich müde und nach den Belastungen des Vortags auch ziemlich steif. Bei der ersten Disziplin des zweiten Tages, dem Hürdenlauf, geht es darum, die Hindernisse gewandt und elegant zu meistern. Deshalb hat zu diesem Zeitpunkt die sorgfältige Vorbereitung für mich immer eine besondere Rolle gespielt. Neben dem Aufwärmen und langsamen Einlaufen kam dazu ein ausgiebiges Dehnungsprogramm, das wieder locker und leistungsbereit machte.

Ein ausgewogenes Stretching gehört zu jedem gesundheitsorientierten Training. Dieser Überzeugung bin ich, auch wenn für den Leistungssport die Rolle des Stretchings bei der Leistungsvorbereitung, beim Abtransport der unter Belastung anfallenden »Abfallprodukte« und bei der Verletzungsprophylaxe zurzeit kontrovers diskutiert wird. Sportliche Aktivitäten führen zur Kontraktion der beanspruchten Muskeln, und es dient schlicht und einfach einem gesunden Ausgleich, sie nach dem Training zu dehnen. Muskuläre Dysbalancen durch eventuelle einseitige Belastungen können auf diese Weise ausgeglichen werden.

Entscheidend ist die Wirkung von Dehnung bei dauerhafter Inaktivität. Wenn Sie den ganzen Tag sitzen, dann verkürzen sich die Muskulatur und der Kapsel-Band-Apparat der Gelenke. Die Folge: herabgesetzte Flexibilität der betroffenen Gewebe und Verlust von Beweglichkeit und Geschmeidigkeit der Gelenke und des Bewegungsapparates. Deshalb ist es wichtig, vor Trainingsbeginn Ihren Körper durch Dehnungsübungen auf die ungewohnten sportlichen

Aktivitäten vorzubereiten. Stretching verbessert Ihre Bewegungsfähigkeit und erweitert Ihren Bewegungsradius, es senkt damit indirekt das Verletzungsrisiko.

Dehnung und Stretching-Übungen haben darüber hinaus ihre eigene Berechtigung unabhängig von einer betriebenen Sportart, zum Beispiel als Therapieform in der Arthrosebehandlung. Der Gelenkspalt der betroffenen Gelenke wird durch Verkürzung der Muskulatur und des Kapsel-Band-Apparates noch zusätzlich verschmälert, was die Beschwerden meist verstärkt. Im Rahmen krankengymnastischer Übungen werden diese Strukturen gedehnt und entspannt, um das Gelenk zu entlasten. Fehlbelastungen, zum Beispiel durch »Schonhaltungen«, und die Überbeanspruchung bestimmter Muskelgruppen, die zu Schmerzen im Bereich des Bewegungsapparates führen, können ausgeglichen werden.

Die positiven Wirkungen des Stretchings nutzen auch meditative Körpertechniken wie das indische Yoga oder das chinesische Qigong. In Verbindung mit einer entsprechenden Atmosphäre und der spezifischen Atemtechnik haben die ruhigen und konzentrierten Übungen energetisierende und zugleich entspannende Wirkung.

Die verschiedenen Dehntechniken werden verwendet, um ein intensives Körpergefühl zu entwickeln. Gerade diesen Gewinn an Körpergefühl machen sich auch Leistungssportler zunutze. Vor und nach dem Training »erfühlen« sie durch die Übungen die Grundspannung der Muskulatur. Stretching hilft auch beim Gesundheitssport – im Vorfeld, um Spannung aufzubauen, und nach dem Training beim Spannungsabbau.

Ein Blick in die Natur bestätigt die Bedeutung. Instinktiv recken und strecken Tiere sich, sie dehnen Muskulatur und Kapsel-Band-Apparat, bevor sie eine Belastung aufnehmen. Diese »Übungen« dienen der energetischen Vorbereitung des Körpers auf die bevorstehende Belastung. Nehmen Sie als bekanntes Beispiel Stretching bei Katzen – Katzenbuckel und anschließendes Hohlkreuz.

Ich empfehle Ihnen vor und nach jeder Belastung ein etwa zehnminütiges Stretchingprogramm. Einzelne Übungen können Sie auch in Ihr Lauftraining einbauen. Einen bewährten Grundstock an Übungen finden Sie im praktischen Anleitungsteil dieses Buches, versehen mit detaillierten Beschreibungen und erläuternden Abbildungen (Seiten 240–252). Mit diesen Übungen machen Sie Ihre Muskulatur geschmeidig und beugen Verletzungen vor. Nach dem Sport helfen Ihnen diese Übungen, sich wieder zu entspannen.

Koordination – Kopf und Körper als Team

Im Zehnkampf spielt die Koordination bei einer ganzen Reihe von Disziplinen eine besondere Rolle: Beim Hürdenlauf stehen 1,06 Meter hohe Hürden in einem Abstand von 9,14 Metern und werden in einem Drei-Schritt-Rhythmus im vollen Sprint überquert. Da gilt es, die Bewegungen genau zu koordinieren, zumal es häufig zu Berührungen mit dem Bahnnachbarn kommt, die einen leicht aus dem Gleichgewicht bringen könnten. Beim Diskuswerfen ist nach mehreren Disziplinen mit geradlinigen Bewegungen plötzlich eine Drehbewegung gefragt. Eine Umstellung, die nicht nur mir immer wieder Probleme bereitet hat und mentale Einstimmung erfordert.

Aber Koordination ist nicht nur Training und Konzentration – wenn sie glückt, kann sie zu einem wirklichen Genuss werden. Im Weitsprung habe ich oft buchstäblich die Einheit von Körper und Geist gespürt. Kommt beim Sprint und dem darauf folgenden Absprung alles richtig zusammen, wird es federleicht, wie im Rausch.

Im Leistungssport hat das Training der Koordination in allen Sportarten herausragende Bedeutung. Die Leistungsstärke eines Sportlers kann man geradezu an seinen koordinativen Fähigkeiten erkennen. Daher werden komplexe Bewegungsabläufe durch spezielle Koordinationsübungen vorbereitet, egal ob bei Leichtathleten, Fußballern, Fechtern oder Ruderern. In den Basistests zur Überprüfung der eigenen Fitness hat das Abfragen koordinativer Fähigkeiten einen festen Platz (so auch in unserem Fitnesstest im praktischen Anleitungsteil dieses Buches, siehe Seite 214–218). Es ist deshalb erstaunlich, dass in den aktuellen Fitnessangeboten die Koordination in der Regel zu kurz kommt. Man unterschätzt ihre Bedeutung und ihre positiven Auswirkungen.

Komplexe Bewegungsabläufe trainieren das Zusammenspiel von Gehirn, Nervensystem und beanspruchter Muskulatur. Gefördert werden unter anderem Geschicklichkeit, Gewandtheit, Gelenkigkeit und Reaktionsvermögen sowie die räumliche und zeitliche Orientierung auf körperlicher Ebene. Will man als Sportler solche Bewegungsabläufe – beispielsweise beim Stabhochsprung – hervorragend bewältigen, müssen die koordinativen Fähigkeiten selbstverständlich eigens geschult werden – und zwar sowohl körperlich wie geistig. Auf diese Weise gewöhnt sich das Nervensystem daran, in neuen, unbekannten Situationen schneller und flexibler zu reagieren, auch im mentalen Bereich. Als weiterer Effekt werden Bewegungsabläufe ökonomisiert, bekannte Abläufe werden sicherer. Das führt zur Verbesserung der Lauftechnik und beugt Verletzungen vor. Allein deshalb ist das Koordinationstraining notwendiger Bestandteil eines allgemeinen Fitnesstrainings.

Spielerische Körperkompetenz

Mehr Bewegungssicherheit gibt es aber nicht nur bei besonders komplexen Abläufen, sondern auch beim alltäglichen Gehen und Stehen. Von der Aktivierung verschiedener Gehirnareale beim Koordinationstraining profitieren also auch Bewegungsentwöhnte und ältere Menschen in hohem Maße. Das Bewusstsein für den Körper und dessen momentane räumliche Lage gibt nicht nur mehr Standsicherheit und beugt Verletzungen vor. Es hat insgesamt positive Auswirkungen auf Selbstwahrnehmung und Körpergefühl.

Bei Kindern ist bewiesen, dass typische spielerische Koordinationsübungen wie das Balancieren auf dem Geländer, das Springen mit dem Springseil oder das Klettern auf einen Baum neben der körperlichen auch die geistige, kognitive Entwicklung fördern. Das Gehirn scheint regelgerecht auf die Bewegungssignale angewiesen zu sein, um sich optimal zu entwickeln. Die turnerische Akrobatik bei Kindern, die Kunststückchen mit Fahrrädern und Skateboards bei Jugendlichen, die den Großeltern immer so viel Sorge bereiten, haben also durchaus Sinn und Funktion. Auch beim Erwachsenen trainieren bereits ganz einfache Dinge die Koordination und Balance.

Schließen Sie die Augen und versuchen Sie Ihren Körperschwerpunkt zu finden, bis Sie in einer ruhigen, angenehmen und sicheren Position stehen. Versuchen Sie nun, ein Bein vom Boden zu lösen, und halten Sie das Gleichgewicht.

Es gibt eine Menge weiterer Übungen, die Sie »aus dem Stand« machen können, spontan und ohne große Vorbereitungen. Beim Jogging kann man zwischendurch versuchen, auf einem Baumstamm zu balancieren. Oder: Laufen Sie ruhig auch einmal eine Strecke rückwärts, wie früher als Kind. Biegen Sie bei einem Spaziergang ab in unwegsames Gelände, oder nutzen Sie Ihren Strandurlaub, um barfuß im tiefen Sand zu laufen. Alle diese Übungen machen Spaß, wenn man das Ganze spielerisch nimmt.

Legen Sie sich einfach ein starkes Seil auf den Boden, und versuchen Sie, auf diesem Seil entlangzubalancieren. Erst vorwärts, dann rückwärts. Wenn Sie »Fuß gefasst« haben, dann mit geschlossenen Augen. Optimal zum Training des Koordinationsvermögens ist auch das Jonglieren. Werfen Sie Leistungsansprüche und anfängliche Skepsis gegen »Kinderkram« über Bord, und Sie werden nach den üblichen Anfangsschwierigkeiten einen Heidenspaß haben!

Und noch eins: Lassen Sie sich nicht entmutigen, wenn Ihnen anfangs etwas schwer fällt, zum Beispiel auf einem Bein das Gleichgewicht zu halten. Bei regelmäßiger Wiederholung werden Sie rasch den Trainingseffekt bemerken.

Ich erinnere mich an eine Episode aus meiner aktiven Sportlerzeit: Ich wurde aufgefordert, als Gast an einem Aerobic-Training teilzunehmen. Und natürlich war ich vollkommen überzeugt, als gut trainierter Leistungssportler sei es eine meiner leichtesten Übungen, da mitzuhalten. Schon nach einigen Vorübungen musste ich einsehen, dass ich mich getäuscht hatte. Die Bewegungsmuster waren so komplett verschieden von denen, die ich »gespeichert« hatte, dass ich einfach nicht mitkam. Auch hier ist alles wieder eine Frage des regelmäßigen Trainings.

Eine ganze Reihe von ausgefeilten »Körperschulen« hat sich auf die Verbesserung der Koordination spezialisiert. Feldenkrais-Technik oder Alexander-Technik lernen Sie am besten unter Anleitung eines erfahrenen Lehrers. Hier gilt es, ein ganzes System in die eigene Körperwahrnehmung zu integrieren. Wenn Sie darin einige Sicherheit erlangt haben, werden sich auch in den ganz alltäglichen Verrichtungen Veränderungen zeigen. Das Gleiche gilt für das fernöstliche Schattenboxen, das Tai-Chi, bei dem mit der Koordination und Konzentration auch Dehnung und Entspannung trainiert wird.

Nehmen Sie die unvermeidlichen Anfangsschwierigkeiten als Herausforderung! Gerade das Erlernen ungewohnter Bewegungsmuster hält Sie wach und beweglich – körperlich und geistig.

Eine Sportart, die nahezu optimal viele Bereiche des ENTSPANNT-GEWINNT-Programms vereinigt, ist das gute alte Tanzen. Die Koordinationsfähigkeit wird durch die komplexe Folge der Schritte und die Abstimmung mit dem Partner geschult, die Bewegung ist meist ausdauernd und bringt den Kreislauf auf Touren. Ein geglückter Abend stärkt den sozialen Rückhalt. Man trifft Freunde, und beim Tanzen mit dem Partner kommt man sich nah und übt das wortlose Einverständnis.

Ob im festlichen Rahmen oder bei einer Auffrischung des Standardtanzkurses, ob beim Erlernen eines lateinamerikanischen Tanzes wie Tango oder Salsa oder beim akrobatischen Rock'n'Roll im Fitnessstudio – der Erholungswert ist hoch: Es macht einfach Spaß.

Haltung – Muskelkraft am Arbeitsplatz

Die Bewegungslosigkeit unseres modernen Lebensstils sorgt nicht nur dafür, dass wir Pfunde zulegen und uns die Puste ausgeht, sie lässt auch unsere Muskeln schwinden. Langes Sitzen am Schreibtisch, anschließend im Auto und zu Hause vor dem Fernseher ist der sichere Weg, dass sich die Muskulatur verschmächtigt und die Haltung verschlechtert.

Das macht nicht nur schlapp, sondern auch anfällig für Kopf- und Rückenschmerz. Dauerhafte körperliche Bewegungsarmut und Unterforderung sowie die mangelnde Ausbildung der Muskulatur führen über kurz oder lang zu Haltungsschäden. In der orthopädischen Praxis sind Beschwerden aufgrund von Haltungsschwächen an der Tagesordnung. Betroffen sind vor allem Kopfarbeiter in Büros und am PC. Also die meisten von uns. Es ist deshalb sinnvoll, zusätzlich zum regelmäßigen Ausdauertraining ein Kraft- oder auch Fitnesstraining aufzunehmen.

Neben einem erhöhten körperlichen Energiepegel, der die Fettpolster schwinden lässt, wirkt sich Muskeltraining positiv auf die körperliche Haltung aus. Trainierte Menschen erkennt man meist schon an ihrem aufrechten und dynamischen Gang. Besseres Aussehen und positives Körpergefühl heben die psychische Grundstimmung und das Selbstbewusstsein. Denn innere Befindlichkeit und äußeres Erscheinungsbild sind eng miteinander verknüpft. Bringen Sie also Ihre innere Haltung zum Ausdruck, beziehungsweise unterstützen Sie sie durch Ihre körperliche Erscheinung!

Krafttraining

Zur Beruhigung vorab: Das Thema Krafttraining ist nicht zwangsläufig gleichbedeutend mit dem, was Sie sich vielleicht im ersten Moment darunter vorstellen. Es geht nicht in erster Linie um Fitnessstudios oder Bodybuilding, schon gar nicht um Muskelberge. Es geht weiter um die Optimierung Ihres persönlichen Wohlbefindens und Ihrer Gesundheit. Auch hier gilt: ENTSPANNT GEWINNT! Lassen Sie sich nicht von überzogenen (eigenen) Ansprüchen hetzen, nehmen Sie den Fuß vom Gas. Verlieren Sie den Wohlfühl-Faktor nicht aus den Augen: Das Ganze soll Spaß machen! Hauruck-Parolen und Powern um jeden Preis sind keine effektiven Strategien zur nachhaltigen Leistungssteigerung.

Das habe ich zu Beginn meiner Sportlerkarriere am eigenen Leib erfahren. Frisch aufgenommen in die so genannte Sportförderkompanie der Bundeswehr, habe ich damals auf Anraten meines Trainers meinen Heimatverein Schalke 04 verlassen, in der Hoffnung, bei einem renommierten Zehnkampftrainer einen weiteren Schritt in Richtung internationaler Spitze zu machen. Dort lernte ich schnell, was es bedeutet, Leistung unvorbereitet abrufen zu wollen. Ich wurde zum Beispiel an das Krafttraining nicht herangeführt, sondern machte es mehr oder weniger von heute auf morgen. Mit einem Mal war der Sport nicht mehr von Spaß geprägt, sondern Schinderei. Die Auswirkungen ließen nicht lange auf sich warten. Es folgten erste Verletzungen, Ermüdungsfrakturen, schließlich eine Knieoperation. Das Ende vom Lied war, dass ich nach eineinhalb Jahren das Training dort hinschmiss, ohne eine echte Alternative woanders zu haben.

Das wäre beinahe das Ende meiner sportlichen Karriere gewesen. Aber einige Monate später, nachdem ich mich von der Operation erholt und etwas Abstand gewonnen hatte, nahm ein befreundeter Zehnkämpfer mich mit zum Training von Bayer Leverkusen. Hier zeigte mir Bernd Knut, mein Trainer bis zur Olympiateilnahme und zum Meistertitel, wie ein umsichtiger Trainingsaufbau aussieht. Er fand individuell für mich das rechte Maß von Anspannung und Ruhephasen. Leistung muss sorgsam vorbereitet werden – das ist die Lektion, die ich auf dieser Etappe gelernt habe.

Für ein Krafttraining im Gesundheitssport brauchen Sie keinen Maschinenpark und kein teures Equipment. Sehr viel kann man mit einfachen Übungen und dem eigenen Körpergewicht bewerkstelligen. Einen bewährten Basissatz solcher Kraftübungen finden Sie im praktischen Anleitungsteil dieses Buches (siehe Seite 229–239). Wollen Sie dieses Training zu Hause weiter ausbauen, benötigen Sie allenfalls Kurzhanteln oder ein Thera-Band.

Die Muskulatur

… ist neben der Leber das wichtigste Stoffwechselorgan des menschlichen Körpers. Hier werden sowohl Kohlenhydrate als auch im Blut zirkulierende Fette, die zum Beispiel bei sportlicher Aktivität aus Fettdepots freigesetzt werden, verstoffwechselt. Und zwar in den »Kraftwerken« der Muskulatur, den Mitochondrien. Sie liefern die notwendige Energie für die muskuläre Aktivität und dienen somit als Verbrennungsmotor.

Der Grundumsatz des Körpers, das ist der Energieverbrauch, der in Ruhe benötigt wird, um die Körperfunktionen zu erhalten, ist umso höher, je größer die Muskelmasse ist. Denn mit der Muskelmasse nimmt auch die Zahl der Mitochondrien zu. Wer also mehr aktive Muskelmasse besitzt, kann auch schneller Körperfett reduzieren.

Wir verlieren ab dem 40. Lebensjahr durch den physiologischen Alterungsprozess etwa 1,5 Prozent unserer Muskelkraft pro Jahr. Bei einem nicht trainierten, inaktiven Menschen nimmt die Muskelmasse zwischen dem 30. und 80. Lebensjahr um etwa 30–40 Prozent ab, was zu einer Beeinträchtigung des kompletten Stoffwechsels des Organismus führt. Weitere mögliche Folgen sind eine Verschlechterung der Mobilität und psychische Auswirkungen bis hin zu Depressionen. Die Antwort auf diesen ohne Gegenmaßnahmen zwangsläufigen Prozess ist ein kontinuierliches moderates Training der Muskulatur. Die Rechnung dabei ist einfach: Wer seine Muskulatur jetzt in Form hält oder vielleicht noch aufbaut, geht mit besseren Startbedingungen in die zweite Lebenshälfte.

Moderates Krafttraining lohnt sich jedoch auch noch für fortgeschrittene Semester: Der Abbau der Muskulatur kann abgebremst, eine gute Haltung bis ins hohe Alter bewahrt werden. Clint Eastwood, einer der erfolgreichsten Schauspieler und Regisseure Hollywoods, berichtete vor kurzem in einem Interview stolz, dass er der Einzige am Dreh sei, der jeden Morgen 100 Liegestütze schafft. Würden Sie bei seinem Aussehen glauben, dass Clint Eastwood mittlerweile 75 Jahre alt ist?

Mit gezieltem Krafttraining lässt sich die Muskelkraft steigern und die Muskelmasse erhalten, zumindest ihr Schwinden im Alter abbremsen. Muskulatur ist schwerer als Fettgewebe. Deshalb führt ein gezieltes Muskelaufbauprogramm vielleicht nicht zu einer deutlichen Gewichtsreduktion. Aber: Ihr Erscheinungsbild wird sich positiv verändern, die hinzugewonnene Muskulatur verhilft Ihnen zu einer besseren Haltung und einer besseren Figur. Krafttraining stimuliert die Produktion des menschlichen Wachstumshormons Somatotropin, das unter anderem den Muskelaufbau und die Fettverbrennung fördert. Außerdem bietet Krafttraining ebenso wie Ausdauertraining einen gewissen Schutz gegen Osteoporose.

Im Studio

Sollten Sie mit der ausreichenden Zeit ausgestattet sein, empfiehlt sich in jedem Fall der Besuch und die Beratung in einem gesundheitsorientierten Fitnessstudio. Das Fachpersonal kann Ihnen wertvolle Hilfestellung bei der Auswahl der für Ihren Körper wichtigen Übungen geben. Gerade für Neueinsteiger ist es sinnvoll, die Übungen unter Anleitung zu erlernen. Organisieren Sie sich Unterstützung und Supervision, bis Ihr persönliches Trainingsprogramm »steht« und für Sie zur guten Gewohnheit werden kann.

Tipp: Führen Sie zunächst einige Probetrainings durch. Etwa 50 Prozent aller Menschen, die das Training in einem Fitnessstudio beginnen, hören schon in den ersten Monaten wieder auf. Es ist daher wichtig, sich sicher zu sein, dass man länger dranbleibt als nur ein paar Wochen.

Ein guter aktueller Trend ist die wachsende Popularität des fast hundert Jahre bestehenden Pilates-Trainings, dessen Grundlagen der Deutsche Joseph Pilates legte, bevor er 1923 in die Vereinigten Staaten auswanderte.

Seine Zielgruppe waren von Anfang an Tänzer und darstellende Künstler, denn sein Übungsprogramm stärkt vor allem die tief liegende und Rumpfmuskulatur und verhilft so zu einer guten und sicheren Grundhaltung. Wie beim Yoga und Tai-Chi gehen Dehnung, Koordination, Muskeltraining und Atmung Hand in Hand und bringen nicht nur ein Plus an Kräftigung und Beweglichkeit, sondern auch an Entspannung. Ausgebildete Trainer passen das breite Angebot an Geräteübungen oder reinem Bodentraining dem individuellen Bedarf an, so dass vom Fitnessinteressierten über den Musical-Darsteller bis hin zum Krankengymnastik-Bedürftigen jeder bekommt, was er braucht.

Achten Sie angesichts des momentanen Booms auf seriöse Anbieter und kleine Gruppen.

Ein starker Rücken kennt keinen Schmerz

Es geht also beim Krafttraining nicht in erster Linie darum, eine gute Figur zu machen. Es geht um etwas weit Wichtigeres: die richtige Haltung. In der Regel ist unser Arbeitsalltag gekennzeichnet durch wenig Bewegung und viel Sitzen, meist statisch und in ungünstiger Position. Die Folgen sind unangenehm: Rückenschmerz ist zur »Volkskrankheit« geworden. Die Kosten durch ambulante und stationäre Behandlungen sowie bei den Rentenversicherern werden auf etwa 17 Milliarden Euro jährlich geschätzt. Etwa 75–80 Millionen Arbeitstage fallen pro Jahr aufgrund von Rückenschmerzen aus. Das verursacht zusätzliche Kosten von etwa 10 Milliarden Euro.

Bewegungsmangel, geschwächte Muskulatur, dauerndes Sitzen und Stress – das ist der Cocktail, der uns Verspannungen, Kopfweh und Rückenschmerzen beschert. Im Folgenden geht es deshalb um die Wirbelsäule – und um ein paar einfache Strategien, wie Sie die Fallen eines schädlichen Alltags umgehen.

Unsere Lebens- und Arbeitsgewohnheiten spielen eine wichtige, aber nicht die alleinige Rolle bei der Entstehung von Beschwerden im Bereich der Wirbelsäule. Ein ebenso entscheidender wie unveränderlicher Grund ist unser einzigartiges evolutionäres Erbe: der aufrechte Gang. Denn im Bereich der Lendenwirbelsäule vollzog der Mensch das Upgrade vom Vier- zum Zweibeiner, indem er sich im Laufe vieler tausend Jahre über dem Kreuzbein vertikal aufrichtete. Leider handelte er sich damit auch einen anatomischen »Knackpunkt« ein. Genau an diesem Übergang erreicht die Belastung der Wirbelsäule heute ihren Höhepunkt. Im Sitzen kommen, abhängig von der Haltung, Spitzenwerte bis zu 170 Kilo Druck auf die Bandscheiben zusammen, bei rückenschädlichem Anheben eines Gewichts wirken Kräfte von bis zu 500 Kilo.

Zum Knackpunkt wird dieser Schwachpunkt unserer körperlichen Grundausstattung durch Schwund der unterstützenden Muskelgruppen oder durch ein Übermaß an Belastung. Meist sind beide Faktoren im Spiel. Wenn wir durch mangelnde körperliche Betätigung zulassen, dass die Rumpfmuskulatur ihre stützende Funktion nicht mehr (ausreichend) erfüllen kann, wird der untere Rücken anfällig. Kommen jetzt Fehlbelastungen oder Stress hinzu, sind Rückenschmerzen geradezu vorprogrammiert.

Denn auch Stress ist ein wichtiger Faktor für Verspannungen der Muskulatur insbesondere im Bereich der Lenden- und Halswirbelsäule. Es leuchtet unmittelbar ein, dass die Muskulatur nicht für die permanente Alarmbereitschaft gemacht ist. Fehlt nach der Anspannung die Entspannung, kommt es zu Verspannungen. Über einen besonderen Schutzreflex aus der frühen Menschheitsgeschichte wird vor allem die Nackenmuskulatur unter Stress aktiviert. Durch automatisches Hochziehen der Schultern wurde die Halsschlagader vor tödlichen Angriffen geschützt. Leider reagieren wir heute noch so in Schrecksituationen, also auch, wenn Türen knallen oder Hunde plötzlich bellen.

Scheinbar auswegloser Dauerstress in Familie oder Beruf kann zu chronischen Verspannungen und Beschwerden führen, die in den psychosomatischen Bereich übergehen. Ein Zusammenhang, den vor allem viele Männer nicht wahrhaben wollen. In der ärztlichen Praxis fallen trotzdem häufig Sätze wie: »Ich trage die ganze Last auf meinen Schultern.« Und besser kann man es nicht formulieren. Denn vor allem der Rücken ist betroffen, wenn sich ein Übermaß alltäglicher Belastungen auf den Körper niederschlägt.

Gerade für Menschen in sitzenden Berufen ist die regelmäßige Kräftigung vor allem der Bauch- und Rückenmuskulatur eine Grundbedingung für den Erhalt des körperlichen Wohlbefindens. Körperliche Inaktivität führt zum Abbau von Muskulatur. Was der Körper nicht benötigt oder benutzt, baut er ab. Wer dauernd sitzt und dem nicht anderweitige Betätigungen oder ein gezieltes Training entgegensetzt, handelt sich einen Verlust der entscheidenden Funktionen der Rumpfmuskulatur ein. Die stabilisierende Wirkung auf Wirbelsäule und Gelenke verschlechtert sich deutlich. Der Mangel an Bewegung und die häufigen statischen Belastungen der Wirbelsäule lassen die Flexibilität der Sehnen und des Kapsel-Band-Apparates abnehmen. Eine gut ausgebildete Muskulatur dagegen bewahrt die Haltung und schützt die Gelenke.

Alle bekannten wissenschaftlichen Studien, die sich mit dem Thema der Rückenschmerzen beschäftigen, stimmen darin überein, dass aktive Dehnung, Bewegung und ein Training der Rumpfmuskulatur zu einer Verbesserung bestehender Beschwerden führen. In jedem Fall ist körperliche Aktivität einer passiven, statischen Schonung vorzuziehen. Dies ist natürlich abhängig von der spezifischen Ursache der Beschwerden. Rückenschmerzen, die zusätzlich in die Beine oder Arme ausstrahlen oder über einen längeren Zeitraum bestehen, bedürfen dringend einer Abklärung durch den Facharzt, den Orthopäden.

Bei den meisten Wirbelsäulenbeschwerden, bei denen ein Arzt konsultiert wird, lässt sich allerdings auch mittels moderner Bildgebung (Kernspin- oder Computertomografie) keine eindeutige Ursache der Beschwerden finden. Die Probleme entstehen tatsächlich oft aus einer Kombination verschiedener Faktoren: Fehlhaltung, mangelnde Bewegung, Stress, psychische Belastung. Das ist erst einmal kompliziert. Es heißt jedoch auch, dass man bei jedem der Faktoren ansetzen kann, um Besserung zu erreichen.

Nacken-Schulter-Beschwerden

Eine weitere Problemzone im Bereich der Wirbelsäule, die in den letzten Jahren immer mehr Menschen peinigt und die Orthopäden zunehmend beschäftigt, sind die Schulter-Nacken-Beschwerden. Sie entstehen meist bei Menschen, die einen PC-Arbeitsplatz haben und während ihrer Arbeit viele Stunden vor dem Bildschirm verbringen.

Durch Haltungsfehler, mangelnde Bewegung und fehlende Lockerung wird die Schulter-, Arm- und Nackenmuskulatur zu lange angespannt. Es kommt zu einer Verringerung der Blutzufuhr und einer Senkung des Gehalts an Sauerstoff und Nährstoffen für die Muskeln. Die Folge ist eine chronische Verspannung der Nacken-Kopf-Muskulatur. Das Muskelgewebe wird geschädigt. Kopfschmerzen, Schulter- oder Armschmerzen und Schmerzen im Bereich der Lendenwirbelsäule sind die Folge, aber auch Konzentrationsstörungen mit Augenbrennen, Ohrgeräusche bis hin zum Tinnitus und chronische Müdigkeit.

Der Zusammenhang zwischen negativem Stress und dem Auftreten dieser Symptome ist wissenschaftlich bewiesen. Hektik und Zeitdruck, Überforderung, egal ob qualitativ oder quantitativ, sowie ein schlechtes Betriebsklima begünstigen das Auftreten von Beschwerden im Nacken-Schulter-Bereich ebenso wie die Gestaltung des Arbeitsplatzes.

Tipps für den rückenschonenden Computerarbeitsplatz

Gestalten Sie Ihren Arbeitsplatz so, dass Sie sich angenehm und komfortabel fühlen. Dazu gehören entsprechende Sitzmöbel, die eine bequeme Arbeitshaltung ermöglichen, sowie ein ausreichend großer Schreibtisch. Auch die Beinfreiheit kann eine wichtige Rolle spielen. Überprüfen Sie, ob Sie etwas bei Ihrer Arbeit stört oder behindert, ob Ihnen etwas zur Optimierung der Arbeitsabläufe fehlt: sei es eine blendende Lichtquelle oder zu wenig Beleuchtung, ein Schubladenelement, das im Weg steht oder zur Ablage noch fehlt.

Das Ziel ist, dass Sie sich ohne unnötige Verkrampfung auf Ihre Aufgaben konzentrieren können.

Müssen Sie in Ihrem Beruf häufig längere Zeit lesen, besorgen Sie sich ein Schrägpult als Auflagefläche für die Lektüre. Sie entspannen damit die Muskulatur der Schulter-Nacken-Region und können so Kopfschmerzen vorbeugen. Auch ein Stehpult ist sinnvoll. Sie können damit öfter zwischen mehreren Arbeitspositionen wechseln, was entspannend wirkt. Denn auch hier gilt: Vielseitigkeit und Abwechslung tun gut!

Denken Sie an die Essentials: Der Bildschirm sollte nicht flimmern und in ausreichend weitem Abstand von Ihren Augen aufgebaut sein. Achten Sie auf die Höhe des Bildschirms. Die oberste Zeile sollte etwas unterhalb der horizontalen Blickrichtung liegen. Stellen Sie die Schrift auf eine lesbare Größe ein. Die Ablagefläche des Rechners vor der Tastatur sollte Ihnen ermöglichen, die Hände und Unterarme abzulegen. Eine Tastatur mit leichtem Anschlag, nach Ihren individuellen Bedürfnissen höhenverstellbar und neigbar, ist selbstverständlich.

Neben Kräftigungs-, Dehnungs- und Entspannungsübungen finden Sie im praktischen Anleitungsteil einfache und effektive Übungen, die eigens für ein Training am Arbeitsplatz gedacht sind (siehe Seite 258).

Fazit

Mit einem entsprechenden Aufbautraining der Rumpfmuskulatur – und dazu gehören Rücken- und Bauchmuskulatur! – geben Sie Ihrem Körper Unterstützung an seiner schwachen Stelle. Bringen Sie Ihren Körper in Bewegung, und aktivieren Sie mit verschiedenen Betätigungen die unterschiedlichen Muskelgruppen. Gönnen Sie sich auch am Arbeitsplatz Abwechslung, Lockerung und

Entspannung. Auf diese Weise machen Sie sich fit für die nächste Belastung, die sicher nicht lange auf sich warten lassen wird.

Unnötige Torturen für Rücken, Schultern und Nacken, wie falsche Arbeitsbedingungen und hoffnungsloser Dauerstress, streichen Sie systematisch Schritt für Schritt aus Ihrem Alltag. So können Sie Rückenschmerzen vermeiden – am besten präventiv, bevor sie überhaupt entstehen.

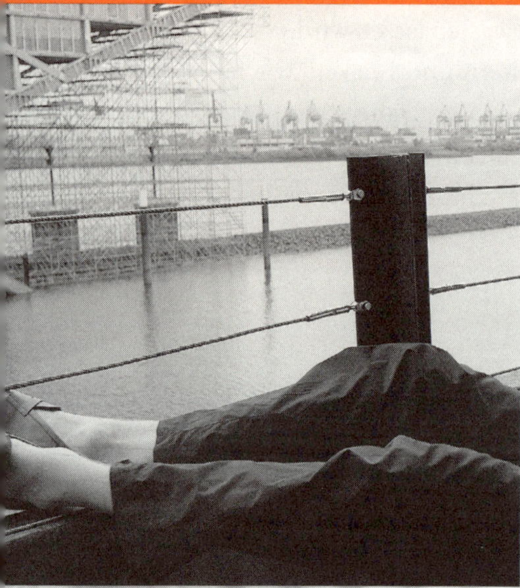

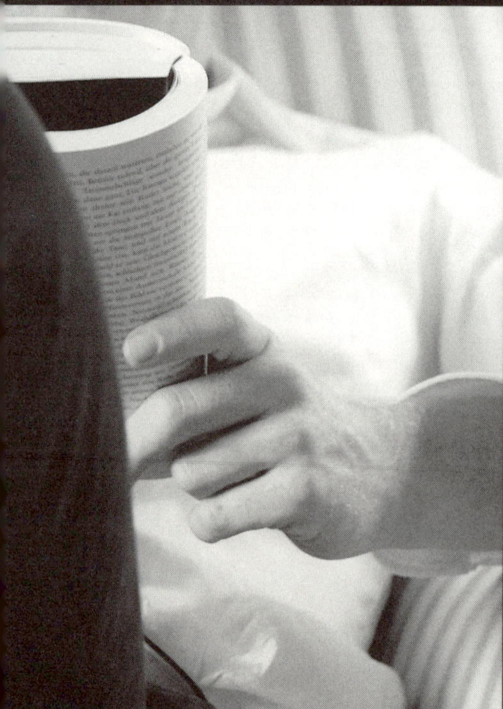

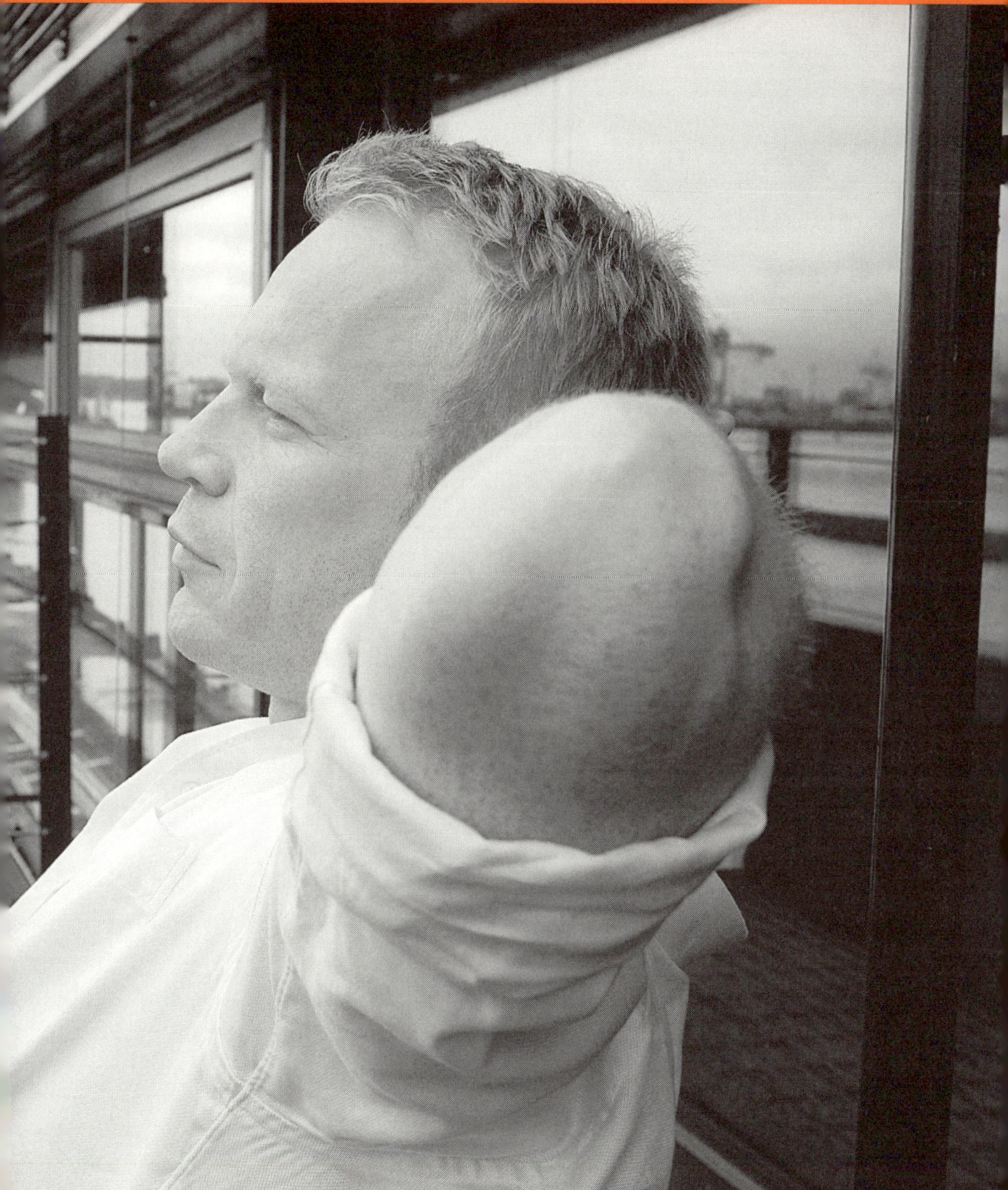

Erholung füllt Ihre Kraft-reserven auf

Wie Sie gesehen haben, greifen die Bausteine des Aktivprogramms ganz selbstverständlich ineinander. Bereits im Kapitel Bewegung ging es um Erholungsphasen – unter dem Stichwort Superkompensation beispielsweise um Leistungssteigerung durch Ruhepausen, in denen der Körper sich angemessen auf die nächste Beanspruchung vorbereitet. Dieses Prinzip gilt auch für soziale Kontakte und die ganz alltägliche Reizüberflutung. Wenn es mal wieder »hoch herging«, vielleicht sogar »drunter und drüber«, dann brauchen wir wenigstens ein paar Minuten, um wieder »runterzukommen«.

Auch im Stretching-Kapitel ging es weniger um Action als um Ruhe und Konzentration. Das hier vorgestellte Prinzip lässt sich auf andere Lebensbereiche übertragen.

Wie es vor dem Sport sinnvoll ist, sich auf das eigene Körpergefühl zu konzentrieren und langsam auf die folgende Beanspruchung einzustimmen, so wird Ihnen auch die innere Sammlung vor einem Vortrag oder einem wichtigen Gespräch ohne Zweifel eine bessere Performance bescheren.

Beim folgenden zweiten Baustein rücken die Zusammenhänge von körperlichen und mentalen Prozessen noch stärker in den Vordergrund als beim ersten, in dem es viel um Sport ging. Ein Grundthema wird sich aber weiter fortsetzen bis in den dritten Baustein, die Ernährung: Der zentrale Faktor, um gesund und lebendig, körperlich und geistig wach zu bleiben, ist Abwechslung.

Herausforderung und Belohnung, Anspannung und Entspannung, Ruhe und Betriebsamkeit – jeder hat sein eigenes Maß für die Mischung, die ihm gut bekommt. Was keiner von uns auf Dauer verträgt, ist Einseitigkeit. Permanente Unterforderung macht auf ganz ähnliche Weise müde wie Dauerstress. In mechanischen Abläufen und dem schematischen Abhaken von Tagesordnungspunkten bleiben Selbstwahrnehmung und Körpergefühl auf der Strecke – und damit auch unser innerer Kompass.

Ein zentrales Thema des Bausteins Erholung ist die Frage, wie Sie den richtigen Ausgleich schaffen können zu den einseitigen Beanspruchungen Ihres Alltags.

Lebensqualität zurückgewinnen heißt auch, die Umstände des Alltags in ihrer ganzen Unterschiedlichkeit wieder zu erleben: Auseinandersetzung und Rückhalt im Team, Zähne-aufeinander-Beißen und Dampfablassen, Leistung und Verschnaufpause – und zwar bewusst und selbstbewusst.

Das zweite Thema dieses Bausteins ist das Schaffen von Struktur. Setzen Sie Prioritäten! Wer in seinem Leben selbst Regie führt und die Zügel fest in die Hand nimmt, der lässt sich weniger durch äußere Faktoren hetzen, drängeln und steuern. Dazu gehört eventuell auch, sich bewusst zu machen, wo es im Alltag Anforderungen gibt, die einfach »zu viel« sind. An diese Stelle gehört auch einmal ein klares Nein. Es gibt Grenzen der Belastbarkeit und – allen Gerüchten zum Trotz: Kein Mensch weltweit kann verschiedene Aufgaben zeitgleich lösen. Setzen Sie sich also keine zeitlich unrealistischen Ziele – beziehungsweise korrigieren Sie sie rechtzeitig. Unterschätzen Sie auch Zeiten entscheidender Weichenstellungen in beruflicher oder privater Hinsicht nicht! Halten Sie Ihren Kopf frei, und streichen Sie in solchen Phasen alle Termine von untergeordneter Bedeutung aus Ihrem Kalender! Und: Strukturieren Sie den überbordenden Alltag zu Hause und im Büro durch Pausen und Erholungsphasen! Sorgen Sie selbst dafür, dass Sie halbwegs die Mischung zustande bekommen, die Ihnen zuträglich ist!

Dem Thema Erholung entsprechend wird im Folgenden ein großer Bogen mit Tipps und Hinweisen gespannt: von den »unwillkürlichen« Ressourcen Schlaf und Atmung bis zum gezielten Einsatz von Entspannungstechniken und mentalem Training zur Motivationsförderung. Am Ende des Kapitels geht es um Ihren sozialen Rückhalt, Ihre menschlichen Bindungen im beruflichen Rahmen und privaten Kreis, sowie um ein Thema, das wie kein zweites Anspannung und Entspannung, Körpergefühl und intensiven Kontakt zusammenbringt: Sex.

Schlaf – die große Pause

Welche zentrale Bedeutung die Erholung für unser Wohlbefinden und unsere Gesundheit hat, lässt sich an einer einfachen Tatsache ablesen: Jeder von uns schläft etwa ein Drittel seines Lebens. Guter und ausreichender Schlaf ist eine Grundbedingung für unser körperliches und geistiges Funktionieren, für unsere psychisch-mentale und körperliche Balance. Der Mensch verbringt mehr Zeit mit Schlafen als mit den anderen Grundbedürfnissen wie Essen oder Trinken.

Trotz aller Forschung haben die Wissenschaftler bis heute das Geheimnis des Schlafs nicht endgültig lüften können. Was genau passiert, während wir schlafen, wissen wir nicht. Wenn die notwendige Erholung fehlt, wird das aber schnell offensichtlich. Unausgeschlafene Menschen erkennt man sofort: Ringe unter den Augen, schlechte Haltung und wiederkehrende Geistesabwesenheit sind typische Folgen von Schlafmangel.

War der schlechte Schlaf eine Ausnahme – die Kinder wurden krank, ein ernsthaftes Problem brauchte eine nächtliche Klärung, oder man musste einfach mal über die Stränge schlagen –, dann ist nach einer guten Nacht meist alles wieder im Lot. Bei andauerndem Schlafentzug allerdings reagiert der Körper mit Angstzuständen, Niedergeschlagenheit und unter Umständen mit Halluzinationen. Auch das Immunsystem wird in Mitleidenschaft gezogen.

Schlaf ist weit mehr als nur ein notwendiges Übel. Guter Schlaf ist unmittelbar verknüpft mit der körperlichen wie geistigen Leistungsfähigkeit. Von Sportlern und Musikern weiß man, dass die Leistungs- und Lernfähigkeit steigt, wenn nach den Trainings- oder Übungseinheiten ausreichend und gut geschlafen wird. Der russische Chemiker Dmitri Mendelejew erfand das chemische Periodensystem nach eigener Aussage im Schlaf. Er hatte längere Zeit erfolglos über eine Ordnung der chemischen Elemente gegrübelt und legte sich frustriert zu Bett. Als er wieder aufstand, hatte er die entscheidende Idee im Kopf. Nur ein Zufall? Wissenschaftliche Untersuchungen belegen, dass Schlaf bei komplexen Problemen, die nicht unmittelbar gelöst werden können, neue Einsichten hervorbringen kann.

Man unterscheidet fünf Schlafstadien, die mehrmals in der Nacht hintereinander ablaufen und durch verschiedene Hirnstromkurven gekennzeichnet sind:

- **Stadium I** Einschlafstadium
- **Stadium II** Zunehmende Schlaftiefe
- **Stadium III und IV** Tiefschlaf
- **Stadium V** REM-Schlaf

In den Stadien I–IV werden die körperlichen Funktionen gedrosselt, die Muskulatur wird maximal entspannt. Das Gehirn ist jedoch »wach« und arbeitet auf Hochtouren – vor allem in Stadium V, der REM-Schlafphase (Rapid-Eye-Movement), wenn wir träumen. Dann wird die Durchblutung des Gehirns gesteigert, Herz- und Atemfrequenz sowie der Blutdruck können steigen. Die Muskulatur bleibt von alldem entkoppelt und entspannt, damit wir dem teils wilden Geschehen unserer Träume nicht körperlich folgen.

Weshalb der Mensch Träume braucht, um gesund und leistungsfähig zu sein, konnte bisher nicht abschließend geklärt werden. Fakt ist jedoch, dass sich bei Menschen, deren Traumschlafphasen durch Schlafmittel oder Alkoholkonsum beeinträchtigt werden, über kurz oder lang psychische Störungen einstellen. Diese äußern sich in der Regel zunächst durch gereiztes und aggressives Verhalten. Vergleichbare Bedeutung haben den Schlafwissenschaftlern zufolge die Tiefschlafphasen (III und IV). Ein anhaltender Mangel an Tiefschlafphasen äußert sich in Persönlichkeitsveränderungen, in Depressionen, Angststörungen oder Halluzinationen.

Die innere Uhr

Für unser Schlafbedürfnis spielt das Tageslicht als »Zeitgeber« die Hauptrolle: Unsere innere Uhr wird gesteuert durch das Hormon Melatonin. Die Bildung und Ausschüttung dieses Hormons, das müde und schläfrig macht, wird durch Dunkelheit stimuliert und durch Licht gehemmt. Durch die vermehrte Lichteinstrahlung ist im Sommer die Melatoninproduktion daher niedriger als im Winter, entsprechend hat man in aller Regel im Sommer ein geringeres Schlafbedürfnis als im Winter. Das Maximum der Ausschüttung liegt zwischen 1 und 3 Uhr nachts. Hauptschlafenszeit sollte dem natürlichen Rhythmus entsprechend die Nacht sein. Melatonin ist neben dem Einschlafen auch entscheidend für das Erreichen der besonders erholsamen Tiefschlafphasen. Nahezu alle Stoffwechselfunktionen werden gedrosselt, die Körpertemperatur sinkt, der Organismus hat Verschnaufpause und regeneriert sich. Das Schlafhormon wirkt außerdem antioxidativ, also regenerativ und zellschützend, und hat somit eine entscheidende Bedeutung für das Wohlbefinden und die körperlich-mentale Balance. Übrigens lassen sich Jetlag-Probleme, zum Beispiel nach Transatlantikflügen, durch eine Verschiebung der Melatoninausschüttung erklären.

Wie viel Schlaf braucht man? Trotz aller individuellen Unterschiede beim Schlafbedürfnis gilt als Daumenregel: Sieben bis acht Stunden Schlaf pro Tag sind optimal regenerativ für Sie. Praktischerweise kann der menschliche Körper Schlafmangel ausgleichen. Schlafen Sie in einer Nacht zu wenig, holt Ihr Körper, wenn keine Schlafstörungen vorliegen, dies in der nächsten Nacht durch einen vertieften, intensiven Schlaf nach.

Diese Stunden müssen nicht strikt am Stück eingehalten werden. Das bekannteste abfällige Zitat über die Nachtruhe stammt von Napoleon, der meinte: »Ein Mann braucht vier, eine Frau fünf und ein Idiot sechs Stunden Schlaf.« Gerade vom französischen Feldherrn ist aber auch überliefert, dass er den fehlenden Schlaf im Sattel nachholte und beim Reiten einschlief.

In südlichen Ländern zum Beispiel, wo die Menschen aufgrund der klimatischen Bedingungen mittags ihre Siesta halten, verkürzt sich die Nachtschlafenszeit entsprechend. Es gehört zum italienischen Lebensstil, spät am Abend zu essen, die frische Abendluft zu genießen und noch später ins Bett zu gehen. Morgens sind die meisten trotzdem schon wieder früh auf den Beinen und am Arbeitsplatz. Die Siesta in der Zeit der sengenden Mittagshitze wird meist für einen ausgiebigen Mittagsschlaf genutzt und ermöglicht es den Menschen, auf die benötigten sieben bis acht Stunden Schlafens- und Regenerationszeit zu kommen.

Schlafräuber Nummer eins ist der alltägliche Stress. Die Hektik des Tages, die Sorge um die berufliche Existenz, Unerledigtes und Ungelöstes – all das lässt viele Menschen nachts nicht zur Ruhe kommen. Chronischer Stress senkt den Spiegel des Schlaf spendenden und steuernden Hormons Melatonin.

Es ist entscheidend, dass Sie den Stress nicht mit ins Schlafzimmer nehmen. Ihr Bett sollten Sie gezielt von Anspannung frei halten und bewusst mit erholsamem Schlaf assoziieren.

Das Nickerchen als Kraftquelle

Büroschlaf, »kurzes Nickerchen« oder Power-Napping – egal welchen Begriff Sie bevorzugen: Ein kleines Schläfchen um die Mittagszeit führt zu einer deutlichen Leistungs- und Effizienzsteigerung am Arbeitsplatz. 10–15 Minuten reichen meist aus für eine gute Portion Erholung. Gibt man dem normalen Bedürfnis nach Ruhe und Schlaf für diese kurze Zeit nach, kann man anschließend frisch und doppelt motiviert an den Arbeitsplatz zurückkehren.

Internationale Firmen wie Hewlett-Packard oder SAP, aber auch immer mehr mittelständische Unternehmen richten ihren Mitarbeitern Ruheräume ein, in denen ein Kurzschlaf gehalten werden kann. Gestiegene Arbeitsmoral und längeres Durchhaltevermögen der Mitarbeiter danken es ihnen. In Japan ist der Mittagsschlaf in Firmen gang und gäbe.

In New York und Vancouver wurde als Geschäftsidee eine Art Ruhehalle für die erschöpften Stadtmenschen eröffnet. Im »Metronaps« im Empire State Building können gestresste Geschäftsleute in hypermodernen Ruhekapseln bei sanftem Licht in der Mittagspause ihren Kurzschlaf halten. Die »Sitzung« gibt es ab 12 Dollar. Ein kurzer Mittagsschlaf ist optimal als Entspannungsmethode und ein wichtiges Instrument der Stresskompetenz.

Tipps für gesunden Schlaf

- Achten und respektieren Sie Ihre »innere Uhr«. In aller Regel teilt der Körper dieses Bedürfnis unmissverständlich mit. Die Zeit der höchsten Melatoninproduktion zwischen 1 und 3 Uhr nachts sollten Sie unbedingt zum Schlafen nutzen.
- Schaffen Sie sich feste Einschlafrituale. Gehen Sie jeden Tag etwa zur gleichen Zeit ins Bett, und stehen Sie in etwa zur gleichen Zeit wieder auf.
- Kontrollieren Sie die Schlafbedingungen. Wechseln Sie zum Beispiel zu alte Matratzen und Bettdecken aus, denn: »Wie man sich bettet, so schläft man.« Achten Sie auf eine ruhige, wohlige und gemütliche Atmosphäre. Trockene warme Heizungsluft ist dem Schlaf und der Erholung nicht zuträglich. Optimal ist eine Temperatur zwischen 15 und 18 Grad Celsius.
- Vermeiden Sie, im Bett fernzusehen, und lesen Sie unmittelbar vor dem Schlafen kein aufwühlendes Buch.
- Hindern Gedanken an belastende Situationen Sie häufig am Einschlafen, dann gewöhnen Sie sich als festes Ritual an, die Probleme einige Stunden vor dem Zubettgehen zu thematisieren, am besten mit einem Partner. Versuchen Sie, Lösungsmöglichkeiten zu finden, oder bauen Sie zumindest einen Schutzwall zwischen Ihre Alltagssorgen und Ihren Schlaf: ein Gespräch, angenehme Entspannung oder sportliche Aktivität.
- Körperliches Training fördert auch den Schlaf. 40 Prozent aller Menschen mit Schlafstörungen geben eine deutliche Besserung der zuvor geäußerten Beschwerden an, nachdem sie angefangen haben, körperlich zu trainieren.

- Achten Sie auch in diesem Zusammenhang auf Ihre Ernährung: Wie alle anderen Stoffwechselvorgänge wird auch die Magen-Darm-Tätigkeit in der Nacht gedrosselt. Schwere Kost am Abend wird Ihnen im Magen liegen.
- Verzichten Sie nach 16 Uhr auf koffein- oder teinhaltige Getränke. Diese Getränke beeinflussen die Melatoninproduktion.
- Achtung: Sollten sich bestehende Schlafprobleme dennoch nicht lösen, holen Sie sich professionelle ärztliche Hilfe. Schlafmangel kann gravierende Auswirkungen auf Gesundheit und Wohlbefinden haben, er muss daher unbedingt ernst genommen werden.

Atmung – erst einmal Luft holen

Die Stressreaktion beeinflusst auch unsere Atmung. Unwillkürlich kommt es zum tiefen Einatmen, die »Luft wird angehalten«. Die Atmung wird schneller und flacher. Bei unseren Urahnen waren diese Reflexe lebensnotwendig. Der Körper sollte maximal mit Sauerstoff versorgt werden, um optimal auf Flucht oder Kampf vorbereitet zu sein. Bei diesen Aktionen wurde dann die tief eingeatmete Luft »abgeatmet« und der auf Vorrat beschaffte Sauerstoff vom Organismus verwertet. Die Reaktion der Atmung auf Stress läuft auch im 21. Jahrhundert nach dem gleichen Muster. Nur folgt heutzutage in aller Regel keine körperliche Aktivität – und oft auch kein Nachlassen der Spannung.

In Ruhe und Entspannung ist das Verhältnis von Einatmung zu Ausatmung weitgehend ausgeglichen, eine harmonische Atemkurve zeigt die gleichmäßige An- und Entspannung der Atemmuskulatur an. Unter Stress wird durch die vertiefte Einatmung erst einmal viel Sauerstoff aufgenommen, durch die flache Atmung verstärkt Kohlendioxid abgegeben. Eine mögliche Folge ist eine Erhöhung des pH-Werts, der das Verhältnis von Säuren und Basen in unserem Körper beschreibt. Dabei sinkt der Serumkalziumspiegel, was in der Regel zu einer weiteren Zunahme von Nervosität und Gereiztheit führt. Durch eine anhaltend flache Atmung kommt es schließlich zu einer schlechteren Versorgung des Körpers mit Sauerstoff. Insbesondere das Gehirn reagiert mit Leistungseinbußen und Konzentrationsschwäche.

In extrem stressbeladenen Situationen kommt es häufig auch zu Veränderungen der Stimme. Fast jeder kennt die heisere Stimmlage in Prüfungssituationen. Oft hat man das Gefühl, dass in solchen Momenten die Stimme versagt. Grund ist eine maximale Anspannung der an der Atmung beteiligten Muskulatur im Brustbereich, die sogar zu einer Kompression der Stimmbänder führen kann.

Die Ausatmung entspannt die Atemhilfsmuskulatur. Ein Effekt, den man auch bewusst herbeiführen kann, wenn einem der Druck zu stark wird. Das tiefe Ausatmen führt zur psychisch-mentalen Harmonisierung – auch und gerade in Stresssituationen. Nicht umsonst spielt die Atmung in nahezu allen Kulturen und in vielen Religionen eine wichtige Rolle bei der Rückbesinnung und beim »Zur-Ruhe-Kommen«. Durch ruhige, ausgeglichene Atmung wird die Sauerstoffversorgung des Organismus sicher gewährleistet. Man bekommt wieder das Gefühl, klar denken zu können.

Testen Sie die folgende einfache Atemübung gegen Alltagsstress: Atmen Sie – in angespannter Atmosphäre, wenn alles drunter und drüber zu gehen scheint – erst einmal tief durch. Gönnen Sie sich diese Mikropause, die wahrscheinlich von keinem anderen wahrgenommen wird, und gewinnen Sie die entscheidende Portion Zeit. So können Sie souveräner und bedachter wieder in die Situation einsteigen. Als Tipp: Noch effektiver wird dieses bewusste Ausatmen, wenn Sie es mit einem (gedachten) Satz unterstreichen wie: »Ich bin ruhig!« Dann atmen Sie genussvoll ein, und beim nächsten tiefen Ausatmen sagen Sie sich: »Ich bin entspannt!« Achten Sie dabei auf die Schulterpartie, und versuchen Sie, die Muskulatur jedes Mal ein wenig mehr zu entspannen.

Integrieren Sie die tiefe Ausatmung von nun an in Ihren Alltag, wenn immer der Stresspegel steigt! Sie haben es sicher schon erlebt, dass Ihnen Ihr Partner oder ein vertrauter Arbeitskollege in einer angespannten Situation sagt: »Jetzt atme erst einmal tief durch!« Lassen Sie sich darauf ein: Das Druckventil zu öffnen schafft Gelassenheit und Entspannung.

Auch als Arzt im Operationssaal konzentriere ich mich in schwierigen Situationen immer wieder kurz auf meine Atmung, um entspannt und konzentriert effektiv weiterzuarbeiten. Die meisten Körpertechniken (Tai-Chi, Pilates, Yoga, Qigong und andere) und fast alle Entspannungstechniken arbeiten ganz bewusst mit der Atmung als entscheidendem Faktor, um innere Ruhe und Konzentration zu gewinnen.

Entspannung – von der wohligen Wellness zur effektiven Technik

Eine Lektion, die ich im Leistungssport gelernt habe und bis heute beherzige, lautet: Zu Anspannung gehört Entspannung. Wer ohne Entspannung ständig weiter »Gas« gibt, wird früher oder später ausbrennen.

Diese Erkenntnis ist mir nicht in die Wiege gelegt worden. In meiner Sportlerzeit habe ich eher zu viel und zu hart trainiert. Gerade in der Trainingsphase, als ich mich für die Olympischen Spiele 1996 qualifizierte, habe ich mich sehr häufig an der Grenze meiner Leistungsfähigkeit bewegt. Bis April 1996 liefen die Vorbereitungen für die Qualifikation für mich optimal. Eine Muskelverletzung, die ich mir dann in einem Trainingslager in Nizza zuzog, schien aber all meine Träume zu zerstören. Vier Wochen der kostbaren Zeit verbrachte ich ungeduldig und frustriert mit leichten Koordinations- und Laufübungen. Doch dann erwies sich das vermeintliche Unglück als wahrer Segen. Die Zwangspause brachte mir ein spürbares Plus an körperlicher Erholung und Frische. Als ich wieder voll einsatzfähig war, strotzte ich vor Kraft und Motivation. Es war die pure Lust, Leistung auf die Bahn zu bringen!

Es gibt viele Möglichkeiten, wie Sie sich nach anstrengenden Tagen entspannen können, wie Sie vom Alltag abschalten und sich verwöhnen können. Und wie in anderen Bereichen gibt es auch beim Thema Entspannung kein auf alle zutreffendes Patentrezept. Gut ist das, was genau Ihnen hilft zu entspannen.

Essentials der Entspannung

Für den einen ist es der Inbegriff von Erholung, in einem spannenden Schmöker zu versinken oder gemütlich einem guten Hörbuch zu lauschen. Ein anderer blüht auf, wenn er seinen Horizont erweitert und sich entspannt Wissen aneignet oder eine Reise vorbereitet. Die meisten von Ihnen werden aber festgestellt haben, dass ein abendliches »Abhängen« vor dem Fernseher selten wirkliche Entspannung und Regeneration bringt; oft fühlt man sich anschließend noch abgeschlagener. Woran liegt das?

Bei der Erholung geht es um einen Ausgleich gegenüber den meist einseitigen Belastungen unseres Berufsalltags. Und die können höchst unterschiedlich aussehen. Wer acht Stunden auf einem langweiligen Job festsitzt, braucht in der Freizeit eher Horizonterweiterung und »Action«. Wer den ganzen Tag Trubel hat, sehnt sich vermutlich nach Stille. Wer als Einzelkämpfer stundenlang vor dem Bildschirm hockt, sollte anschließend unter Menschen gehen. Fernsehen ist in all diesen Fällen ganz offensichtlich nicht die optimale Alternative.

So unterschiedlich die Arbeitswelten auch aussehen, in denen wir uns bewegen, einige typische Einseitigkeiten gibt es fast überall:

- **Wir bewegen uns zu wenig.** Einige wenige Handgriffe dagegen wiederholen sich im Übermaß – zum Beispiel der Mausklick. Hier hilft – wie in Baustein I beschrieben – Sport und eine abwechslungsreiche Beanspruchung möglichst vieler Muskelgruppen. Mitunter brauchen strapazierte Partien wie der Rücken eine Extraportion Entspannung.
- **In der Berufswelt steht nicht unser Befinden im Zentrum.** Stattdessen müssen Geschäfte unter Dach und Fach gebracht werden, Termine drängen, Unerledigtes kann nicht liegen bleiben, Angefangenes will zu Ende geführt werden… Deshalb brauchen wir jeden Tag eine bestimmte Zeit, in der es hauptsächlich um uns selbst geht, in der wir zur Besinnung kommen, unseren Standort bestimmen und unsere Befindlichkeit kurz reflektieren können. Dabei

geht es nicht um tief schürfende Analyse, sondern einfach darum, das Gefühl für den inneren Kompass wiederzugewinnen. Das Gleiche gilt auch für andere Bereiche wie Familie und Freunde. Wenn wir ihnen nicht ganz bewusst Zeit einräumen, verlieren wir die Tuchfühlung.

- **Unser Alltag ist geprägt von einer zunehmenden Reizüberflutung.** Setzen Sie das nicht durch TV-Zappen, hektischen Kultur- und Eventkonsum oder ein überehrgeiziges Fitnessprogramm in Ihrer Privatsphäre fort. Wenn Sie nach einem hektischen Tag – die Leute haben sich die Klinke in die Hand gegeben, Handy und Telefon klingelten abwechselnd, und Sie wurden mit E-Mails beschossen – kein Bedürfnis nach Ruhe und Temposenkung verspüren, dann ist in der Hektik vermutlich Ihr innerer Kompass auf der Strecke geblieben. Gewinnen Sie die innere Orientierung durch bewusste Entspannungstechniken zurück!
- **Gleichzeitig ist vieles reine Routine.** Kundenwünsche, Sachverhalte, Vertragsklauseln – wenn man schon ein paar Jahre im Job ist, wiederholt sich vieles in leichter Abwandlung. Einerseits ist das gut; Berufserfahrung gibt Ruhe und Sicherheit. Andererseits fehlt zunehmend die Herausforderung; man ist nicht mehr auf dem Sprung, sondern versinkt im Alltagstrott. Das ist übrigens kein Widerspruch zum vorigen Punkt, denn auch das gibt es: nervende Routine und permanente Überforderung. Nutzen Sie deshalb Ihre Eigenzeit, um Alltag und Routine zu entfliehen. Nicht ohne Grund spielen so viele Entspannungs- und Wellness-Angebote auf fremde Kulturen an – vor allem auf solche, die uns gelassener und körperbewusster erscheinen als die unsere.
- **Im Berufsleben stehen wir in der Regel unter erheblichem Leistungsdruck.** Deshalb geht es in Freizeit und Verschnaufpausen darum, den Fuß vom Gas zu nehmen und die Dinge locker zu sehen. Bloß nicht verspannen bei der Entspannung! Es gibt nur ein einziges gültiges Kriterium für Ihre Erholung: Tun Sie, was Ihnen gut tut!

Nicht zu vergessen: Belastungen spannen sich häufig über einen zu langen Zeitraum. Pausen sind zu kurz oder werden nicht effektiv genutzt. Deshalb ist Erholung nicht nur ein Freizeitthema. Es geht auch ganz gezielt darum, dass Sie Ihren Alltag durch Verschnaufpausen und kurze »Boxenstopps« strukturieren.

Kultivieren Sie Ihre ganz persönlichen bewährten Hausmittel, um Sorgen und Stress des Alltags hinter sich zu lassen und abzuschalten: Musik hören, Freunde zum gemeinsamen Essen treffen, Karten oder Schach spielen. Sicher fällt Ihnen spontan etwas in dieser Art ein, auch wenn es vielleicht schon länger her ist, dass Sie es das letzte Mal getan haben. Ansonsten lassen Sie sich vom hier Beschriebenen anregen, oder fragen Sie Freunde und Bekannte, wie sie zur Ruhe und zu sich kommen.

Solche individuell verschiedenen Vorlieben sind ein wichtiger Faktor, um sich rundherum wohl zu fühlen. Sie sollten sie auf keinen Fall vernachlässigen. Im Folgenden finden Sie zusätzlich konkrete Hinweise zum Thema Entspannung: vom Urlaub als Inbegriff der Freizeit über körperliche Erholung bis hin zu mentalen Entspannungstechniken.

Freizeit am Stück – der Urlaub

Für die meisten von uns sind die Ferien der Inbegriff der Erholung: Freiheit von den mühsamen Verpflichtungen des Alltags, Zeit und Raum für die eigenen Interessen und Bedürfnisse. Entsprechend unterschiedlich sind die individuellen Vorstellungen vom perfekten Urlaubs-Feeling. Einige wollen in erster Linie entspannen und mal richtig ausschlafen. Andere packen sich die Zeit voll mit neuen Herausforderungen, sie wollen fremde Kulturen erkunden, Sprachen lernen, einen Malkurs absolvieren, Fahrrad fahren oder wandern. Wieder andere sind glücklich, endlich die Bücher zu lesen, für die sie zuvor keine Zeit gefunden haben.

Was im Urlaub für Sie das Richtige ist, wissen Sie selbst am besten. Sorgen Sie für einen gesunden Ausgleich zu Ihren alltäglichen Herausforderungen. Finden Sie heraus, womit Sie sich wohl in Ihrer Haut fühlen und was Ihnen optimale Regeneration bringt.

Bei der schönen Vorstellung, im Urlaub endlich die Kraftreserven wieder aufzufüllen und anschließend gestärkt an die Alltagsaufgaben zurückzukehren, spielt der Faktor Urlaubsstress in der Regel keine Rolle. Die Realität sieht leider meist anders aus. Die Tage vor dem Urlaub sind an Arbeitsdruck oft kaum noch zu überbieten. Letzte Besorgungen werden hektisch erledigt. Ist die Reiseapotheke aufgefüllt, wo ist bloß die leichte Regenjacke? Bei der Anreise handelt es sich selten um ein entspanntes Vergnügen. Am Urlaubsort angekommen, hat Ihr Partner womöglich andere Ansprüche als Sie. Während Sie zufrieden am Strand liegen und abends früh schlafen wollen, möchte Ihr Partner Land und Leute erkunden, Denkmäler besichtigen und das abendliche Fest im 20 Kilometer entfernten Dorf besuchen, um mit Ihnen zu tanzen. Nicht umsonst kommt es gerade in der Urlaubszeit immer wieder zu Streitereien.

Damit Sie nach dem Urlaub sagen können ENTSPANNT GEWINNT, gilt es, auch wenn das unromantisch klingt, ein paar ganz praktische Hinweise zu beherzigen:

- Machen Sie sich vor Antritt Ihrer Reise Ihre Erwartungen und Wünsche an den Urlaub bewusst, und reden Sie darüber mit Ihrer Partnerin, Ihrem Partner. Welche Art von Erholung wünschen Sie sich? Wobei können Sie am besten abschalten? Wollen Sie etwas Bestimmtes lernen oder erleben? Richtig ist, was Ihrer Erholung dient. Das betrifft auch das Klima. Vielleicht sind aber ein paar Grad mehr, als Ihnen behagt, kein zu hoher Preis für eine glückliche Mitreisende. Kompromisse mit dem Partner können Ihnen genau die Art von Abwechslung und Herausforderung bringen, die Ihren Erholungseffekt steigert!

- Spätestens drei Wochen vor Reiseantritt sollte Ihre Besorgungsliste »stehen«, damit das meiste im Rahmen des Alltagseinkaufs besorgt werden kann.
- Planen Sie keinen Urlaub, der Sie überfordern könnte. Wollen Sie eine sportliche Herausforderung auf sich nehmen, bereiten Sie diese gut und lange genug vor. Lassen Sie sich ausreichend informieren, und konsultieren Sie im Zweifelsfall rechtzeitig einen Arzt. Eine Bergtour mag sich im Prospekt toll anhören und ist tatsächlich ein phantastisches Erlebnis, wenn man sie gut bewältigt. Schlecht vorbereitet, wird sie schnell zum Desaster. Extreme Leistungsorientierung schadet Ihrer Regeneration und Erholung. Sie hat im Urlaub nichts zu suchen!
- Organisieren Sie die An- und Abreise an Ihr Urlaubsziel so, dass auch die Reise selbst kein Stress wird. Acht Stunden mit Ihrer Familie und kleinen Kindern im Auto bringen die Stimmung gleich zu Beginn auf den Tiefpunkt, bei der Rückreise lässt so etwas einen Großteil des Erholungseffekts gleich wieder verpuffen. Legen Sie also ausreichend Pausen ein, oder prüfen Sie bequemere Möglichkeiten zu reisen, beispielsweise den Autoreisezug. Planen Sie Ihre Abreise so, dass Sie sich noch mindestens einen Tag zu Hause akklimatisieren können.
- Lassen Sie in der Urlaubszeit nach Möglichkeit berufliche Dinge außen vor. Per E-Mail die neusten Arbeitsberichte zu studieren befriedigt sicherlich Ihre Neugierde und beeindruckt womöglich Ihre Mitarbeiter. Der Erholung schadet es allerdings. Denn Sie kehren nicht nur für die Zeit des Lesens zurück an Ihren Arbeitsplatz, sondern beschäftigen sich mit Sicherheit auch anschließend noch einige Zeit damit. Sollten die Umstände einen regelmäßigen Kontakt mit Ihrem Büro erfordern, dann reservieren Sie dafür eine festgelegte Zeit, zum Beispiel jeden Tag eine Stunde am frühen Nachmittag. Darauf kann sich dann Ihre private wie berufliche Umgebung einstellen.

- Vor dem Spiel ist nach dem Spiel: Lassen Sie die Dinge, die Ihnen im Urlaub besonders gut getan haben, noch einmal Revue passieren. Überlegen Sie, was davon Sie auch in Ihren Alltag integrieren können.
- Optimal, um Ihre körperlichen und geistigen Ressourcen zu regenerieren, ist für Ihre »großen Ferien« ein Zeitraum von drei bis vier Wochen. Aber wie die Verschnaufpausen an einem ganz normalen Arbeitstag können auch entspannte Kurztrips den Alltag durchbrechen und Ihnen ein spürbares Plus an Erholung bescheren.

Wellness – sich selbst verwöhnen

»Das haben wir uns verdient«: Athleten gönnen ihrem Körper nach dem Wettkampf oder nach einem harten Training Erholung im so genannten Entmüdungsbecken. Sie genießen die regenerative Wirkung von heißem Wasser für die Muskulatur und das allgemeine Wohlbefinden. Wer Leistung erbracht hat, darf sich auch guten Gewissens belohnen.

Und was machen Sie nach einem anstrengenden Tag? Erst mal auf dem Sofa die Beine hochlegen und den Arbeitsalltag ausklingen lassen ist sicher keine schlechte Idee – wenn es nicht dabei bleibt und die einzige Aktion der Griff zur Fernbedienung ist. Vielleicht beginnt ja nach dem Job bei Ihnen erst einmal der Familienalltag. Eine Abwechslung, die aber eventuell auch Kraft kostet! Wenn es nicht gut möglich ist, direkt beim Nachhausekommen eine Verschnaufpause einzulegen, verschieben Sie sie auf einen späteren Zeitpunkt. Wichtig ist vor allem, eine Grenze zwischen Alltagspflichten und Freizeit zu finden und herauszubekommen, was Ihnen nun gut tut: eine Unternehmung, ein Gespräch, Bewegung oder Ruhe?

Für die Tage, an denen »gar nichts mehr geht« und »wirklich die Luft raus ist«, haben Sie sicher Ihre eigenen Tricks und Rituale, um abzuschalten. Manche schwören auf ein heißes Bad in der heimischen Wanne als klaren Kontrast zum Stress des Alltags. Die Folge ist wohlige Entspannung und eine Lockerung verspannter Muskulatur. Angebote dieser Art gibt es auch außer Haus: Wer es eher medizinisch mag, kann zwischen verschiedenen Bäderformen, Kneipp'schen Anwendungen und Physiotherapie wählen. Saunagänge haben mit ihrem bedächtigen Ritual und den eingebauten Ruhepausen eine angenehme, entspannende und somit stresslösende Wirkung. Eine gekonnte Massage lockert Muskelverspannungen und gibt Ihnen das schöne Gefühl, dass jemand etwas für Sie tut.

Lässt man sich in Sauna, Therme oder Spa genügend Zeit und gönnt sich womöglich noch eine Massage, hat man bereits ein kleines Wellness-Programm. Solche Erholungsangebote im Paket stoßen auf eine wachsende Nachfrage. Kurzurlaub, Verwöhnenlassen, Besinnung auf den Körper – nicht ohne Grund ist Wellness in der hektischen Leistungsgesellschaft zum Inbegriff vieler Sehnsüchte geworden.

Nutzen Sie diese Angebote – mit Bedacht. Ayurveda beispielsweise wird leider oft unseriös angeboten. Hinter dem Begriff – aus dem Sanskrit übersetzt: das Wissen vom Leben – steht eine traditionelle indische Vorbeuge- und Heilkunst, deren Konzept ohne den spirituellen und philosophischen Hintergrund nicht greift. Informieren Sie sich daher zuvor über die Kompetenz der Anwendungsstätten, wenn die Behandlung mit warmen Ölen und exotischen Essenzen Sie anspricht.

Aber: Wellness ist nicht genug! Viele Wellness-Angebote versprechen ein luxuriöses Ambiente oder den Hauch fremder Kulturen. Das steigert ohne Frage den Erholungswert Ihres kurzen »Verwöhnurlaubs«. Mal richtig auszuspannen ist unentbehrlich für Ihr Wohlbefinden; sich verwöhnen zu lassen wird Geist und Seele gut tun.

Eine nachhaltige Steigerung Ihrer Lebensqualität erreichen Sie nicht durch Passivität – so wohlverdient sie auch sein mag. Entscheidend ist, wie Sie mit aufgefüllten Ressourcen Ihren Alltag aktiv gestalten und strukturieren. Ernst genommen, umfasst beispielsweise Ayurveda auch eine Änderung der Ernährung und des alltäglichen Verhaltens.

Entspannungstraining für den Körper

Im Baustein I, Bewegung, haben Sie bereits etwas über Techniken gelesen, die entspannend wirken. Pilates-Training (siehe Seite 85), Feldenkrais-Methode oder Tai-Chi (beide Seite 81) führen allesamt über körperliches Training zu Entspannung und Ausgeglichenheit.

Zunehmend populär wird Yoga, die Bewegungs-Meditationstechnik mit dem ganzheitlichen Ansatz, nicht zuletzt, weil Popstars wie Madonna oder Sting von den indischen Übungen schwärmen. Auch im Leistungssport hat man die positive Wirkung einiger Basistechniken des Yoga entdeckt und fördert auf diese Weise sowohl mentale Stärke und Konzentrationsfähigkeit als auch Koordination, Beweglichkeit und Körpergefühl. Bei meinen ersten Yoga-Stunden war ich total überrascht, wie viele der Übungen ich schon aus dem Leichtathletiktraining kannte.

Yoga wurde vor etwa 3500 Jahren in Indien entwickelt. Die Philosophie, die hinter Yoga steckt, versucht, Körper, Geist und Seele in Einklang zu bringen und Harmonie herzustellen. Dazu dienen Körperübungen in Verbindung mit Atemtechniken, die sehr genau ausgeführt werden müssen. Spannenderweise haben sich im Laufe der Zeit viele verschiedene Yogaformen und -techniken entwickelt. Deshalb haben Sie die Wahl: Wollen Sie die mentalen und spirituellen Techniken in den Vordergrund stellen, wird Sie wahrscheinlich Kundalini-Yoga ansprechen, wollen Sie kraft- und körperbetont trainieren, sollten Sie Ashtanga-Yoga wählen, das den Schwerpunkt auf Kondition und Muskelaufbau legt. Im Internet finden Sie Adressen, die Ihnen hierbei weiterhelfen können. In Deutschland betreiben zurzeit etwa 2,5 Millionen Menschen regelmäßig Yoga – und die Tendenz ist steigend.

Entspannungstechniken

Bewusste und gezielte Entspannung ist immer auch eine Frage der Selbstreflexion. Das beginnt bei der Erkenntnis, dass zu einem aktiven Leben beide Pole gehören – Anspannung und Entspannung. Gerade wenn Ihr Alltag hohe Anforderungen stellt und viel Flexibilität erfordert, aber nicht ausreichend durch Pausen und »Auszeiten« strukturiert ist, dann sind Sie gefragt: Sorgen Sie für eine gute Streuung in Ihrem Erholungs-Portfolio, von gelungenen Urlauben über ein verlängertes Wochenende dann und wann bis hin zu erholsamen Essenspausen.

Auch Mikropausen, wie beim Thema Atmen angesprochen, und aktive Entspannungstechniken können zum wichtigen Bestandteil Ihrer Strategie werden, den täglichen Stress in Beruf und Privatleben zu meistern. Indem Sie Ihre Kräfte regelmäßig auftanken, tun Sie nicht nur etwas für Ihr Wohlbefinden, sondern auch für Ihre Leistungsfähigkeit. Denn nur mit regenerierten Ressourcen verfügen wir über den klaren Kopf, die Willenskraft und Kreativität, unsere Ziele zu realisieren.

Die meisten von uns haben, bei aller Faszination, die von einem Zen-Kloster ausgeht, kaum die Zeit, sich in eine der verschiedenen Meditations-Lehren zu vertiefen. Wer sich weniger als Sinnsucher denn als gestresster Berufstätiger empfindet, für den gibt es gezielte und alltagstaugliche Entspannungstechniken, von denen ich hier die beiden bekanntesten kurz vorstelle: die progressive Muskelentspannung und das autogene Training. Beide können beispielsweise nach starken emotionalen Belastungen helfen, vor dem Schlafengehen doch noch die nötige Ruhe zu gewinnen, um tief und erholsam zu schlafen. Ist man mit den Techniken und dem jeweiligen Grundprinzip vertraut, kann man sich auch mitten im Alltagsstress ein Stück Ruhe und Ausgeglichenheit zurückholen, ohne gleich das ganze Übungsprogramm durchspielen zu müssen.

■ Die **progressive Muskelentspannung** wurde in den dreißiger Jahren von dem amerikanischen Arzt Edmund Jacobson entwickelt und basiert auf einem verblüffend genialen Einfall. Sie holt Sie da ab, wo Sie gerade festsitzen: in der Anspannung. Sicher haben Sie auch schon erlebt, dass es in einer nervigen und zum Zerreißen angespannten Situation wenig hilfreich ist, wenn jemand sagt: »Nun sei doch mal ein bisschen entspannter!« Die progressive Muskelentspannung geht den methodischen Weg, dass zunächst bestimmte Körperpartien noch mehr angespannt werden und dann die Spannung bewusst gelöst wird. Das ist einfach, aber sehr wirkungsvoll!

Dahinter stehen zwei Grundgedanken:

- Jede (geistig-seelische) Anspannung und Belastung geht einher mit einer (körperlichen) Verspannung von Muskulatur.
- Entspannung kann auch von außen nach innen wirken, das heißt, durch eine Lösung der Muskelspannung wird man innerlich ruhiger.

Die Technik ist relativ leicht zu erlernen, nicht mit großem Zeitaufwand verbunden und führt direkt zu spürbaren Erfolgen. Zur Ausführung benötigen Sie nur rund fünf Minuten. Ziehen Sie beengende Kleidung wie Schuhe oder Krawatte aus. Lassen Sie sich ein paar Minuten lang nicht stören, schalten Sie nach Möglichkeit Handy und Telefon aus. Am besten liegen Sie flach auf dem Rücken, die Arme entspannt neben dem Körper. (Falls es aus irgendwelchen Gründen nicht möglich oder passend ist zu liegen, gibt es auch eine Variante im Sitzen.) Die Standardübung arbeitet mit 16 Muskelgruppen. Ich stelle Ihnen hier die kürzere Form mit der Zusammenfassung zu sieben Muskelgruppen vor.

Beginnen Sie mit einer zunehmenden Anspannung von rechter Hand, rechtem Unter- und Oberarm. Ballen Sie die Hand zunehmend fest zu einer Faust, heben Sie den angespannten Arm bis zum Ellenbogen leicht vom Boden ab. Bauen Sie die Spannung kontinuierlich über etwa 7–10 Sekunden auf. Bei maximaler Anspannung lösen Sie diese mit einem Mal auf und entspannen Arm und Hand.

Der rechte Arm liegt nun wieder auf, vermutlich entspannter als vorher. Nehmen Sie sich nun 30 Sekunden Zeit zum Nachspüren. Im gleichen Stil geht es weiter mit den anderen sechs Muskelgruppen:

- linke Hand, linker Unter- und Oberarm,
- Gesicht und Nacken,
- Schultern,
- Rumpf: Schulterblätter, Bauch und Gesäß,
- rechter Fuß, rechtes Bein,
- linker Fuß, linkes Bein.

Bitte keinen Aktionismus! Das Ganze funktioniert nur, wenn Sie mit Aufmerksamkeit bei der Sache sind. Nur wenn Sie wissen, wie sich muskuläre Anspannung anfühlt, können Sie auch die folgende Entspannung wahrnehmen. Machen Sie sich also beide Zustände bewusst. Genießen Sie am Schluss einige Minuten lang, wie Ihr ganzer Körper schwer und fest auf dem Boden liegt.

Das Schweregefühl entsteht übrigens durch den vermehrten Einstrom von Blut in die entspannte Muskulatur. Recken und strecken Sie sich, bevor Sie aufstehen, um Ihren Körper wieder zu aktivieren und auf den Alltag vorzubereiten.

Das **autogene Training** wurde in den zwanziger Jahren von dem Berliner Nervenarzt Johannes Heinrich Schultz aus der Hypnose entwickelt. Die Wirkung ist wissenschaftlich bewiesen: Durch konzentrierte Selbstsuggestion (autogen = selbst erzeugt) wird das vegetative Nervensystem beruhigt. Stress und innere Unruhe können abgebaut werden. Aber: Autogenes Training muss, wie der Name schon sagt, regelrecht gelernt und regelmäßig trainiert werden.

Autogenes Training können Sie sich auch im Selbststudium aneignen, wenn Sie aber wenig vertraut sind mit mentalen Techniken, sollten Sie einen entsprechenden Kurs bei einem ausgewiesenen

Fachmann besuchen. Solche Kurse werden in Volkshochschulen, Familienbildungsstätten und anspruchsvollen Fitnesscentern angeboten, das gilt übrigens auch für die progressive Muskelentspannung. In bestimmten Fällen zahlt sogar die Krankenkasse.

Die Technik funktioniert praktisch umgekehrt wie die progressive Muskelentspannung: Der Körper bleibt unbehelligt und entspannt, die eigentliche Arbeit geschieht im Kopf. Das eben erwähnte Schweregefühl des durch Entspannung durchbluteten Muskels wird hier durch innere Wiederholung von Formeln wie »mein rechter Arm ist schwer« herbeigeführt. Denn verblüffenderweise klappt es auch so herum: Die innere, möglichst bildhafte Vorstellung des schweren Arms führt zu einer Entspannung und besseren Durchblutung des Muskels! Nach diesem Prinzip wurde für das autogene Training eine »Grundstufe« mit sechs Übungsarten entwickelt. In der »Oberstufe« erreicht der Fortgeschrittene durch die Hinzunahme innerer Bilder eine meditationsartige Tiefenentspannung.

Sie haben also die unterschiedlichsten Möglichkeiten, Ihre Entspannung nach vorne zu bringen. Egal ob Sie auf der körperlichen Ebene einsteigen oder mental, ob Sie sich eine Auszeit mit Kontrastprogramm gönnen oder nur eine Mikropause nehmen – das Senken der Anspannung wird spürbare Effekte erzielen. Denn ebenso wie durch Dauerstress Körper und Seele aufgerieben werden, spielen auch beim Auffüllen Ihrer Kraftreserven beide im Team: Körperliche Entspannung wirkt sich unmittelbar psychisch und mental aus, geistige Entspannung unmittelbar körperlich.

Innere Einstellung – die Macht der Motivation

Bei der kurzen Vorstellung des autogenen Trainings ist bereits klar geworden: Gedanken und innere Vorstellungen haben eine nicht zu unterschätzende Wirkung. Dass sich Prozesse durch Visualisierung vorbereiten lassen, ist von Psychiatern, Psychologen und Hirnforschern längst bewiesen. Lernerfolge, ob im Sport oder im Berufsleben, können zum Teil ohne tatsächliches körperliches Training erreicht werden: Die fiktiven Bilder formen das Gehirn auf ähnliche Weise wie reelle, echte Erfahrungen.

Als Zehnkämpfer hatte ich mich am Wurfarm verletzt und konnte einige Zeit nicht Speerwerfen. Mein damaliger Trainer besorgte mir ein Video mit den Olympiabesten von 1972 in dieser Disziplin und gab mir den Auftrag, es täglich mehrfach anzuschauen. Das tat ich zunächst etwas widerwillig: Es war ein Schwarzweiß-Video in Zeitlupe und ohne Ton! Nach zwei Wochen täglichem Anschauen konnte ich die Augen schließen und hatte den Bewegungsablauf vor Augen. Nach einer weiteren Woche stellte ich überrascht fest, dass ich während meines »Gedankenkinos« anfing zu schwitzen. Tatsächlich verbesserte ich beim ersten Wettkampf nach dieser Verletzung meine Bestleistung im Speerwerfen deutlich.

Das heißt selbstverständlich nicht, dass plötzlich alles geht. Im wirklichen Leben stoßen auch die effektivsten mentalen Techniken da an eine Grenze, wo Ihre individuelle natürliche Leistungsgrenze liegt. Aber: Im Rahmen dieser Möglichkeiten können Sie durch mentale Techniken ganz sicher noch eine Menge herausholen. Ihre Gedanken sind ein wichtiges Instrument, das Sie nutzen sollten, um Ihre Ressourcen zu stärken!

Power durch Optimismus

Gedanken und Vorstellungen sind nicht nur da hilfreiche Verbündete, wo es um die konkrete Vorbereitung von Situationen, die konkrete Einstimmung auf Konzentration oder Entspannung geht. Entscheidender noch ist ihre Wirkung auf unsere persönliche Sichtweise, auf die Perspektive, aus der heraus wir unsere alltäglichen Gegebenheiten und Anforderungen bewerten. Mit einer positiven Einstellung dem Leben gegenüber lässt sich unsere Lebensqualität und unser Umgang mit Stress nachhaltig positiv beeinflussen.

Ein stabiles Selbstbewusstsein (nicht zu verwechseln mit Unbelehrbarkeit) und eine positive Erwartungshaltung (nicht zu verwechseln mit Blauäugigkeit) entscheiden schon im Vorfeld darüber, wie Sie an Herausforderungen herangehen und wie leicht Sie sich durch die alltäglichen Anforderungen aus dem Gleichgewicht bringen lassen. Stress ist nicht zuletzt ein subjektives Phänomen. Sie haben es deshalb zu einem guten Teil selbst in der Hand, wie hoch Ihre Stressbelastung wird und ob das negative Auswirkungen auf Ihre Lebensqualität und Gesundheit hat. Viel unnütz vergeudete Energie können Sie für den sinnvolleren Einsatz sparen, indem Sie negative Programme über Bord werfen!

Sicher sind auch Ihnen Menschen begegnet, deren Alltagssprache von so genannten Killerphrasen geprägt ist: »Das kann ja nicht gut gehen«, »Das ist nicht zu schaffen«, »Das bringt doch nichts!« Wer mit solchen negativen Erwartungen an den Start geht, braucht sich nicht zu wundern, wenn er als Letzter in die Zielgerade einläuft. Wenigstens bestätigen sich seine Erwartungen. Der klassische Fall einer *self-fulfilling prophecy*.

Wenn solche negativen Zuschreibungen zum festen Bestandteil des eigenen Persönlichkeitsbildes geworden sind, ist professionelle Hilfe gefragt. Wo es sich um Stimmungstiefs, Leistungsschwankungen oder einfach nur schlechte Angewohnheiten handelt, kann man eine Menge erreichen über eigene Reflexion und die Änderung von Gewohnheiten.

Jeder von uns kennt Situationen, in denen einem Sätze wie die folgenden durch den Kopf gehen: »Das wird wieder ein Tag«, »Ich darf gar nicht dran denken, wie mein Schreibtisch aussieht«, »Wenn bloß der Anruf aus XY heute nicht kommt!« Die Folge ist, dass man seine wertvolle Zeit meist damit verbringt, sich Sorgen zu machen. Wer aber dem, was da auf ihn zukommt, mit Befürchtungen und Zweifel entgegentritt, der wird in der Bewährungssituation eine besondere Kraftanstrengung brauchen, um sicher und erfolgsorientiert zu handeln.

Überprüfen Sie regelmäßig kurz Ihre Erwartungshaltung (einer der vielen Gründe, warum Pausen so sinnvoll sind). Es ist klar, dass Sie nicht in jedes Meeting mit dem Gefühl gelöster Hochstimmung gehen. Aber schauen Sie, wo Ihre Wertungen pauschal und unproduktiv sind. Tragen Sie nicht Ihre diffuse Stimmung in eine solche Situation. Die Klärung der eigenen Stimmungslage ist ein entscheidender Schritt, um zu einer praktikablen Handlungsstrategie zu finden.

Ganz praktisch geht es auch darum, sprachlich versteckte Abwertungen aus dem eigenen Sprachgebrauch aktiv zu verbannen. Die Suche nach einer neuen Formulierung beschert Ihnen oft auch gleich eine neue mögliche Sichtweise. Nehmen Sie sich zwischendurch Zeit, den Verlauf einer Situation zu begutachten: Bestätigen sich meine Erwartungen? Was läuft anders als erwartet? Was ist gut, was hat funktioniert? Kennzeichnend für notorische Pessimisten ist nämlich, dass sie Fehlschläge, Pleiten, Pech und Pannen an die große Glocke hängen. Erfolgserlebnisse werden dagegen häufig bagatellisiert und als nichtig abgetan.

Gibt es wirklich einmal Misserfolge, werden Sie nicht gleich hektisch: ENTSPANNT GEWINNT! Wissenschaftliche Untersuchungen haben nachgewiesen, dass kopflose Wutausbrüche uns in schwierigen Situationen nicht weiterhelfen – auch wenn sie erst einmal befreiend wirken mögen. Selbstbewusstsein und innere Balance verhelfen Ihnen zu einem längeren Atem. Sie haben eindeutig die besseren Karten, wenn Sie in der Situation Ihre Emotionen kontrollieren und sich auf das Wesentliche konzentrieren: die Lösung des anstehenden Problems.

Im Zehnkampf setzt sich letztendlich der Athlet durch, der auch Rückschläge überwindet und konzentriert weitermacht. Im Tennis gewinnt meist der Spieler, der auch nach misslungenen Schlägen die Ruhe bewahrt und sich auf den nächsten Ballwechsel konzentriert, statt seinen Schläger auf dem Boden zu zertrümmern. Wut und Pessimismus blockieren die Phantasie und unsere Fähigkeit, Probleme zu erkennen und positiv zu bewältigen.

Selbstvertrauen, Vertrauen in die eigenen Fähigkeiten und Zuversicht sind wesentlich für eine Steigerung der Lebensqualität. Wissenschaftliche Untersuchungen haben eine ganze Reihe positiver Effekte nachgewiesen: Ein positives Selbstbild erhöht die Lebenserwartung signifikant. Das Risiko, eine Herz-Kreislauf-Erkrankung zu bekommen, sinkt sogar um über 20 Prozent. Was sich unter anderem darauf zurückführen lässt, dass sich pessimistische Menschen – neben dem zusätzlichen Stress – auch häufiger Risikofaktoren wie mangelnder Bewegung und Rauchen aussetzen.

Positive Menschen haben in der Regel mehr Grund und Anlass zur Freude. Und Lachen oder Lächeln inspiriert nicht nur Sie und Ihre Umwelt, es stärkt auch das Immunsystem. Bei Krankenhausaufenthalten hat sich gezeigt, dass jene Patienten schneller regenerieren, die optimistisch und selbstbewusst an ihren Heilungsprozess herangehen. Optimismus lässt Wunden schneller heilen! Und Untersuchungen zur Informationsaufnahme zeigen: Gute Laune lässt uns besser lernen, ob in der Schule oder in der Fortbildung. Steht am Ende einer Unterrichtseinheit ein befreiendes Lachen, werden messbar bessere Lernergebnisse erzielt.

Sozialer Rückhalt – Betriebsklima, Freunde, Familie

Wissenschaftliche Untersuchungen beweisen: Das Risiko einer Herz-Kreislauf-Erkrankung steigt signifikant bei fehlendem sozialen Rückhalt durch Kollegen oder Vorgesetzte. Konflikte am Arbeitsplatz oder gar der Verlust des Jobs sind Stressfaktoren erster Kategorie. Schlechte Stimmung unter den Mitarbeitern ist aber nicht nur negativ für die Gesundheit, sie ist ein stark leistungsmindernder Faktor. Können Sie sich vorstellen offen und entspannt, ganz und gar bei der Sache zu sein, wenn Sie Angst haben müssen, dass Ihr Chef Sie in der Luft zerreißt oder Mitarbeiter hinter Ihrem Rücken schlecht über Sie reden?

Bei intaktem Gefüge und klarer Hierarchie, zum Beispiel in einem Unternehmen, kann ein Arbeitsteam jedem einzelnen Mitglied Rückendeckung auch in beruflich schwierigen Situationen geben. Gute Stimmung in Ihrem Arbeitsumfeld bedeutet nicht, dass Sie Konflikten aus dem Weg gehen. Der Umgang miteinander sollte durchaus kritisch konstruktiv sein, denn nur so werden Sie Entwicklungen vorantreiben und Potenziale ausschöpfen. Genau das aber ist es, was ein Team zusammenschweißt.

Und auch für die Zeit nach dem Job gilt: Je besser und konstruktiver die Stimmung am Arbeitsplatz ist, desto gelöster kommen Sie nach Hause. Probleme wie Dauerstreit mit dem Chef oder ständig schwelende Konflikte mit direkten Arbeitskollegen lassen sich in der Regel nicht am Firmeneingang abgeben, sie übertragen sich auf das Privatleben. Als Daumenregel gilt: Was am Arbeitsplatz an Konflikten gelöst oder entschärft werden kann, braucht zu Hause nicht mehr verarbeitet und verdaut zu werden.

Investieren Sie Energie und Zeit ins Betriebsklima. Es ist eine Investition, die sich für Sie beruflich und privat auszahlt.

Kritische Situationen am Arbeitsplatz, Termine, die unter Zeitdruck eingehalten werden müssen, schwierige oder gar gescheiterte Verhandlungen mit Geschäftspartnern – wenn Probleme auf viele Schultern verteilt werden können, wird die Belastung für den Einzelnen geringer. Wobei selbstverständlich jeder seinen Verantwortungsbereich hat und dort auch die Verantwortung übernimmt. Bei großen Belastungen aber kann Ihnen die Verteilung von Problemen auf mehrere Schultern die Gesundheit erhalten. Im funktionierenden Team finden Sie Unterstützung und Anregungen, um neue Strategien und Lösungsansätze zu erproben.

Binden Sie auch Ihren Partner mit ein in berufliche Angelegenheiten, zumindest was wesentliche Dinge angeht, vor allem solche, die Sie direkt persönlich betreffen und beschäftigen. Viele große Unternehmen bieten weit reichende Freizeitaktivitäten und sogar Wochenendgestaltungen an, bei denen die Familie beziehungsweise die Partner ausdrücklich angesprochen sind. Es ist sicher lohnenswert, dem Lebenspartner ab und an einen Einblick in diesen Teil Ihres Lebens zu geben. Ihr Partner oder Ihre Partnerin kann so besser verstehen, in welcher Umgebung Sie sich aufhalten.

Das Problem ist, dass man bei anhaltendem Stress gerade mit seinem näheren sozialen Umfeld ungeduldig und gereizt umgeht. Damit verprellt man sich unwissentlich einen wesentlichen Faktor der Stresskompetenz. Ein klärendes Gespräch unter Freunden oder das Eingeständnis eines scheinbar unlösbaren Problems gegenüber dem Partner führen in den meisten Fällen zu einer Entspannung und Entkrampfung der Situation. Oft können die Menschen, denen Sie vertrauen, wertvolle Strategien aufzeigen, wie das Problem gelöst werden kann. Unter Umständen erscheint das Problem mit einem Mal in einem ganz anderen Licht.

Beziehung

Sich auf die Familie verlassen zu können ist für Menschen, die in eine persönliche Krise geraten, oft der letzte Rettungsanker. Bei Befragungen, welche lebensverändernden Dinge psychosozialen Stress bedeuten, werden am häufigsten genannt: der Verlust des Lebenspartners durch Scheidung oder Tod sowie der Verlust von nahen Familienangehörigen und Freunden. Weit abgeschlagen folgen der Verlust des Arbeitsplatzes und Arbeitslosigkeit.

Die gesellschaftlichen Veränderungen der letzten Jahrzehnte haben auch unsere sozialen Bindungsgefüge nicht unberührt gelassen. Laut *Geo Wissen* leben in Deutschland etwa 13 Millionen Menschen in einem so genannten Einpersonenhaushalt. Ein Großteil – man schätzt die Zahl auf etwa 10 Millionen – sind jüngere Menschen, die das Single-Dasein mehr oder weniger kultivieren. Kultserien wie *Sex and the City* liegen im Trend. Und wie in solchen Fernsehserien sind auch in der Realität die allermeisten Singles auf der Suche nach einem Partner, nach festen Sinn stiftenden Bindungen.

Bis vor kurzer Zeit zeichneten die Medien ein sehr positives Bild von Singles. Dargestellt wurden dynamische junge Menschen mit guter Finanzkraft. Dieser Trend wandelt sich. Die Vorzüge eines intakten Beziehungs- und Familienlebens rücken wieder stärker in den Vordergrund. Vor allem Männer scheinen das Alleinsein weniger zu genießen als allgemein angenommen: Man schätzt, dass etwa 70 Prozent aller Männer zwischen dem 30. und 50. Lebensjahr ohne feste Partnerschaft so genannte Frust-Singles sind.

Liebe, Partnerschaften und gute Freundschaften, die uns auch in Krisensituationen nahe stehen, sind ein wichtiger Faktor unserer psychisch-mentalen Balance. Menschen, die sich in einer verlässlichen Partnerschaft befinden, haben eine signifikant höhere Lebenserwartung. Menschen ohne festen Partner oder eigene Familie verwenden in der Regel viel Energie darauf, ein tragfähiges soziales Netz von Freunden zu schaffen. Und sie tun gut daran. Denn Familien oder »Ersatzfamilien« dienen als Rückzugsort, an dem körperliche und mentale Kräfte aufgetankt werden können, an dem man das innere Gleichgewicht wiedererlangt.

Tatsächlich sind feste Beziehungen, eine Familie oder ein tragfähiges soziales Netz, das die Familie ersetzen kann, wichtige Faktoren für körperliches und seelisches Wohlbefinden. Ihr Fehlen ist für die Gesundheit ein vergleichbar ernst zu nehmender Risikofaktor wie das Rauchen. Auch für die Stresskompetenz, um alltägliche Belastungen besser kompensieren und verarbeiten zu können, ist das soziale Gefüge von entscheidender Bedeutung. Einsamkeit gerade auch in belastenden Situationen verstärkt den Stress und verhindert einen Stressausgleich.

Bei einer Befragung des Magazins *Geo Wissen* im Jahr 2004 gab eine überwältigende Mehrzahl an, die Familie sei für sie bei Stress und Krisen ein »Rückzugsort« – also der Platz, an dem man körperlich und mental auftankt und das innere Gleichgewicht wiedererlangt. Dinge, die man als Heranwachsender vielleicht als nervend empfunden hat, wie die alltäglichen Rituale des Elternhauses, erhalten in Stresszeiten wieder neue Bedeutung. Mit einem Mal weiß man die gemeinsame warme Mahlzeit, die einen zu Hause erwartet, ganz anders zu schätzen. In der Umfrage des Magazins gaben 66 Prozent aller Befragten an, dass der Mensch zum Glücklichsein die Familie braucht. Bei der älteren Generation wächst der Stellenwert der Familie noch weiter an.

Sexualität

Die Sexualität als zentrale Lebensäußerung berührt fast alle Facetten der Stresskompetenz. Es ist Bewegung im Spiel, kaum etwas ist so tief entspannend, und selten kommen zwei Menschen einander so nah wie in der Liebe. Wenige Dinge bereiten derart viel Spaß. Als perfekter Ausgleich zur alltäglichen Aufgabenerledigung und zum Funktionieren in beruflichen Zusammenhängen ist selbstbestimmte erfüllte Sexualität kaum zu toppen.

Der sexuelle Alltag sieht leider nicht immer so bombastisch aus. Pflichten, Gewohnheiten, Beziehungsstress, Alltagssorgen – all das, was uns auch sonst beim Kräftetanken stört, kann auch hier dazwischenfunken. Deshalb gilt das Gleiche wie beim Schlaf:

Nehmen Sie Leistungsdruck und Stress nicht mit ins Bett! Bauen Sie aktiv Pufferzonen gegen Hetze und Hektik ein, wenn diese zu hartnäckigen Begleitern werden.

Unter Stress wird die Sexualität automatisch heruntergefahren. Stresshormone sind die Antipoden der Sexualhormone. Das ist Teil des jahrtausende alten Stressmechanismus. Gewinnt der Stress die Oberhand und bleibt der Körper auf Daueralarm programmiert, sieht es schlecht aus für die Lust. Ein unheilvoller Kreislauf kommt in Gang: Das Fehlen einer intakten Sexualität mindert die Lebensqualität. Vor allem für Männer ist mangelnde oder gestörte Sexualität ein Stressfaktor ersten Grades. Eine lebendige und erfüllende Sexualität dagegen stärkt erwiesenermaßen das Immunsystem, steigert das emotionale Wohlbefinden und ist wichtig für den Erhalt einer partnerschaftlichen Beziehung.

Ernährung gibt Ihnen die gute Grundlage

In meiner Jugend hätte ich im Traum nicht daran gedacht, dass ich einmal ein Buch schreiben würde, in dem die gesunde Ernährung ein wesentlicher Baustein ist. Als Kind des Ruhrgebiets war mein Speiseplan mehr oder weniger geprägt von Wurstbroten, Schnitzel, Bratwurst und Limo. Zwischen dem, was auf den Tisch kam, und den Erkenntnissen der Ernährungswissenschaftler lagen Welten.

Dass wir sind, was wir essen – dieser Zusammenhang wurde mir erst durch den Leistungssport klar. Neben dem täglichen Training beschäftigen sich Leistungssportler vor allem damit, wie sie sich wirksam vor Verletzungen schützen – und wie sie durch Ernährung ihre Leistung optimieren können. Denn unser Körper kann nur dann hochwertige Leistungen erbringen, wenn auch das, was wir essen und trinken, hochwertig ist. Das gilt für Leistungssportler wie für alle anderen Menschen.

Heute beschäftige ich mich als Antidopingbeauftragter der deutschen Zehnkämpfer damit, wie man über eine gut zusammengestellte Ernährung seine volle Leistungsfähigkeit erreicht – und auf diese Weise jede Versuchung zum Doping überflüssig macht. Als Grundregel hat sich dabei erwiesen, die bestehenden Lebensgewohnheiten nicht radikal zu ändern. Denn ernährungsphysiologische Akrobatik und komplizierte Diätpläne mit Tabelle und Stoppuhr schaffen den Weg in den Alltag nicht. Die besten Vorsätze bleiben auf der Strecke, wenn man sie nicht nachhaltig in seine Ess- und Kochgewohnheiten einbauen kann.

Änderungen in Ihrer Ernährung dürfen nicht zu Einbußen beim Genuss führen. Im Gegenteil: Es geht auch hier darum, Ihre Lebensqualität unmittelbar und spürbar zu steigern. Gerade beim Essen steht der Genuss im Vordergrund. Das gilt im Trainingscamp genauso wie in der heimischen Küche.

Parallel zum Auftakt meines privaten Fitnessprogramms nach der Sportpause haben wir zu Hause unsere Ernährung nach und nach umgestellt. Wir beherzigen bis heute viele der Dinge, die ich schon zu Sportzeiten gelernt habe. Mediterranes Essen oder Sushi sind unsere Favoriten, dazu viel Salat und Obst. Das Frühstücksmüsli wird immer mit frischen Walnüssen oder Mandeln und Obst der Saison (Beeren, Äpfel etc.) garniert. An machen Tagen legen wir frisch geschroteten Weizen am Abend vorher in Fruchtsaft oder auch Beerenkompott ein, um daraus am nächsten Morgen ein köstliches Müsli zu fabrizieren. Alles das habe ich von Anfang an dokumentiert – und die gewonnenen Erkenntnisse zunehmend in Vorträgen und Workshops verwendet.

Vieles von dem, was über Bewegung und Entspannung gesagt wurde, lässt sich auf den Bereich der Nahrungsaufnahme übertragen. Überfordern oder vernachlässigen Sie Ihren Körper nicht. Unterstützen Sie ihn mit dem, was er braucht. Bieten Sie ihm Abwechslung und Ausgleich. Keiner der Bausteine zur Stresskompetenz funktioniert für sich allein!

Wenn Ihrem Körper Energielieferanten, Flüssigkeit, Vitamine oder Spurenelemente fehlen, werden Sie sich auch nach dem tollsten Entspannungsprogramm nicht rundum wohl fühlen. Und das schönste Trainingsprogramm verläuft im Sande ohne die ausreichende Versorgung mit hochwertiger Nahrung. Wenn Sie nicht genug Flüssigkeit und Mineralien zu sich nehmen, wird die schweißtreibende Aktivität sogar zum Stress für Ihren Körper.

Bewusste und ausgewogene Ernährung ist die Basis für ein gutes Körpergefühl – und hilft gegen zwei Stressfaktoren der ersten Kategorie: Mangelerscheinungen und Krankheiten. Eine in Qualität und Quantität schlechte Ernährungszusammenstellung dagegen macht müde und anfällig. Das muss nicht sein!

Last, but not least: Tragen Sie den Stress nicht an den Esstisch, sondern setzen Sie ihm hier etwas entgegen. Bringen Sie Ruhe und Regelmäßigkeit in Ihre Essgewohnheiten.

Essen ist Lebensqualität

In keinem Bereich von Medizin und Lifestyle gibt es so viel Literatur, so viele Studien und Ratgeber wie zum Thema Ernährung. Gibt man in der Suchmaschine Google das Stichwort Ernährung ein, erscheinen über 7 Millionen Einträge (beim englischen Pendant *nutrition* sind es über 50 Millionen). Eine unglaubliche Flut von Informationen, teils seriös und ernsthaft, teilweise aber auch nur der Versuch, ein Stück vom Kuchen abzubekommen. Denn das Thema Ernährung interessiert viele Menschen brennend, und deshalb hängt daran ein großer Markt.

Wirklich weitergebracht hat uns die Fülle der unzusammenhängenden, oft widersprüchlichen Informationen nicht. Bei vielen Menschen herrscht eher Verunsicherung: Wie mache ich es denn nun richtig mit Essen und Trinken? Die üblichen Medien-Aufmacher verhelfen uns kaum zu einer klaren Antwort. Es wird auf spektakuläre Innovationen und angesagte Trends gesetzt, dabei sind bekömmliche Ess- und Trinkgewohnheiten eine relativ konservative Angelegenheit. Unser Organismus ändert sich nun einmal nicht mit jeder Saison.

Hand aufs Herz: Von wie vielen Studien und Trends haben Sie schon gehört, wie viel theoretisches Ernährungswissen ist Ihnen bereits begegnet – und was haben Sie davon dauerhaft umgesetzt?

Die bittere Wahrheit ist, dass die »Ernährungs-Realität« trotz der Überfülle an Tipps und Ratgebern alles andere als rosig aussieht. Viele der auf dem Vormarsch befindlichen Zivilisationskrankheiten und bestimmte Krebserkrankungen (Lunge, Darm, Brust, Prostata) sind durch den Lebensstil, durch Fehlernährung und Übergewicht mitverursacht. Sie könnten also durch vernünftige Ernährung präventiv vermieden werden. Aber obwohl die negativen Auswirkungen von Übergewicht seit langem bekannt sind, nimmt die Zahl der übergewichtigen Erwachsenen, Kinder und Jugendlichen kontinuierlich zu. Das ganze Wissen allein führt also offensichtlich nicht zu einer spürbaren Änderung der Gewohnheiten.

Auf der Strecke bleibt dagegen der Spaß am Essen. Im Kopf schwirren die Warnungen vor Kalorien, Fett, Zucker, Schadstoffen, BSE – und im Magen liegt trotzdem das Burger-Menü oder die Tiefkühlpizza. Viele Menschen essen mit schlechtem Gewissen und mit der Angst, etwas Falsches zu sich zu nehmen. Und das kann nicht der Sinn der Sache sein.

Dabei gibt es kaum etwas Schöneres als ein gutes Essen. Gerade selbst zubereitete Mahlzeiten stillen nicht nur den Hunger, sie sind Lebensfreude pur. »Essen hält Leib und Seele zusammen«, weiß schon der Volksmund. Rufen Sie sich einmal kurz Ihr letztes in Ruhe selbst zubereitetes Gericht ins Gedächtnis, auch wenn es etwas ganz Einfaches war. Schon die Vorbereitung ist oft ein Genuss, das gemeinsame Essen mit dem Lebenspartner oder guten Freunden steigert diesen Genuss noch zusätzlich. So entsteht Lebensqualität.

Im Folgenden wird es nicht um Ernährungsvorschriften und Diätpläne gehen. Ich werde versuchen, Ihnen die Vorzüge von hochwertigem und genussvollem Essen zu zeigen. Es geht um die grundlegende Frage: Was ist eine gute Ernährung?

Sie werden selber entscheiden, was und wie viel des hier Beschriebenen Sie in Ihre Ernährungsgewohnheiten und -vorlieben aufnehmen wollen. Denn auch beim Thema Ernährung geht es darum, Selbstverantwortung zu übernehmen und die eigenen Gewohnheiten zu reflektieren. Filtern Sie die für Sie wesentlichen Informationen heraus, entwickeln Sie bei Bedarf neue Zielvorstellungen, und setzen Sie das Ganze maßvoll und bewusst in die Tat um.

Falls ein Gewichtsverlust von Ihnen gewünscht sein sollte, wird dieser früher oder später eintreten – als Nebeneffekt einer vernünftigen Ernährung in Verbindung mit dem empfohlenen sportlichen Trainingsprogramm. Machen Sie ihn nicht zu einem vorrangigen, kurzfristigen Ziel. Orientieren Sie sich an Ihrem Qualitätsbewusstsein: Suchen Sie Genuss und wirkliches Wohlbefinden!

Was ist gesunde Ernährung?

Für mich bedeutet gesunde Ernährung, dass ich mich rundherum wohl fühle, dass ich mich weder zu schwer noch zu leicht finde, dass ich zufrieden und voll leistungsfähig bin. Meine körperliche und psychisch-mentale Balance soll durch eine gesunde Ernährung gestärkt, meine Lebensqualität durch eine köstliche Mahlzeit bereichert werden.

Auf der ernährungswissenschaftlichen Ebene heißt sich gesund zu ernähren, dass der tägliche Energiebedarf gedeckt wird, dass alle vom Körper benötigten »Inhaltsstoffe« wie Kohlenhydrate, Fette, Proteine, Vitamine, Mineralstoffe und Spurenelemente ausreichend und ausgewogen bereitgestellt werden und so die Versorgung und Leistungsfähigkeit des Organismus gewährleistet wird.

Eine ausgewogene Ernährung ist ein wichtiger Faktor der Stresskompetenz. Ein Organismus, der optimal mit den Nährstoffen versorgt ist, die er braucht – weder zu viel noch zu wenig –, wird wahrscheinlich nicht an den bekannten Zivilisationskrankheiten erkranken. Jede Erkrankung bedeutet körperlichen und emotionalen Stress. Und der wird auf diese Weise vermieden. Außerdem kann ein optimal und ausgewogen versorgter Körper auf Stressoren wesentlich besser reagieren als ein Organismus im Mangelzustand, dem zum Beispiel bestimmte Vitamine und Spurenelemente fehlen.

Umgekehrt hat dauerhafter Stress erwiesenermaßen einen schlechten Einfluss auf die Essgewohnheiten. Menschen, die häufig gestresst sind, legen weniger Wert auf regelmäßige und gesund zusammengestellte Ernährung. Einigen schlägt der Stress auf den Magen, andere wieder essen unkontrolliert gegen ihn an. Und das sind dann meist große Mengen schwerer fettreicher Speisen.

Es geht beim Thema gesunde Ernährung also nicht in erster Linie um die Frage: Zu dick oder zu dünn? Es kann durchaus sein, dass auch ein normalgewichtiger, aber gestresster Mensch, der »wie das blühende Leben« aussieht, nur unzureichend mit den nötigen Nährstoffen versorgt ist. Unser Körper verfügt über erstaunliche Fähigkeiten zur Kompensation solcher Mangelzustände – allerdings, wie schon erwähnt, nicht unbegrenzt.

Der Blick in den eigenen Kühlschrank lohnt sich, auch wenn Sie Normalgewicht haben. Jeder kann von etwas Wissen über das Essen profitieren. Vermutlich sind einige Umstellungen sinnvoll, und dazu gehört auch ein bisschen Disziplin. Aber das kennen Sie ja schon aus den vorherigen Kapiteln. Ein paar vernünftige Änderungen Ihrer Ernährungsgewohnheiten werden Ihre Leistungsfähigkeit steigern und Ihre Lebensqualität erhöhen. Ihre rund 70 Billionen Körperzellen werden es Ihnen danken.

Vergessen Sie Diäten – entdecken Sie Genuss

Unzählige Diätarten werden in den schillerndsten Farben angeboten, beworben und auch eifrig ausprobiert. Trennkost, Low-Carb, Vollwert-Diäten … Im Vordergrund steht meist der Wunsch, Pfunde zu verlieren. »Fatburn-Diäten« versprechen einen Gewichtsverlust von 15 Kilogramm pro Woche. Im Angebot sind aber auch »Anti-Stress-Diäten« und Speisepläne, die schön, schnell und schlau machen sollen; nichts scheint unmöglich. Laut Umfrage hat jede fünfte Frau im Jahr 2004 mehr als fünf Diäten durchprobiert. Für einen sichtbaren und nachhaltigen Erfolg der propagierten Ernährungsprogramme spricht das nicht.

Manche Diäten haben ihre Berechtigung und können sich auf gesicherte Erkenntnisse berufen. Aber oft geht das Ganze im Kern an der Sache vorbei. Behalten Sie das Wesentliche im Blick:

- Essen ist keine Arznei, die man für oder gegen etwas verordnet, sondern ein Erlebnis für alle Sinne.
- Ernährungsregeln kann man nicht im Labor (oder in einer Redaktion) zusammenbasteln. Essen ist ein kulturelles Phänomen und für jeden eng verknüpft mit der eigenen Lebensgeschichte.
- Patentrezepte machen auf der konkreten Ebene Ihres persönlichen Speiseplans wenig Sinn. Was für alle gilt, bleibt eben auch in einem allgemeinen Bereich.
- Ernährung ist keine kurzfristige Angelegenheit. Es geht nicht so sehr um das, was heute oder in dieser Woche auf den Tisch kommt, sondern darum, was Sie Ihrem Körper regelmäßig und über Monate zuführen.

Wenn Diäten zunächst Erfolge haben, liegt das meiner Meinung nach vor allem daran, dass sich die meisten Menschen in aller Regel zum ersten Mal überhaupt intensiv mit ihrer Ernährung beschäftigen.

Deshalb: Vergessen Sie Diäten – entdecken Sie Genuss! Essen und Trinken sind ein elementarer Bestandteil des sozialen Zusammenlebens, sind Ausdruck der menschlichen Kultur. Man denke nur daran, wie Italiener und Franzosen das Essen im Familien- und Freundeskreis genießen. Hier wird alles, von der Vorbereitung bis hin zum Abwasch, regelrecht zelebriert. Weltweit gilt die Einladung zu einem Essen als Zeichen der Zuneigung und Wertschätzung. Mit Fertiggerichten, Tütensuppen und industriell vorgefertigten Speisen wird man einem solchen Anlass schwerlich gerecht.

Gerade beim Thema Ernährung sind die theoretischen Erkenntnisse nur die eine Seite der Medaille. Mit Vorschriften und der Forderung nach strikter Umsetzung kommt man nicht weit. Für die Motivation und Alltagstauglichkeit ist es entscheidend, die Theorie mit dem wesentlichen Faktor der Praxis zu kombinieren: dem Genuss. Denn ob im Leistungssport oder bei Ihnen zu Hause: Essen, das nicht schmeckt, herunterzuzwingen, nur weil es angeblich gesund sein soll – das lässt sich höchstens ein paar Tage durchhalten. Die Bedeutung von Genuss kann übrigens auch die Hirnforschung nachweisen: Nehmen wir eine Speise zu uns, die wir als wohlschmeckend empfinden, werden im Gehirn körpereigene Endorphine freigesetzt, die uns fröhlich und beschwingt machen.

Schwere Last: Übergewicht

In aller Regel ist die Zufriedenheit mit dem eigenen Körper bei schlanken Menschen höher als bei Übergewichtigen. Gesellschaftlich charakterisiert »Schlanksein« Begriffe wie Dynamik, Erfolg und Flexibilität. Deshalb hat Übergewicht auch negative Auswirkungen auf das Selbstwertgefühl. Trotzdem wird unsere Gesellschaft immer dicker, wir verfetten. Glaubt man den Statistiken der nationalen Gesundheitsministerien und der Weltgesundheitsorganisation WHO, ist der Trend zur weiteren Gewichtszunahme unserer Bevölkerung ungebrochen. Unter den Übergewichtigen befinden sich auch immer mehr Kinder und Jugendliche. Etwa 14 Millionen Kinder in Europa sind zu dick. In Deutschland leiden nahezu 42 Millionen Menschen an Übergewicht. Rund zwei Drittel der Männer und die Hälfte aller Frauen sind übergewichtig oder fettleibig.

Um unser Überleben zu sichern, müssen wir nicht mehr jagen oder Ackerbau betreiben. Wir brauchen nur in den nahe gelegenen Supermarkt zu gehen, wo es alles in Hülle und Fülle gibt. Für unser Auskommen müssen nur noch wenige von uns körperlich hart arbeiten, die meisten sitzen am Schreibtisch. Dabei verbrauchen wir nicht sonderlich viele Kalorien. Warum essen wir dann nicht einfach weniger? Der Hauptgrund liegt in unseren Genen.

Um auch in Notzeiten zu überleben, aßen unsere Urahnen alles, was sie in die Hände bekamen. Denn im Gegensatz zu uns wussten sie nicht, ob sie am nächsten Tag wieder genügend Nahrung finden würden. Die überschüssig aufgenommene Energie wurde in Form von Fettdepots gespeichert, als Energiereserve für schlechte Tage. »Rettungsringe« und Fettpolster waren zu dieser Zeit ein Selektions- und Überlebensvorteil. Das ist heute anders.

Bei Tieren hat man nachgewiesen, dass diejenigen älter werden, die einen geringeren Körperfettanteil haben. Erklären lässt sich das dadurch, dass die Fettzellen selbst Botenstoffe absondern, die den Alterungsprozess begünstigen. Weitere Risiken von Übergewicht sind Bluthochdruck, Verkalkung und die Entstehung von Diabetes Typ II. Das häufig gemeinsame Auftreten dieser Erkrankungen im Zusammenhang mit Übergewicht wird auch als metabolisches (also den Stoffwechsel betreffendes) Syndrom bezeichnet.

Darm-, Bauchspeicheldrüsen-, Brust- oder Prostatakrebs treten bei deutlich übergewichtigen Menschen häufiger auf als bei schlanken. Und: Übergewicht belastet die Gelenke. Alle diese Veränderungen machen sich in den meisten Fällen erst bemerkbar, wenn die Schädigung weit fortgeschritten ist und – scheinbar plötzlich – einschneidende Gesundheitsschäden wie Gelenkschmerzen, Bewegungseinschränkungen, Zuckerkrankheit, Herzinfarkt oder Schlaganfall eintreten.

Fazit: Ein »normales« Gewicht ist ein wichtiger Schutz vor den typischen Zivilisationskrankheiten und vielen Krebserkrankungen.

Gewichtsreduktion? Nur mit Genuss!

Ernährungsumstellungen, die darauf angelegt sind, das Gewicht zu reduzieren, dürfen nicht mit Genussverlust, Hungergefühlen oder übermäßigen Entbehrungen einhergehen. Bei Diäten, die dies tun, ist der Misserfolg in aller Regel vorprogrammiert. Häufige Folge der so genannten Power-Diäten ist der Jo-Jo-Effekt: Man kehrt gleich nach der Diät nicht nur zum alten Körpergewicht zurück, sondern legt auch noch ein paar Pfunde drauf. Die Erklärung des Phänomens findet sich wieder in unserem genetischen Programm.

Gibt es nichts zu essen, werden die Reserven geschont. Der Körper drosselt den Grundumsatz und fährt den gesamten Stoffwechsel herunter – in Notzeiten, aber auch, wenn eine Diät ständig Hungergefühle macht. Die gewünschte Gewichtsreduktion wird dadurch erst einmal schwierig. Ist nach der scheinbaren Hungerperiode wieder Nahrung da, werden alle aufgenommenen Nährstoffe eifrig »gebunkert« und in Speicherreservoirs abgelegt. Es kommt zum Jo-Jo-Effekt.

Eines der bekanntesten Beispiele für diesen Effekt ist der Grünen-Politiker Joschka Fischer. Es ist übrigens wissenschaftlich erwiesen, dass der Jo-Jo-Effekt für die Entstehung von Herz-Kreislauf-Erkrankungen oder Diabetes gefährlicher ist als die Treue zum eigenen Gewicht – selbst wenn es etwas zu hoch ist. Muss man darauf hinweisen, dass Diäten, die dem Körper notwendige Nährstoffe entziehen, zwangsläufig zu Mangelerscheinungen führen? Niemand kann sich fit und leistungsfähig fühlen, wenn wichtige Bausteine für die Gesundheit und die Funktion der Körperzellen fehlen.

Auch bei Diäten, die darauf angelegt sind abzunehmen, ist es wichtig, dass Sie ausreichende Mengen essen (gegen das Hungergefühl) und dass Sie sich mit den notwendigen Kohlenhydraten, Proteinen, Fetten, Vitaminen, Mineralstoffen und Spurenelementen versorgen (gegen Mangelerscheinungen).

In diesem Zusammenhang ist die Unterscheidung von kurzfristigem Sättigungsgefühl und nachhaltigem Sattsein hilfreich. Sättigung wird über das Verdauungssystem signalisiert, das auf Dehnungsreize durch die aufgenommene Nahrung reagiert. Dieses Gefühl stellt sich meist zum Ende einer Mahlzeit ein. Wie viel man isst, wird also entscheidend über die Essgeschwindigkeit bestimmt. Deshalb lohnt es sich, langsam und genussvoll zu essen: Das Gefühl der Sättigung tritt eher ein, und wir hören auf, uns weitere Nahrung zuzuführen. Dieses Gefühl sagt übrigens nichts darüber aus, ob unser Körper die Inhaltsstoffe bekommen hat, die er braucht. Es ist eine reine Anzeige von Quantität. Ein Effekt, den sich viele Schlankheitsmittel und Kuren zunutze machen. Quellmittel oder Quellstoffe lösen im Magen-Darm-Trakt einen Dehnungsreiz aus. Dem scheinbar gesättigten Körper werden aber auch wesentliche Nährstoffe vorenthalten.

Etwas ganz anderes ist das wirkliche Sattsein. Hier geht es nicht um das bloße Gefühl eines gefüllten Magens, sondern um Wohlbefinden, um das Gespür, dass unser Körper ausreichend mit dem versorgt ist, was er benötigt, um voll leistungsfähig zu sein. Entscheidend für unser Sattsein ist nicht die Quantität des gerade Verzehrten, sondern die Qualität und Zusammenstellung unserer regelmäßigen Ernährung: Was wir essen und trinken und wie wir das tun. Sattsein ist unmittelbar mit Leistungsfähigkeit, Lebensqualität und Wohlbefinden verbunden. Und in diesem Zusammenhang kann auch der Wunsch, überzählige Kilos loszuwerden, eine vernünftige und Erfolg versprechende Rolle spielen.

Es lohnt sich, auf die eigenen Essgewohnheiten zu achten. Reflexion kann eine Menge bewirken. Sie werden überrascht sein, wie oft am Tag man eher unbewusst irgendetwas in sich hineinstopft. Und das ist das Gegenteil von bewusstem Genuss. Viele Automatismen schleichen sich über unseren Lebensstil ein. Ob es die Süßigkeiten sind, nach denen man bei nervigen Telefonaten greift, die Hamburger, die man zwischen zwei Terminen hektisch vertilgt, oder die Chips, die man beim Krimi einwirft – das Konsumierte wird meist gar nicht groß wahrgenommen. Unverrückbar gilt aber auch hier die Grundregel der Filmstars: »A moment on your lips, a lifetime on your hips.« Wenn es denn wenigstens wunderbar geschmeckt hätte …

Spüren Sie Automatismen auf und durchbrechen Sie sie. Aufmerksamkeit für das, was Sie gerade essen, steigert Ihren Genuss – und wird vermutlich Ihr Gewicht reduzieren. Eine bewusste Essenspause statt eines halbherzigen Multitasking mit begleitender Nahrungsaufnahme trägt mehr zu Ihrem Wohlbefinden bei, als Sie zunächst glauben würden. Bringen Sie nun zur bewussten Wahrnehmung noch die Vernunft mit ins Spiel! Entscheiden Sie sich für eine Schale mit frischem Obst statt der Süßigkeiten im Büro oder der abendlichen Chips, für ein selbst gemachtes Sandwich mit guten Zutaten statt einer frittierten Schnellzubereitung. So tun Sie aktiv etwas für Ihre Gesundheit.

Was man mag und wie man es mag, das ist individuell sehr verschieden. Der eine liebt es scharf gewürzt, manche mögen es eher sauer oder bitter. Der eine mag große Essensrunden, andere essen lieber in Ruhe und allein. Wie in anderen Bereichen gibt es auch beim Thema Essen keine Standardlösungen für jedermann. Was dem einem ein Hochgenuss und Gaumenschmaus, lässt andere kalt.

Entwickeln Sie Ihren ganz persönlichen Geschmack! Achten Sie darauf, was Sie wahrhaft köstlich finden, und nehmen Sie sich dafür genügend Zeit. Wirklicher Genuss entsteht dann, wenn Sie das, was Sie gerade essen oder tun, mit allen Sinnen und bewusst erleben.

Ernährung – die richtige Zusammenstellung

Die Empfehlungen der Deutschen Gesellschaft für Ernährung (DGE) sind von wünschenswerter Klarheit und unterliegen keinen modischen Trends: Die beste Ernährungszusammenstellung enthält etwa 45–55 Prozent Kohlenhydrate, 30–35 Prozent Fett und 15 Prozent Proteine. Das muss man allerdings noch in einen realen Speiseplan übersetzen, denn die meisten Lebensmittel sind aus mehreren Komponenten zusammengesetzt (Rosenkohl: 5 Gramm Eiweiß, 6 Gramm Kohlenhydrate; Ei: 12 Gramm Eiweiß, 10 Gramm Fett; Walnüsse: 15 Gramm Eiweiß, 47 Gramm Fett, 10 Gramm Kohlenhydrate; jeweils auf 100 Gramm). Zusätzlich spielen Vitamine, Mineralstoffe, Spurenelemente und sekundäre Pflanzenstoffe eine wichtige Rolle.

Die für Sie individuell richtige Zusammenstellung ist darüber hinaus abhängig von einer ganzen Anzahl von Faktoren: den Arbeitsbedingungen, der körperlichen Aktivität, aber auch von der Qualität der Lebensmittel. Und allen Ernährungs-Gurus zum Trotz: Keiner der Ernährungsbausteine kann durch einen anderen ersetzt werden! Jeder einzelne spielt eine wichtige Rolle im Mosaik der körperlichen und geistigen Gesundheit und Leistungsfähigkeit. Es kommt entscheidend darauf an, in welcher Form, wie viel und wann die Nährstoffe aufgenommen werden. So wie nicht alle Automarken und -modelle die gleiche Leistung bringen, haben nicht alle Kohlenhydrate, Fette oder Eiweiße die gleiche Qualität.

Fangen Sie nicht an, täglich zu überlegen, was Sie zu sich genommen haben und in welcher Menge und Kombination. Essen ist keine Rechenaufgabe! Es kommt auf einen repräsentativen Querschnitt Ihrer Ernährungsgewohnheiten an. Insgesamt und auf lange Sicht sollten Sie zu der empfohlenen Verteilung kommen. Der wirksame Weg dahin führt eher über die Reflexion Ihrer Ernährungsgewohnheiten und vorsichtige Korrekturen, die sie wirklich in Ihren Alltag einbauen. Wichtig ist, dass Sie zu einer größeren Vielfalt an Gaumenfreuden gelangen und trotz möglicher Umstellungen voll auf Ihre Kosten und den Geschmack kommen.

Muss Fast Food Sünde sein?

Fast Food konnte sich erfolgreich durchsetzen, weil es optimal zu unseren veränderten Lebens- und Arbeitsbedingungen passt: vorgefertigt und normiert, schnell zubereitet und schnell konsumiert. Statt gutem Essen gehen dabei aber allzu oft einseitige Fettgiganten über den Tresen: Hamburger, Pommes frites, Currywurst. Dass dies ernährungsphysiologisch alles andere als gesund ist, hat spätestens der Dokumentarfilm *Super Size Me* aus dem Jahr 2004 auf drastische Weise veranschaulicht. Der Filmemacher Morgan Spurlock führte im Selbstversuch vor, was es heißt, sich vier Wochen lang ausschließlich aus dem Angebot einer großen amerikanischen Burger-Kette zu ernähren. 12 Kilo mehr, bedenkliche Leber- und Blutwerte, deutliche Antriebslosigkeit waren das Ergebnis.

An der Beschleunigung der Welt, in der wir leben, werden wir nichts ändern. Das schnelle Essen zum Abholen bleibt daher auch weiter modern. Mittlerweile gibt es aber immer mehr Take-away-Angebote, die mit dem fettigen Hamburger nicht mehr viel gemeinsam haben. Hier wird als Antwort auf das steigende Ernährungsbewusstsein Fast Food mit hoher Qualität und gutem Geschmack angeboten. Der Trend zu gesunder, frischer Ernährung mit einer ausgewogenen Zusammenstellung von Nährstoffen wird sich in Zukunft gerade in den Schnellrestaurants oder an den Take-away-Theken mehr und mehr durchsetzen. Auch im Bereich der Fertiggerichte geht die Entwicklung – zumindest in einem anspruchsvolleren Segment – weiter in Richtung besserer Qualität. Es lohnt sich schon jetzt, auf entsprechende Angebote zu achten.

Ein Beispiel für gesunde büropausentaugliche Ernährung ist Sushi. Der bekannte Klassiker der japanischen Küche liefert eine hochwertige und optimale Nährstoffzusammenstellung und ist dazu auch noch ausgesprochen schmackhaft. Der verwendete Seefisch entspricht mit der so genannten Sushi-Qualität höchsten Standards und liefert leicht verdauliches Eiweiß in Kombination mit Omega-3-Fettsäuren, Mineralien und Vitaminen – eine Kombination, die vor Herz-Kreislauf-Erkrankungen schützt. Der Reis steuert Kohlenhydrate und Ballaststoffe bei, und der Seetang, der als Außenhülle verwendet wird, liefert Mineralien und Vitamine, insbesondere Jod und Vitamin B_{12}. Die Zubereitung ist insgesamt sehr schonend, so dass bei der Herstellung nur sehr wenig Nährstoffe verloren gehen.

Wie wohl die meisten, die noch nie Sushi probiert haben, war auch ich bei meinem ersten Besuch in einer Sushi-Bar skeptisch: der rohe Fisch, der Seetang ... Testen Sie es: Es schmeckt wunderbar, ist frisch und in der Zusammenstellung gesund. In den Großstädten kann man zurzeit von einem regelrechten Sushi-Boom sprechen. Neben spezialisierten Restaurants bieten auch ausgewählte Fischgeschäfte die fernöstliche Köstlichkeit an – und mittlerweile sogar ein für seine niedrigen Preise bekannter Lebensmittel-Discounter, wobei ich hier über die Qualität keine Auskunft geben kann.

Grundstoff I: Kohlenhydrate

Ernährung soll Kraft und Energie geben – für den Körper und für den Geist. Kohlenhydrate spielen dabei eine wichtige Rolle als schnell und leicht verwertbarer Energielieferant für Muskeln und Gehirn. Zur Gruppe der Kohlenhydrate gehören die Zucker Glukose und Fruktose sowie Stärke und Zellulose. Die Kohlenhydrate werden nach ihrer Komplexität unterschieden. Einfachzucker, wie Traubenzucker oder Fruchtzucker, bestehen aus nur einem Molekül und kommen typischerweise im Obst vor.

Milch-, Malz-, Rüben- und Rohrzucker sind Zweifachzucker – wie die gängigen Haushaltszucker, denen aber im Rahmen der industriellen Aufarbeitung meist sämtliche Nährstoffe, Mineralien und Spurenelemente entzogen wurden. Die Bezeichnung als »leere Energieträger« trifft den Nagel daher auf den Kopf. Sie liefern Kalorien ohne Inhalt.

Zu den komplexen Mehrfachzuckern gehören Stärke, zum Beispiel in Kartoffeln und Reis, aber auch die Ballaststoffe in Obst, Gemüse und allen Vollkornprodukten. Sie müssen vom Körper erst in einfachere Bestandteile zerlegt werden. Diese werden dann nach und nach in die Blutbahn abgegeben und gewährleisten eine nachhaltigere Energieversorgung.

Kohlenhydrate sind nicht essenziell, das heißt, Sie können auch vom Körper selbst gebildet werden. Kohlenhydrate werden in Form von Glykogen in Muskulatur und Leber gespeichert. Sind die Speicher gut gefüllt, greift der Körper bei einem Mangel an Kohlenhydraten im Blut (niedriger Blutzuckerspiegel) auf diese Reserven zurück. Sind sie verbraucht, können Kohlenhydrate ersatzweise aus Fettgewebe, später auch aus Muskelproteinen gewonnen werden.

Kaum eine andere Nährstoffgruppe tritt vielgestaltiger auf als die Kohlenhydrate. Die Unterschiedlichkeit drückt sich auch in der Wertigkeit für unseren Körper aus, und die Bandbreite ist groß: Es gibt gesunde Hochleistungskohlenhydrate, die körperliche und geistige Energien regenerieren, eine gute Sättigung erzeugen und einen optimalen Nährstoffcocktail bieten. Auf der anderen Seite stehen Kohlenhydrate, die den »kurzen Kick« geben und den Blutzuckerspiegel rasch in die Höhe schnellen lassen. Klassisches Beispiel sind Schokoriegel oder auch Traubenzuckerpräparate. Eine Sättigung wird durch diese Kohlenhydrate nur kurzfristig erreicht. Dafür wird der Stoffwechsel nachhaltig durcheinander gebracht; auf Dauer setzt man sich dem Risiko aus, an Diabetes zu erkranken.

Bittere Süße: die Zuckerkrankheit

Weltweit sind rund 150 Millionen Menschen an Diabetes erkrankt, und man vermutet, dass es im Jahre 2025 300 Millionen Menschen sein werden. 5 bis 8 Prozent der Bevölkerung in Europa leiden an der Zuckerkrankheit, davon etwa 90 Prozent an Diabetes Typ II, der fälschlich als Alterszucker bezeichnet wird. Denn es handelt sich keineswegs um eine natürliche Alterserscheinung, an Diabetes zu erkranken. Tatsächlich sind immer mehr junge Menschen auch vom Typ II betroffen.

Folgen von Diabetes sind insbesondere Gefäßverkalkungen. Die Gefahr einer Herz-Kreislauf-Erkrankung ist bei Menschen mit Diabetes Typ II um das Vierfache erhöht. Auch die Blutbahnen der Beine, der Nieren, der Augen und nahezu aller anderen Organe sowie des Nervensystems können betroffen sein. Entsprechend nimmt die Leistungsfähigkeit der betroffenen Organsysteme ab.

Neben der individuellen genetischen Veranlagung liegt die Hauptursache für die weltweit fortschreitende Verbreitung der Zuckerkrankheit in den veränderten Lebens- und Ernährungsgewohnheiten. In den Industrienationen hat eine ausgewogene Mischkost mit einem hohen Anteil komplexer Kohlenhydrate – wie Obst, Gemüse und Vollkornprodukte – an Bedeutung verloren. Stattdessen wird zunehmend eine hochkalorische, fettreiche Fast-Food-Ernährung konsumiert, die reich an Glukose (meist minderwertige Zucker), Cholesterin und freien, meist gesättigten Fetten ist. Diese Veränderungen, verbunden mit dem beschriebenen Bewegungsmangel, führen über die zwangsläufig eintretenden Stoffwechselveränderungen zur rapiden Zunahme der Erkrankung.

Denn Diabetes beruht auf einem gestörten Zuckerstoffwechsel. Wesentlich ist dabei das Hormon Insulin. Insulin wird in der Bauchspeicheldrüse gebildet und dient dazu, Glukose, also Zucker, aus dem Blut in die Zellen zu transportieren. Es senkt den Zuckeranteil im Blut und stellt einen relativ konstanten Blutzuckerspiegel her. Typ-II-Diabetiker entwickeln eine Insulinresistenz. Das im Blut vorhandene Insulin führt nicht mehr zu einer adäquaten Senkung des Zuckerspiegels. Während weniger Glukose in Muskulatur und Fettgewebe gelangt, steigt der Blutzuckerspiegel.

Das wiederum kurbelt die Produktion und Ausschüttung von Insulin weiter an. Der Körper versucht, den Blutzuckerspiegel im Bereich der physiologischen Grenzen zu halten. Denn ein zu hoher Zuckerspiegel ist eine ernste Gefahr unter anderem für Blutgefäße und Nervensystem. Im weiteren Verlauf der Erkrankung, wenn die insulinproduzierenden Zellen der Bauchspeicheldrüse durch die andauernd vermehrte Produktion »erschöpft« sind, nimmt die Insulinmenge absolut ab. Es entsteht ein Insulinmangel, der mit einem dauerhaft erhöhten Blutzuckerspiegel einhergeht.

Bevor sich echter Diabetes entwickelt, ist der Zuckerstoffwechsel regelmäßig erst »nur« gestört. Man spricht von eingeschränkter Glukosetoleranz, bei der die Blutzuckerwerte zwei Stunden nach Nahrungsaufnahme erhöht sind. Neuere Forschungen haben gezeigt, dass gerade die kurzzeitige Blutzuckererhöhung nach der Nahrungsaufnahme den Organen und Gefäßen besonders schadet. Das Risiko für Gefäßkomplikationen und Herzinfarkt ist auch bei »nur« gestörtem Glukosestoffwechsel deutlich erhöht.

Die Diagnose beim Diabetes Typ II wird meist erst 4–7 Jahre nach Krankheitsbeginn durch das Auftreten von Folgeerkrankungen gestellt. Häufig sind es beispielsweise durch eine Verkalkung der Herzkranzgefäße auftretende Herzbeschwerden, die auf die Erkrankung aufmerksam machen. Deshalb lohnt es sich, gerade bei bestehendem Übergewicht und den entsprechenden Ernährungsgewohnheiten, im Rahmen von Vorsorgeuntersuchungen das Risiko einer Zuckerkrankheit klären zu lassen.

Neben der körperlichen Bewegung sind vernünftige Ess- und Trinkgewohnheiten eine wirksame Vorbeugung. Eine ausgewogene Mischkost und ein bewusster und achtsamer Umgang mit der Nahrungsmenge und Zusammenstellung vermeiden die Erkrankung – und damit auch ein ganzes Bündel möglicher Folgebeschwerden.

Gibt Orientierung: der glykämische Index

Einfache, industriell aufbereitete Kohlenhydrate sind für den Körper schnell verfügbar und lassen den Blutzucker in kurzer Zeit rapide ansteigen. Der alarmierte Körper reagiert mit einer massiven Insulinausschüttung. Die Folge: Der Blutzuckerspiegel fällt so schnell wieder ab, wie er gestiegen ist. In der Regel sinkt er unter sein Ausgangsniveau, unter Umständen sogar unter den Normwert von etwa 70 mg/dl. Durch die Reaktion kommt es zur Unterzuckerung, die erneuten Heißhunger heraufbeschwört.

Nahrungsmittel, die typischerweise diesen unerwünschten Effekt haben, sind zum Beispiel Vollmilchschokolade und Torten, Baguette und weißer Reis. Solche Produkte weisen einen hohen glykämischen Index auf.

Eine Auswahl von Nahrungsmitteln zur Orientierung

niedriger glykämischer Index

nachhaltige Sättigung und Energiezufuhr

- ☐ Vollkornbrot, Roggenbrot aus Sauerteig
- ☐ Haferflocken und Vollkorngetreide (zum Beispiel frisch geschrotet)
- ☐ Äpfel, Beeren, Pflaumen und Kirschen
- ☐ Zitrusfrüchte wie Grapefruit oder Apfelsine
- ☐ Gemüse wie Zucchini, Aubergine, Tomaten, Paprika, Brokkoli, Karotten (roh), grüne Bohnen
- ☐ Hülsenfrüchte wie Bohnen und Linsen
- ☐ Salate (natürlich mit vernünftigem Dressing)
- ☐ Nüsse (Walnüsse, Mandeln, Sonnenblumenkerne, Leinsamen)
- ☐ fettarme Milchprodukte wie Kefir, Buttermilch oder Joghurt ohne Zucker und Fruchtzusatz
- ☐ Bitterschokolade mit einem Kakaoanteil von mindestens 70 Prozent
- ☐ Fruchtzucker
- ☐ Eier
- ☐ Fisch
- ☐ Tomatensauce (aus passierten Tomaten ohne Zucker und Geschmacksverstärker)
- ☐ Wasser, Fruchtsaftschorle (3 Anteile Wasser auf 1 Anteil Fruchtsaft), Tee, Tomatensaft, trockener Wein

mittlerer glykämischer Index

- Pizzabrot
- Ananas, Aprikosen, Pfirsich, Kiwi, Honigmelone und Bananen
- Erbsen, Mais, rote Beete
- Naturreis, Nudeln (Vollkorn oder al dente)
- Honig
- einige vollwertige Müsliriegel
- Vollmilch, fettarmer Fruchtjoghurt, probiotische Milchgetränke
- Apfel- und Orangensaft

hoher glykämischer Index

gibt nur kurzfristig Energie und sorgt für neuen Heißhunger

- Graubrot, Weißbrot, Brötchen
- Marmelade, Konfitüre
- gesüßte Müslis, Cornflakes etc.
- Wassermelone, reife Honigmelonen
- gekochte Karotten
- Instant-Reis
- Kartoffelpüree, Bratkartoffeln, Backkartoffeln, Pommes frites, Kartoffelchips
- Vollmilchschokolade, Schokoriegel, Butterkekse
- Kuchen, Waffeln
- Softdrinks und Limonade, Bier, gesüßte Sportlergetränke

Der Index gibt in Zahlen Auskunft darüber, wie blutzuckersteigernd die Wirkung eines Lebensmittels ist. Und daran lässt sich auch die Stärke des Insulinanstiegs ablesen. Es ist wissenschaftlich bewiesen, dass Nahrungsmittel mit einem hohen glykämischen Index die Entstehung von Übergewicht und allen damit verbundenen Zivilisationskrankheiten wie Bluthochdruck, Herz-Kreislauf-Erkrankungen und Diabetes begünstigen.

Machen Sie daraus im Umkehrschluss eine Richtschnur für Ihren Speiseplan: Eine vernünftige und wirksam sättigende Ernährung setzt auf Kohlenhydrate mit niedrigem glykämischen Index, die den Insulinspiegel möglichst wenig ansteigen lassen.

Insgesamt ist auffällig, dass selbst zubereitete Mahlzeiten in der Regel einen geringeren glykämischen Index aufweisen als Fertigprodukte. Auch Vollkornbrote, die vom Bäcker noch selbst gebacken werden, sind den fertigen Backmischungen der Großbäckereien in den meisten Fällen sowohl geschmacklich als auch ernährungsphysiologisch überlegen.

Manchmal ist Ballast gut

Die Ausbreitung von Nahrungsmitteln mit hohem glykämischen Index ist ein Phänomen der letzten hundert Jahre und eng verknüpft mit der industriellen Lebensmittelverarbeitung. In früheren Zeiten hat man fast ausschließlich sehr ballaststoffreiche, unverarbeitete Nahrungsmittel konsumiert. Ballaststoffreich bedeutet, dass die natürlichen Zellwände der Nahrungsprodukte – beispielsweise von Getreide, Obst oder Hülsenfrüchten – bei der Aufbereitung intakt bleiben. Die Inhaltsstoffe, Stärke und Zucker, stehen dem Körper nicht sofort zur Verfügung, sondern werden nach und nach freigesetzt. Der Blutzuckerspiegel steigt bei ballaststoffreicher Ernährung entsprechend langsamer an. Der glykämische Index solcher Nahrungsmittel ist niedrig, der Sättigungseffekt besser und lang anhaltend.

Bei der heutigen Nahrungsmittelverarbeitung werden die natürlichen Zellwände meist entfernt, die Produkte sind tendenziell eher ballaststoffarm. Die enthaltenen Kohlenhydrate sind weniger eingeschlossen, und die Zucker gelangen schneller ins Blut. Folge ist eine rascher Anstieg der Insulinausschüttung.

Die Deutsche Gesellschaft für Ernährung empfiehlt etwa 30 Gramm an Ballaststoffen pro Tag. Eine abstrakte Zahl, die man wieder erst in einen konkreten Speiseplan übersetzen muss. Aber das hört sich komplizierter an, als es ist.

Sie versorgen sich optimal mit Ballaststoffen, wenn Sie möglichst naturbelassene, unbearbeitete oder schonend verarbeitete Produkte essen.

Der pauschale Verzicht auf Kohlenhydrate im Rahmen einer Diät ist nicht empfehlenswert. Häufig greift der Körper zur Energiegewinnung nicht nur auf das Körperfett zurück, das ja tatsächlich abgebaut werden soll, sondern auf die eigene Muskulatur. Die Waage täuscht zunächst einen Diäterfolg vor. Aber was reduziert wird, ist Muskelmasse. Der Grundumsatz sinkt, und der Abbau von Fettgewebe wird letztlich noch schwerer.

Naturbelassene Produkte bieten neben einem niedrigen glykämischen Index in aller Regel noch weitere Vorteile: Sie treten immer in Kombination mit vielen anderen elementaren Bausteinen gesunder Ernährung auf. Egal ob Vitamine, Mineralstoffe, Spurenelemente oder auch sekundäre Pflanzenstoffe, meist sind alle Bestandteile enthalten, und der eine unterstützt, bedingt oder fördert die Aufnahme des anderen Nährstoffs. Die in Naturprodukten stets enthaltenen Ballaststoffe regen zusätzlich die Darmtätigkeit an. Darmerkrankungen können damit präventiv vermieden werden.

Essen Sie frisches Obst und Gemüse. Und stellen Sie Ihre Ernährung auf Vollkornprodukte um! Denn nur hier bekommen Sie, was Sie verdienen: das volle Korn, mit allen Inhaltsstoffen, die der Körper braucht, um voll leistungsfähig und gesund zu sein. Guter Nebeneffekt: Vollkornprodukte sättigen Sie länger.

In meiner aktiven Zeit habe ich teilweise frisch geschroteten Weizen schon am Abend vorher in Milch oder in Fruchtsaft eingelegt. Auch heute noch esse ich im Alltag zum Frühstück ein ungesüßtes Mischmüsli mit Obst der Saison. Das Ganze in warme (Soja-)Milch eingelegt schmeckt herrlich und ist ein optimaler Start in den Tag. Aber es muss natürlich nicht jeden Tag Müsli sein. Am Wochenende gönne ich mir auch mal Brötchen oder Croissants mit Marmelade. Der Körper zählt die guten Taten, die man ihm regelmäßig zukommen lässt, nicht die vereinzelten »Sünden«. Wichtig ist der Wochenschnitt.

Grundstoff II: Fette

Die aktuelle Diskussion über Ernährung kreist um zwei Reizworte – das Dicksein und das Fett. Sie geht damit an den wirklichen Themen vorbei – der Fitness und der ausgewogenen und gesunden Zusammenstellung der Ernährung. Es hat sich eine regelrechte Hysterie gegen alle Fette entwickelt, die pauschal als Dickmacher und Gesundheitsrisiko eingestuft werden. Profitabel bedient wird diese Furcht von den Fatfree-Kampagnen der Ernährungsindustrie.

Lassen Sie sich nicht anstecken von der Fettphobie! Grundsätzlich gilt: Fette sind nicht per se gesundheitsschädlich.

Allerdings zeigt das Ernährungsjahrbuch der Deutschen Gesellschaft für Ernährung, dass die bestehenden Ernährungsgewohnheiten von einem zu hohen Fettkonsum geprägt sind. Die DGE empfiehlt etwa 1 Gramm Fett pro Kilogramm Körpergewicht pro Tag. Bei einem Gewicht von 80 Kilo wären das also etwa 80 Gramm Fett. Die statistisch errechnete durchschnittliche Menge beträgt in der Bundesrepublik zurzeit etwa 140 Gramm pro Kopf und Tag. Hinzu kommt, dass der Löwenanteil auf die nicht empfehlenswerten »gesättigten Fettsäuren« entfällt. Denn bestimmte Fette braucht der Körper, andere kann er nur schwer verdauen.

Der Versuch, vollständig auf Fette zu verzichten, ist nicht sinnvoll. Es kommt entscheidend darauf an, welche Fette Sie inwelcher Qualität und in welchen Mengen zu sich nehmen.

Fette haben verschiedene lebensnotwendige Funktionen im Körper zu erfüllen. Sie dienen als Transportvehikel der fettlöslichen Vitamine A, D, E und K. Für den Aufbau von Hirn- und Nervenzellen ist der Körper angewiesen auf die Zufuhr essenzieller Fettsäuren. Fettgewebe schützt uns vor Kälte und erfüllt im Inneren Polster- und Pufferfunktionen für verschiedene Organe.

Fette sind als Energielieferanten etwa doppelt so leistungsstark wie Proteine oder Kohlenhydrate. Der hohe Kalorienanteil ist dafür verantwortlich, dass beim Konsum von vielen fetten Speisen schnell Übergewicht entsteht – wenn man sich nicht entsprechend bewegt. Bergbauern oder Bergsteiger wie Reinhold Messner essen sehr fettreich, ohne dick zu werden. Sie benötigen die Kalorien der Fette als Energielieferant und verbrennen sie bei ihrer harten körperlichen Arbeit.

Und nicht zuletzt: Fett dient als Träger von Aromastoffen. Es ist daher wichtig für den Geschmack von Speisen und für unseren Genuss. Die Kehrseite der Medaille ist, dass die Lebensmittelindustrie diesen Effekt nutzt und reichlich Fette als Geschmacksverstärker gerade in Fertigprodukten versteckt.

Achten Sie auf versteckte Fette, gerade in Fertiggerichten, Wurstwaren und Süßigkeiten, und vermeiden Sie diese. Behalten Sie die Kontrolle, welches Fett Sie zu sich nehmen!

Fett ist nicht gleich Fett: Die Ernährungswissenschaftler unterscheiden zwischen gesättigten und (mehrfach) ungesättigten Fettsäuren. Bei gesättigten Fettsäuren sind die Kohlenstoffatome nur über eine einfache Verbindung miteinander verknüpft. Sie finden sich überwiegend in tierischen Lebensmitteln wie Fleisch, Wurst, Butter, Milch und Sahne. Es sind diese tierischen Fettsäuren, die zu einer Erhöhung des Cholesterinspiegels im

Blut führen. Und Untersuchungen haben ergeben, dass nahezu zwei Drittel des in Deutschland vertilgten Fetts auf solche gesättigten Fettsäuren entfällt. Ein erhöhter Cholesterinspiegel ist, wie beschrieben, ein Risikofaktor für die Entstehung von Bluthochdruck, Herz-Kreislauf-Erkrankungen und Diabetes.

Naturbelassene ungesättigte und mehrfach ungesättigte Fettsäuren dagegen haben einen gegenteiligen Effekt. Sie senken über ihre Doppel- und Mehrfachbindungen teilweise aktiv den Cholesterinspiegel. Die Fließeigenschaften des Blutes verbessern sich. Wie bei einer Maschine, die mit gutem Öl geschmiert wird. Es ist medizinisch bewiesen: Das Ersetzen von gesättigten durch (mehrfach) ungesättigte Fette hat einen größeren präventiven Effekt gegen Herz-Kreislauf-Erkrankungen als eine Reduktion des Gesamtkörperfettes. Das Immunsystem wird gestärkt, Entzündungsreaktionen im Körper werden gehemmt.

Der richtige Umgang mit Fett und Öl

Reduzieren Sie die tierischen Fette in Ihrer Ernährung. Braten Sie Ihre Speisen lieber mit Olivenöl statt in Butter. Fahren Sie Ihren Fleisch- und Wurstkonsum ein wenig zurück.

Vielleicht verzichten Sie an zwei oder drei Tagen in der Woche ganz auf Fleisch in Ihrem Speiseplan und essen stattdessen lieber frischen Seefisch, der besonders hochwertige Proteine liefert.

Makrele, Lachs und Hering sind zwar auch fettreich, haben allerdings einen hohen Anteil an ungesättigten und mehrfach ungesättigten Fettsäuren und sind eine gesunde Alternative. In einer wissenschaftlichen Untersuchung konnte nachgewiesen werden, dass Menschen mit einem täglichen Fischkonsum um bis zu 50 Prozent seltener an Herz-Kreislauf-Erkrankungen leiden als Menschen, die sehr selten Fisch essen. Einen besonderen Schutz für das Gefäßsystem bieten Omega-3-Fettsäuren, die sich in Fisch, aber auch in Rapsöl oder Walnüssen befinden.

Viele gesättigte Fettsäuren stecken als verborgene Fette in Fleisch und

Milchprodukten, in Backwaren, Eis, Schokoriegeln, Chips – und vor allem in Fertiggerichten, die nur noch in der Mikrowelle erhitzt werden. Neben einem meist hohen Anteil an gesättigten Fettsäuren entstehen in Fertigprodukten durch den Einsatz synthetischer Fette beim Erhitzen so genannte Trans-Fettsäuren, die erwiesenermaßen die Blutgefäße angreifen und Herz-Kreislauf-Erkrankungen fördern. Davon unbeirrt ist die »Kultur« der Fertigprodukte weiter auf dem Vormarsch. In Großstädten wie London werden momentan ganze Apartmentblocks ohne Küchenraum gebaut. Stattdessen wird einer der Räume mit einer Mikrowelle ausgestattet …

Keine unnötige Angst vor Fetten! Fangen Sie nicht an, jedes Gramm auf die goldene Waage zu legen. Fette sind ebenso wie Kohlenhydrate und Proteine ein lebensnotwendiger Baustein unserer Ernährung. Wer sie aus der Ernährung verbannt, entzieht dem Körper etwas Wesentliches und schwächt seine Gesundheit und Leistungskraft.

Es gibt viele pflanzliche Fette, die nicht nur gut sind für die Gesundheit, sondern auch noch köstlich schmecken. Probieren Sie verschiedene Ölsorten aus, und vertrauen Sie Ihrem guten Geschmack.

Olivenöl

Da Olivenöl bei uns zu Hause fester täglicher Bestandteil des Kochens ist, soll es hier einen besonderen Ehrenplatz erhalten. In vielen südeuropäischen Ländern, in denen Oliven kultiviert und Olivenöl gewonnen wird, ist es selbstverständlich, dass es verköstigt wird wie guter Wein. Viele mir bekannte Italiener, ob jung oder alt, trinken morgens, meist auf nüchternen Magen, einen kleinen Schluck ihres Lieblingsöls. Sie pflegen dies aus Familientradition, aber auch, weil sie wissen, dass sie etwas für ihre Gesundheit tun. Ich selber trinke jeden Morgen einen kleinen Schluck meines Lieblingsolivenöls mit etwas Zitrone.

Tipp: Wenn Olivenöl pur Ihnen nicht schmecken sollte, dann gießen Sie einen kleinen Schluck davon in ein Glas Tomatensaft und pressen Sie etwas Zitronensaft dazu. Das ist eine köstliche Erfrischung, und nebenbei nehmen Sie mit dem Tomatensaft eine Menge des stark antioxidativen Lycopins zu sich.

Olivenöl ist in Italien bekannt als das Gold der Bauern. Es ist ein Grundbaustein der mediterranen Küche, die nicht zuletzt wegen der gesunden Öle in Verbindung mit viel frischem Gemüse und Obst zum Inbegriff von gesundem Essen geworden ist. Wissenschaftlich ist mittlerweile erwiesen, dass die Menschen in den Mittelmeerländern den Konsum von Olivenöl nicht ohne Grund als Schutz für ihre Gesundheit ansehen. Es vermindert das Risiko von Herz-Kreislauf-Erkrankungen sowie von Gallensteinen und Magen-Darm-Erkrankungen. In den Mittelmeerländern ist das Risiko einer Herz-Kreislauf-Erkrankung wesentlich geringer als in den Ländern, in denen im Vergleich dazu meist gesättigte Fettsäuren konsumiert werden. Und das, obwohl in einigen Regionen im Jahr bis zu 30 Liter Olivenöl pro Kopf verbraucht werden.

Das Öl besteht zu etwa 74 Prozent aus ungesättigten und zu 10 Prozent aus mehrfach ungesättigten Fettsäuren, von denen die Linolsäure einen großen Anteil einnimmt. Linolsäure ist eine essenzielle Fettsäure, das heißt, sie wird vom Körper nicht selbst produziert und muss daher mit der Nahrung aufgenommen werden. Essenzielle Fettsäuren spielen bei der Produktion der Hormone eine wichtige Rolle, die Blutdruck, Herzrhythmus, Blutgerinnung regulieren und viele weitere wichtige Funktionen ausüben.

Außerdem enthält Olivenöl die Vitamine A, D und E und K sowie das Provitamin A. Diese Vitamine können vom Körper nur in Verbindung mit Fetten aufgenommen werden und spielen eine wichtige Rolle für Knochenbau, Sehkraft und Wachstum. Gutes Olivenöl ist reich an Spurenelementen und sekundären Pflanzenstoffen.

Natürlich kommt es auch darauf an, wie das Öl gewonnen wird. Auskunft über die Qualität des Olivenöls gibt das auf der Flasche angebrachte Etikett. Das Qualitätsmerkmal »nativ« bürgt dafür, dass das Öl kalt gepresst wurde, und »extra« heißt, dass es einen Ölsäuregehalt von maximal 1 Gramm auf 100 Gramm Öl nicht überschreitet. Solche Öle haben meist einen köstlichen, intensiven und klaren Geschmack, der von Region zu Region variiert. In Italien, Spanien oder auch Griechenland werden die angerichteten Speisen – zum Beispiel Pasta oder gedünstetes Gemüse – noch nachträglich mit Olivenöl veredelt und gewürzt.

Darüber hinaus gibt es eine große Bandbreite schmackhafter und gesunder pflanzlicher Fette. Ob Rapsöl, Sojaöl, Kürbiskernöl, Walnussöl, Sonnenblumenöl – die geschmackliche Vielfalt ist erstaunlich.

Grundstoff III: Proteine

Eiweiße bestimmen die Struktur und die Funktion des Körpers wesentlich. Sie werden zum Aufbau und zur Reparatur nahezu aller Gewebe und Zellen benötigt. Muskeln, Blut und Blutgerinnung wie auch der Transport von Sauerstoff im Organismus, Haut und Haare, Nerven, Hormone, Nervenbotenstoffe und unser Immunsystem – dies alles ist auf eine Versorgung mit hochwertigen Eiweißen angewiesen. Als unentbehrlicher Bestandteil des Stoffwechsels entscheidet unsere Proteinversorgung über Wohlbefinden und Vitalität.

Gerade im Zusammenhang der Bildung von Hormonen wird viel über eine optimale Zusammenstellung der Nahrungsproteine diskutiert. Denn hochwertige Eiweiße sind der Stoff, aus dem Hormone gebildet werden, ob der stärkste Fettverbrenner des menschlichen Körpers, das menschliche Wachstumshormon, oder Noradrenalin, Dopamin und Serotonin, die für unsere Stimmung und Leistungsfähigkeit verantwortlich sind.

Das natürlich vorkommende Eiweiß ist aus 22 verschiedenen Aminosäuren zusammengesetzt. Acht davon sind essenziell, also lebensnotwendige Stoffe, die über die Ernährung aufgenommen werden müssen. Je besser die mit dem Essen aufgenommenen Proteine und Aminosäuren dem Bedarf der eigenen Proteinsynthese entsprechen, desto wertvoller ist dieses Eiweiß für den Organismus. Man redet in diesem Zusammenhang von deren biologischer Wertigkeit.

Warum wird der Eiweißkonsum dann in manchen Ernährungsdiskussionen so kritisch gesehen? Weil er bei den bestehenden Ernährungsgewohnheiten meist mit Fleischkonsum gleichgesetzt wird. Dessen negative Auswirkungen auf den Cholesterinspiegel und das Gefäßsystem kommen aber nicht über die Proteine, sondern über die im Fleisch enthaltenen Fette. Denn Steaks, Braten und Schnitzel enthalten wie gesagt viele gesättigte Fettsäuren. Insgesamt kann eine erhöhte Eiweißzufuhr, da die Abbauprodukte über die Niere ausgeschieden werden, die Nieren belasten. Die Nieren haben aber die Möglichkeit, sich dem erhöhtem Eiweißangebot anzupassen. Achten Sie deshalb auch aus diesem Grund auf eine ausreichende Flüssigkeitszufuhr. Wer täglich und kontinuierlich über den Tag verteilt 2 bis 2,5 Liter Wasser trinkt, unterstützt seine Nieren aktiv.

Eiweiß gibt es nicht nur in Eiern und Milch, Hähnchen und Hack, Schinken und Wurst. Auch Hülsenfrüchte wie Bohnen, Linsen oder Erbsen, Vollkornprodukte wie Dinkel oder Haferflocken, Kartoffeln oder Nudeln liefern zum Teil sehr gute Eiweißkombinationen und zusätzlich hochwertige Kohlenhydrate. Der Vorteil: Die pflanzlichen Nahrungsmittel enthalten wesentlich weniger und günstigere Fette.

Man geht heute davon aus, dass eine Orientierung an der empfohlenen täglichen Eiweißzufuhr von einem Gramm pro Kilogramm Körpergewicht das Herzinfarktrisiko tatsächlich senken kann, unabhängig davon, ob es aus pflanzlicher oder tierischer Quelle stammt. Insgesamt scheint eine ausgewogene Mischung von pflanzlichem und tierischem Eiweiß mit einem leichten Schwerpunkt auf den tierischen Eiweißen am sinnvollsten.

Fleisch in Maßen und Milch oder Joghurt, möglichst in der fettarmen Variante, versorgen Sie hervorragend mit hochwertigem Eiweiß. Und wenn Sie Ihr Gewicht reduzieren wollen: Eiweiß führt zu einer guten Sättigung. Um beim Abnehmen die kontraindizierten Hungergefühle nicht aufkommen zu lassen, sollten Sie die Zufuhr von Eiweiß nicht vernachlässigen.

Prima Proteine

Empfehlenswert sind bei den Fleischprodukten die fettarmen »weißen« Fleischsorten. Geflügelfleisch wie Putensteak ist fettarm und bietet eine gute Eiweißquelle. Aber auch Wildfleisch liefert hochwertiges Eiweiß ohne viel Fett, denn im Gegensatz zu den gezüchteten Tieren haben Wildtiere ihre Muskulatur wirklich genutzt, die Zusammensetzung des Fleisches wird dadurch hochwertiger. Wurstwaren und das häufig verwendete Rind- oder Schweinefleisch, womöglich noch angereichert mit einer Sahnesauce, bringen dagegen einen hohen Anteil an »schlechtem Cholesterin« und gesättigten Fettsäuren auf den Tisch.

Machen Sie Fischgerichte zum festen Bestandteil Ihres Speiseplans. Ob Lachs, Thunfisch, Makrelen oder Sardellen, Schalentiere wie Krebse, Garnelen oder Muscheln – sie alle sind eine optimale Quelle von hochwertigem Eiweiß, und die enthaltenen Fette, vor allem die Omega-3-Fettsäuren, beugen Herz-Kreislauf-Erkrankungen aktiv vor.

Beim pflanzlichen Eiweiß tritt die Bedeutung einer Pflanze hervor, die schon vor 5000 Jahren in China kultiviert wurde. Sojabohnen haben mit etwa 40 Prozent einen enorm großen Eiweißanteil, der von hoher biologischer Wertigkeit ist. Alle acht essenziellen Aminosäuren sind biologisch so vorhanden, dass sie vom Körper unmittelbar genutzt werden können. Sojaeiweiß senkt Cholesterin und Blutfettwerte. Soja hat eine positive Wirkung auf den Knochenstoffwechsel und beugt Osteoporose vor. Es enthält nämlich neben dem Eiweiß eine Menge Magnesium, Kalzium und Kalium. Ob Sojabohnen, Tofu, Sojamilch oder Misosuppen und Sojasauce – Sojaprodukte sind immer eine sinnvolle Ergänzung des Speiseplans.

Erdnüsse, die in minderwertigen Fetten geröstet und mit Salz überschüttet wurden, sind natürlich kein vollwertiger Snack. Aber naturbelassene Erdnüsse, Walnüsse, Haselnüsse oder Mandeln liefern neben hochwertigem Eiweiß auch noch gesunde Fette (Omega-3-Fettsäuren, einfach ungesättigte Fettsäuren), Ballaststoffe, Mineralstoffe, Spurenelemente und sekundäre Pflanzenstoffe. Solche Nüsse sind als tägliche Nahrungsergänzung sinnvoll. Sie senken das Risiko, an einer Herz-Kreislauf-Erkrankung zu erkranken.

Nehmen Sie diese guten Eiweiße am besten in Kombination mit Kohlenhydraten zu sich, zum Beispiel als ungesüßtes Frühstücksmüsli (Dinkel-, Haferflocken etc.) mit frischem Obst der Saison (Apfel, Banane, Beeren etc.) und Sojamilch oder Magerquark. Köstlich und gesund: Streuen Sie jeden Tag 3–4 frisch gehackte Walnüsse über Ihr Frühstücksmüsli, oder veredeln Sie es mit 3–4 Mandeln.

Vitamine, Mineralien & Co.

Vitamine sind lebensnotwendig. Sie spielen eine wichtige Rolle bei der Energiegewinnung aus den aufgenommenen Nährstoffen, unterstützen Stoffwechselprozesse, die dem Zellaufbau dienen, zum Beispiel der Blutkörperchen und verschiedener Gewebe wie Knochen, Zähnen, Muskel- und Bindegewebe. Vitamine sind an der Informations- und Reizübertragung in unserem Nervensystem beteiligt und schützen Körperzellen vor den so genannten freien Radikalen. Nicht zuletzt wird auch das Immunsystem gestärkt.

Unser Wohlbefinden und unsere Leistungsfähigkeit hängen sehr stark von einer ausreichenden Vitaminversorgung ab. Denn Vitamine können vom Menschen, mit Ausnahme des Vitamins D, nicht selbst hergestellt werden. Wir müssen sie also täglich über die Nahrung zu uns nehmen.

Wenn Sie bei Vitaminen an pflichtgemäße Gesundheitskost denken, sind Sie auf dem Holzweg. Hier lockt Genuss pur: Frisches Obst und Gemüse, ein leckerer Salat, zusammengestellt aus frischen Produkten der Saison, bringen Abwechslung und bereichern Ihren täglichen Speiseplan. Auch gute Frucht- und Gemüsesäfte tragen etwas zu Ihrem Vitaminhaushalt bei.

Ansonsten ist das Zusammenspiel und die große Wirkung der Mikronährstoffe sehr komplex und Stoff für ein eigenes Buch. Spezielle Ratgeber führen den Leser aber schnell in ein Labyrinth nach dem Motto: Die benötigte Menge des Vitamins XY erhalten Sie entweder über 75 Gramm dieses Gemüses oder 30 Gramm jenes Salats … Deshalb im Folgenden ein tabellarischer Überblick – und eine Daumenregel zur Orientierung:

Nutzen Sie Ihren Genuss als Wegweiser! Bringen Sie Abwechslung auf den Tisch, unterschiedliche Obst- und Gemüsesorten, immer mal wieder einen anderen Salat. Stellen Sie verschiedene Farben zusammen, zum Beispiel rote Paprika, grünen Rucola, gelbe Zucchini. Gönnen Sie sich Luxus und Exotik: frische Basilikum- oder Korianderblätter. Und vertrauen Sie auf Ihre Lust am Essen. Wenn irgendeine Frucht oder eine Kombination Sie besonders anspricht, steht vielleicht der Bedarf Ihres Körpers an bestimmten Vitaminen, Mineralien und Spurenelementen dahinter.

Aber vergessen Sie nicht: Die meisten Vitamine sind empfindliche Genossen. Sie verabschieden sich bei langem Liegen oder starkem Erhitzen. Deshalb: Kaufen Sie so frisch wie möglich und nach Bedarf. Bereiten Sie Gemüse schonend zu. Am besten essen Sie einen Großteil der Köstlichkeiten gleich roh.

Wie bei anderen Grundversorgungen unseres Körpers – zum Beispiel beim Schlaf – wird auch bei den Vitaminen die Wichtigkeit der ausreichenden Menge erst spürbar, wenn man nicht genug bekommen hat. Regelrechte Erkrankungen aus Vitaminmangel wie den Skorbut kennen die meisten von uns glücklicherweise nur noch aus Seefahrergeschichten. Teilweise fordert allerdings unser heutiger Lebensstil eine Extraportion Vitamine. So haben Leistungssportler und stressbelastete Menschen einen deutlich erhöhten Verbrauch an den Vitaminen C und B_1 und sollten auf eine ausreichende Zufuhr achten. Zu einem höheren Bedarf an Vitamin C führt aber auch übermäßiger Alkoholkonsum, bei Rauchern ist er um 50 Prozent erhöht. Vitamin-C-Mangel kann sich durch häufiger auftretende Infektionskrankheiten bemerkbar machen, durch eine verzögerte Wundheilung oder Blutarmut.

Besonders wichtig für den Knochenstoffwechsel ist das Vitamin D. Für die vom Körper täglich benötigte Menge reicht ein Sonnenbad von 15 Minuten aus. Schon die ganz normale Lichteinstrahlung beim Ausdauertraining ist daher sehr gut, um sich mit einer ausreichenden Menge des Vitamins zu versorgen.

Vitamine im Überblick

Vitamin A Fast allen ist der Zusammenhang zwischen Sehkraft und Vitamin A bekannt. Eine Unterversorgung mit Vitamin A wirkt sich zunächst negativ auf die Sehfähigkeit aus, zum Beispiel durch Nachtblindheit. Das fettlösliche Vitamin, das sich nur in tierischen Lebensmitteln findet oder aus Carotinoiden (Pflanzenfarbstoffen) vom Körper selbst hergestellt werden kann, hält aber auch Haut und Schleimhäute gesund und reguliert Wachstum und Bildung neuer Zellen. Es wirkt sich daher positiv auf einige Hauterkrankungen aus. Durch seine nachgewiesene antioxidative Wirksamkeit ist es insgesamt zellschützend, das Immunsystem wird gestärkt. Vitamin A befindet sich vor allem in der Leber, in der es gespeichert wird. Da Leber und Innereien insgesamt nicht jedermanns Geschmack sind, kann auch auf farbintensives Gemüse zurückgegriffen werden. Karotten, Tomaten, Spinat und Feldsalat haben einen hohen Anteil von β-Carotin, aus dem der Körper das Vitamin leicht bilden kann. Da das Vitamin fettlöslich ist, lohnt es sich, die Gemüse mit etwas Fett zu sich zu nehmen, zum Beispiel als Salat mit Olivenöl.

Vitamin D (Calciferol) Das fettlösliche Vitamin spielt eine entscheidende Rolle bei der Bildung und Gesunderhaltung von Knochen und Zähnen. Es unterstützt die Kalziumaufnahme und -verwertung und damit die Mineralisation. Es wirkt vorbeugend gegen Darmkrebs. Der Körper kann Vitamin D selbst bilden, wenn ausreichend Tageslicht auf ihn einwirkt. Von Mangelerscheinungen sind daher nur Kleinkinder oder meist ältere Leute bedroht, die nicht ausreichend vor die Tür kommen. Ein täglicher Spaziergang oder Joggen im Freien lohnt sich schon allein, um den Vitamin-D-Haushalt anzukurbeln.

Vitamin E ist das wichtigste der fettlöslichen Vitamine. Es stärkt das Immunsystem und ist ein unentbehrliches Antioxidans, das die Zellmembranen stabilisiert und den Angriff von freien Radikalen abwehrt. Es kommt vor allem in hochwertigen pflanzlichen Fetten wie Rapsöl, Sojaöl, Nussölen sowie in Haselnüssen oder Weizenkeimen vor. Ein frischer Salat mit hochwertigem pflanzlichem Öl und dazu Vollkornbrot – und ein Großteil der benötigten Menge ist abgedeckt.

Vitamin C (Ascorbinsäure) Seitdem Linus Paulus in den siebziger Jahren den massenhaften Konsum von Vitamin C propagierte, ist es das wohl bekannteste aller Vitamine. Es wirkt antioxidativ und senkt dadurch vermutlich die Infektanfälligkeit. Vitamin C unterstützt die Erhaltung und Bildung von gesunden Knochen und Zähnen und wird zur Wundheilung benötigt. Es ist Bestandteil bei der Bildung von L-Carnitin, einer vitaminähnlichen Substanz, und verbessert die Eisenverwertung des Körpers aus pflanzlichen Lebensmitteln. Es kann als vorbeugend gegen Krebserkrankungen bezeichnet werden, da es die Bildung von krebsauslösenden chemischen Stoffen verhindert. Zur Bedarfsdeckung eignen sich sämtliche Formen von Zitrusfrüchten (Zitronen, Orangen etc.) sowie Paprika, Brokkoli oder Fenchel. Die Natur bietet eine enorme Vielfalt von wahren Vitamin-C-Bomben, die den synthetisch erzeugten Produkten in jedem Fall vorzuziehen sind.

Vitamin K ist einer der entscheidenden Faktoren der Blutgerinnung und wie das Vitamin D an der Regulierung der Knochenbildung beteiligt. Das Vitamin ist in ausreichender Menge in vielen Lebensmitteln vorhanden, so dass es nur in seltenen Fällen zu einer Minderversorgung kommen kann.

Folsäure Jeder schwangeren Frau ist die Bedeutung von Folsäure bekannt. Folate schützen das werdende Kind vor Schäden insbesondere zu Beginn der Schwangerschaft. Sie werden benötigt, um die intakte Synthese des genetischen Materials und die exakte Weitergabe der Erbinformationen von Zelle zu Zelle sicherzustellen. Zusätzlich unterstützten Folate die Bildung von roten Blutkörperchen, die für den Transport von Sauerstoff im Körper zuständig sind, und die Bildung von Körpereiweiß. Der Homocysteinspiegel wird aktiv gesenkt. Dadurch schützt das Vitamin präventiv vor Herzkrankheiten. Folate finden sich vor allen Dingen in frischem Obst und Gemüse wie Weintrauben, Orangen oder Gurken, Kohl und Spinat. Zusätzlich eignen sich Fleisch, Vollkornprodukte, Kartoffeln, Leber, Sojabohnen und Weizenkeime.

Vitamin B_1 (Thiamin) ist ein essenzielles Vitamin, im Körper Bestandteil verschiedener Enzyme und wichtig für eine normale Nerven- und Herzmuskelfunktion. Es unterstützt die Energiegewinnung und den Kohlenhydratstoffwechsel. Menschen mit einem hohen Energiebedarf, zum Beispiel Leistungssportler, haben einen erhöhten Bedarf an Thiamin. Da der menschliche Körper das Vitamin nur in geringen Mengen speichern kann, sollte es nach Möglichkeit täglich aufgenommen werden. Enthalten ist es in Haferflocken, Hülsenfrüchten und Kartoffeln, aber auch in Fleisch.

Vitamin B_2 (Riboflavin) ist Bestandteil verschiedener Enzyme, die die Energiebereitstellung und den Proteinstoffwechsel des Körpers unterstützen. Wichtig ist die Bedeutung bei der Gesunderhaltung von Augen-, Haut- und Nervenfunktion. Reich an dem hitzeunempfindlichen Vitamin B_2 sind Milch- und Vollkornprodukte, Fleisch, Fisch und Eier sowie bestimmte Gemüsearten wie Spinat.

Vitamin B_3 (Niacin) unterstützt als Bestandteil von Enzymen die Bildung von Proteinen, den Auf- und Abbau von Kohlenhydraten, Aminosäuren und Fettsäuren. Das Vitamin spielt also eine wichtige Rolle bei der Umwandlung von Nahrung in Energie und hilft bei der Aufrechterhaltung einer normalen Hirnfunktion. Es kann vom Körper selbst synthetisiert werden, kommt aber auch in Lebensmitteln wie Milchprodukten, Fleisch, Fisch und Eiern vor.

Vitamin B_6 (Pyridoxin) ist Bestandteil vieler Enzyme, die den Auf- und Abbau von Aminosäuren steuern, und hat somit ebenfalls eine wichtige Bedeutung bei der Umwandlung von Nahrung in Energie. Die entsprechenden Enzyme unterstützen die Funktionen des Nervensystems, des Immunsystems und helfen bei der Bildung des roten Blutfarbstoffs Hämoglobin. Der Homocysteinspiegel, der für Herz-Kreislauf-Erkrankungen verantwortlich sein kann, wird gesenkt. Das Vitamin findet sich besonders in Hühner- und Schweinefleisch, Kartoffeln, einigen Gemüsesorten (grüne Bohnen) und Bananen.

Pantothensäure gehört auch zum Vitamin-B-Komplex und ist Bestandteil des so genannten Coenzyms A, das eine zentrale Stellung im Energiestoffwechsel des Menschen hat. Geregelt werden der Abbau von Fetten, Kohlenhydraten und Aminosäuren sowie der Aufbau einiger Hormone, Fettsäuren und Cholesterine. Pantothensäure findet sich in sehr vielen Lebensmitteln. Bei einer ausgewogenen Ernährung wird es zu keinem Mangel kommen. Besonders gute Quellen sind Fleisch, Fisch, Milch und Vollkornprodukte.

Vitamin B_{12} (Cobalamin) spielt eine wichtige Rolle bei der Blutbildung, indem es den Reifungsprozess der roten Blutkörperchen im Knochenmark fördert. Cobalamin findet sich ausschließlich in tierischen Lebensmitteln wie Fleisch, Leber, Milch und Eiern.

- **Vitamin H (Biotin)** trägt als Coenzym zum Aufbau von Kohlenhydraten und Abbau von Eiweiß und Aminosäuren bei. Es ist in Hefe und Leber enthalten.

- Neben diesen klassischen Vitaminen sind **vitaminähnliche Substanzen** bekannt, die teilweise wichtige Funktionen erfüllen. Einer der zurzeit bekanntesten Vertreter ist sicherlich das L-Carnitin, dem man fettverbrennende Eigenschaften zuspricht. Tatsache ist, dass die Substanz, die sich in der Muskulatur befindet, Fettmoleküle zum Ort der Energiegewinnung, den Mitochondrien, transportiert. Aber: Ohne sportliche Aktivität helfen auch größere Mengen von L-Carnitin nicht, Fett loszuwerden. Denn was nutzt der Transport von Fettzellen, wenn sie zur Energiegewinnung nicht benötigt werden? Viel L-Carnitin befindet sich in Schaf-, Rind- oder Schweinefleisch. Es kann auch vom Körper selbst gebildet werden, und zwar aus Eiweiß, den Vitaminen C und B_6 sowie Eisen.

Relativ verbreitet unter Frauen jenseits der Menopause ist die Osteoporose. Bei dieser Erkrankung ist es entscheidend, präventiv auf eine ausreichende Versorgung mit Vitaminen zu achten. Wichtig für den Knochenstoffwechsel sind neben Vitamin D die Vitamine C, A, K, B_{12} und Folsäure. Einen Präventivschutz vor Osteoporose bietet außerdem eine kalziumreiche Ernährung. Diese wird durch Milch und Milchprodukte wie zum Beispiel Joghurt und Hartkäse ebenso erreicht wie durch frisches Obst, Gemüse und Getreideprodukte, die eine gute Kalziumquelle darstellen.

Mineralien und Spurenelemente

Mineralien sind ein weiterer Mikronährstoff, der unsere Gesundheit und Leistungsfähigkeit beeinflusst. Neben den bekannten Vertretern – Natrium, Chlorid, Kalium, Kalzium, Magnesium, Phosphor und den Spurenelementen Eisen, Jod, Fluorid, Zink und Selen – gibt es eine Vielzahl weiterer Substanzen. Mineralstoffe beeinflussen und gestalten entscheidend die Hautspannung und die Konsistenz unseres Gewebes. Sie sind beteiligt am Aufbau von Knochen, Zähnen, Blutzellen und Hormonen. Des Weiteren steuern sie unser Nervensystem und aktivieren Enzyme, die den Stoffwechsel regulieren.

Unser Speisesalz besteht aus den beiden Mineralstoffen Natrium und Chlorid. Gemeinsam mit Kalium halten sie den Gewebsdruck aufrecht und regulieren so den Wasserhaushalt des Körpers. Natrium ist ein wichtiges Element zur Reizweiterleitung der Nerven, Chlorid ein wichtiger Bestandteil der Magensäure. Nicht ganz zu Unrecht wird das Kochsalz jedoch in der Ernährungsdebatte kritisch beäugt. Denn: Tendenziell ist der tägliche Konsum heutzutage eher zu hoch.

Die Deutsche Gesellschaft für Ernährung empfiehlt etwa 6 Gramm pro Tag, der durchschnittliche Verbrauch liegt jedoch schätzungsweise bei 9 Gramm. Oft ist das Salz in verarbeiteten Lebensmitteln »versteckt«, zum Beispiel in Brot, Wurst, Käse oder Salzgebäck. Die erhöhte Zufuhr wird nicht einmal bemerkt. Als mögliche Folge steigt der Blutdruck und somit das Risiko von Herz-Kreislauf-Erkrankungen. Nicht so bekannt ist, dass Kochsalz die Knochenabbauprozesse verstärken kann. Insbesondere Frauen in den Wechseljahren sollten daher besonders auf ihre Kochsalzaufnahme achten, um einer Osteoporose entgegenzutreten.

Treten Sie beim Salz auf die Bremse, und seien Sie einmal mehr vorsichtig im Umgang mit Fertigprodukten und Snacks!

Die wichtigsten Mineralien und Spurenelemente im Überblick

■ **Kalium** bietet Schutz vor Zellübersäuerungen, reguliert den Wasserhaushalt des Körpers und ist beteiligt an der Reizübertragung der Nerven. Kaliummangel, der bei starken Flüssigkeitsverlusten auftreten kann, zum Beispiel durch extreme sportliche Belastungen, Magen-Darm-Infekte oder aber einfach durch zu wenig Trinken, führt zu einer Schwächung der Muskel-, Herz- und Darmfunktion.

Für eine kaliumreiche Kost müssen keine speziellen Lebensmittel besorgt werden. Obst und Gemüse, Kartoffeln, Vollkornreis oder Nudeln sowie viele frische Kräuter enthalten es reichlich.

■ **Kalzium** ist, wie bereits im Abschnitt über Osteoporose erwähnt, elementarer Bestandteil von Knochen und Zähnen. Dies spielt insbesondere zu Wachstumszeiten eine wichtige Rolle. Je mehr Kalzium bis zum 3. Lebensjahrzehnt eingespeichert ist, desto größer ist die Knochendichte und desto geringer die Gefahr, an einer Osteoporose zu erkranken. Außerdem stabilisiert Kalzium die Wände unserer Zellen und ist an der Reizverarbeitung unseres Nervensystems beteiligt.

Milch und Milchprodukte (am besten in der fettarmen Variante) sind die wichtigsten Kalziumlieferanten, denn der Körper kann dieses Kalzium besser verwerten als das aus Fleisch. Neben Gemüse wie Brokkoli oder Spinat ist übrigens auch der würzige Parmesankäse ein guter Kalziumlieferant.

■ **Magnesium** spielt eine wichtige Rolle bei den Verbrennungs- und Energiegewinnungsprozessen aus Kohlenhydraten, Fetten und Eiweißen, denn es aktiviert die zur Verdauung nötigen Enzymsysteme. Es dient der Erregung von Nerven und der Muskelentspannung. Daher beugt Magnesium Muskelkrämpfen vor und wird von vielen Sportlern nach starker körperlicher Belastung in Pulverform eingenommen. Eine weitere wichtige Aufgabe ist die Unterstützung der Knochenmineralisierung.

Empfehlenswerte Nahrungsmittel sind auch hier Milch und Milchprodukte. Außerdem Geflügel, Fisch, die meisten Gemüsearten, Kartoffeln und Vollkorngetreide.

- Das Spurenelement **Eisen** hat seine Bedeutung vor allem als Baustein des roten Blutfarbstoffs Hämoglobin, wirkt mit bei der Blutbildung und beeinflusst damit die Leistungsfähigkeit insgesamt. Denn je mehr Hämoglobin vorhanden ist, desto mehr Sauerstoff kann zu den Zellen transportiert werden. Eine weitere herausragende Bedeutung hat Eisen bei der Gehirnentwicklung von Kindern und Jugendlichen. Typisch für Eisenmangel sind eine erhöhte Infektanfälligkeit sowie Abgeschlagenheit aufgrund von Blutarmut. Vorhanden ist Eisen in Fleischprodukten und Gemüse, aber auch in Brot und Backwaren. Der Körper kann Eisen aus tierischen Produkten besser verwerten als aus pflanzlichen Lebensmitteln. Die Eisenaufnahme wird merklich verbessert durch eine gute Versorgung mit Vitamin C.

- **Jod** wird für den Aufbau von Schilddrüsenhormonen benötigt, die wiederum den Energiestoffwechsel, die Körpertemperaturregulierung und das Wachstum von Körperzellen beeinflussen. Eine Folge von Jodmangel ist die Schilddrüsenvergrößerung, der so genannte Kropf. Sie fragen sich, warum unser Kochsalz häufig mit Jodzusatz angeboten wird? Deutschland ist als Jodmangelgebiet bekannt, daher ist es sinnvoll, jodiertes Salz zu benutzen. Ein jodhaltiges Lebensmittel ist Seefisch.

- **Zink** ist mitentscheidend für ein starkes und leistungsfähiges Immunsystem, es schützt vor allem die Haut vor Infektionskrankheiten. Es spielt eine Rolle bei verschiedenen Enzymsystemen des Körpers, unter anderem auch bei dem körpereigenen Schutzsystem vor freien Radikalen. Es ist also beteiligt an der Infektabwehr und an der Wundheilung. Fleisch, Eier, Milch und Milchprodukte, aber auch Vollkornprodukte sind gute Zinklieferanten.

- **Selen** ist das Spurenelement, dem die Wissenschaft einen hohen Stellenwert in Bezug auf die Leistungsfähigkeit unseres Immunsystems und bei der Prävention verschiedener Krebsarten (Prostata, Darm, Lunge) beimisst. Es ist ein wichtiger Bestandteil des Schutzmechanismus vor freien Radikalen und bewirkt eine Aktivierung der Schilddrüsenhormone. Fleisch, Fisch, Eier, Linsen und Spargel sind gute Selenquellen für den Körper.

- **Fluorid** hat eine wichtige Bedeutung für den Zahnschmelz. Zahnärzte empfehlen daher, einmal in der Woche die Zähne mit Fluorid zu putzen, da es Karies vorbeugt. Reich an Fluorid sind nur wenige Seefischarten wie die Sardinen. Schwarzer Tee liefert viel Fluorid.

Nahrungsergänzung?

Eine häufige Frage von Menschen in der medizinischen Praxis gilt den Nahrungsergänzungsmitteln, also Pulver, Tabletten, Kapseln, Säfte und Ähnliches, die Vitamine, Mineralien oder Spurenelemente, Proteine, Fettsäuren und vieles mehr beinhalten können. Ist es sinnvoll, sie zu kaufen, oder handelt es sich nur um Geldschneiderei?

Wenn Sie beruflich engagiert, körperlich und geistig hoch aktiv sind, ist es sinnvoll, Ihre Nahrung mit einem geeigneten Präparat zu ergänzen. Entscheidend ist, ein für Sie geeignetes Produkt zu finden, das hohen Qualitätsansprüchen genügt.

Bei weitem nicht alles Angebotene ist sinnvoll, seriös zusammengestellt oder von hoher Produktqualität. Für die wenigsten Freizeitsportler bringen die Powerproteine aus dem Fitnessstudio zum Muskelaufbau etwas. L-Carnitin, das die Fettverbrennung anregt, hilft gar nicht beim Abnehmen, wenn der Konsument wenig Sport treibt. Wissenschaftlich fundierte und seriöse Produkte dagegen sind zur Steigerung des Wohlbefindens und zum Erhalt der Gesundheit sinnvoll, und zwar nicht nur bei Leistungssportlern und Fitnessfans.

Bei unseren heutigen Lebens- und Arbeitsbedingungen, unseren Ernährungsgewohnheiten (Fertiggerichte etc.), den Verarbeitungstechniken der Landwirtschaft und der Lebensmittelindustrie herrscht trotz des Nahrungsüberflusses ein Mangel zum Beispiel an Antioxidantien und einigen Vitaminen (C und E). Nahrungsergänzungsmittel sichern bei regelmäßiger Einnahme die ausreichende Versorgung mit Vitaminen und Nährstoffen, Defizite werden ausgeglichen. Vor allem Menschen mit stressbeladenen Berufen können ihren erhöhten Bedarf decken.

Lassen Sie sich von einem dem Thema gegenüber aufgeschlossenem Arzt oder Apotheker beraten, er kann oft schon an den Inhaltsstoffen erkennen, ob es sich um ein gutes Produkt handelt. Er kann Ihnen auch Empfehlungen zur Dosierung geben.

Es ist bisher nicht nachgewiesen, dass qualitativ hochwertige und gut zusammengestellte Nahrungsergänzungsmittel Schaden zufügen können, auch bei übermäßiger Zufuhr. Nebenwirkungen treten in aller Regel nicht auf bei Produkten, die sich an die internationalen Sicherheitsstandards halten. Denn der Körper weist für viele Vitamine und Antioxidantien einen sehr breiten Toleranzbereich aus. Die einzige Ausnahme von dieser

Regel wird in Wissenschaftskreisen kontrovers diskutiert. Bei starken Rauchern soll die zusätzliche Einnahme von β-Carotin das Risiko einer Krebserkrankung steigern.

Gegen freie Radikale: Antioxidantien und Phytochemicals

Freie Radikale sind im Körper natürlich vorkommende, äußerst reaktionsfreudige Sauerstoffverbindungen, die Gewebe, Zellwände und Moleküle oxidieren können, indem sie ihnen Elektronen »abnehmen«. Es kommt zu einem Dominoeffekt, wenn die »angegriffenen« Zellen versuchen, nun ihrerseits den Nachbarzellen Elektronen zu entziehen, um ihr Gleichgewicht wiederzugewinnen. Oxidativer Stress entsteht, wenn das körpereigene Abwehrsystem die freien Radikale nicht im Zaum halten kann. Dann werden körpereigene Zellen unter Umständen nachhaltig geschädigt.

Physiologisch fallen freie Radikale zum Beispiel bei der Verwertung von Nahrungsmitteln an. Denn dies geschieht unter Zuhilfenahme von Sauerstoff in Form einer Verbrennungsreaktion. Aber auch die normale Sonneneinstrahlung und das damit verbundene UV-Licht lässt freie Radikale entstehen. Wie ist zu erklären, dass unser Körper etwas derart Schädliches von sich aus bildet?

Freie Radikale sind nicht nur destruktiv, sie haben auch einen wichtigen Stellenwert für das Immunsystem unseres Körpers. Wenn Krankheitserreger, ob Viren oder Bakterien, in den Körper eindringen, mobilisiert das Immunsystem innerhalb kürzester Zeit sehr viele freie Radikale, die den Eindringling angreifen und zerstören sollen.

Es geht also wie so oft im Leben um das rechte Maß, denn neben den natürlichen Quellen freier Radikale spielen selbstverständlich der individuelle Lebenswandel, die Arbeits- und Belastungsbedingungen eine wichtige Rolle. Verschiedene Genuss- und Ernährungsgewohnheiten unseres heutigen Lifestyles erhöhen die Entstehung der freien Radikale zum Teil drastisch. Jeder Zug an einer Zigarette, regelmäßiger und zu viel Alkoholkonsum, schlechte Ernährungsgewohnheiten ohne Obst und Gemüse lassen Milliarden freier Radikale entstehen.

Auch Krankheiten, wie chronische Entzündungen, produzieren freie Radikale. Notorischer Bewegungsmangel führt ebenso zu oxidativem Stress wie zu starke körperliche Belastung, zum Beispiel bei Leistungssportlern, wie dauerhafter Schlafentzug und, nicht zu vergessen, beruflicher oder emotionaler Dauerstress.

Ohne dass alle Zusammenhänge wissenschaftlich gesichert sind: Fest steht, dass ein Zu viel an freien Radikalen eine gewichtige Rolle bei der Entstehung von Krebserkrankungen spielt. Oxidativer Stress beschleunigt den Alterungsprozess und erhöht das Risiko von Erkrankungen des Herz-Kreislauf-Systems. Auch entzündliche und rheumatische Gelenkerkrankungen und Trübungen der Augenlinsen werden mit einem Überschuss an freien Radikalen in Verbindung gebracht.

Als natürliche Gegenspieler der freien Radikale sind die Antioxidantien dafür zuständig, deren destruktive Wirkung abzufangen. Deshalb wirken Antioxidantien präventiv gegen Krebserkrankungen, Herzkrankheiten, Demenz und altersbedingte Sehstörungen. Unser Körper hat ein eigenes komplexes enzymatisches Abwehrsystem gegen die freien Radikale entwickelt. Dessen Funktionieren ist allerdings abhängig von der ausreichenden Versorgung mit Selen, Kupfer, Zink und Mangan.

Über eine ausgewogene Ernährung mit viel Obst und Gemüse lassen sich zusätzliche Antioxidantien zur Verstärkung des körpereigenen Schutzsystems akquirieren. Neben den Vitaminen Vitamin C, E und den Carotinoiden (einer Vorstufe von Vitamin A) spielen sekundäre Pflanzenstoffe eine entscheidende Rolle für die Kompetenz unseres antioxidativen Schutzsystems.

Sekundäre Pflanzenstoffe, auch Phytochemicals genannt, sind meist im Farbstoff von Pflanzen, also auch in Obst und Gemüse, enthalten. Das intensive Rot von Tomaten, Paprika und Radieschen, das charakteristische Orange von Karotten und das leuchtende Grün verschiedener Salate verrät den hohen Anteil an sekundären Pflanzenstoffen. Etwa 30 000 dieser wissenschaftlich lange Zeit völlig vernachlässigten Stoffe sind bis heute bekannt. Ihre Funktion ist der Schutz der Pflanze vor der Einwirkung von UV-Licht in Kombination mit Sauerstoff, also vor Oxidation.

Essen Sie Paprika, Tomaten, Beeren, Äpfel oder Birnen! Dann nehmen Sie die antioxidativen Substanzen weitgehend unverändert auf. Und in Ihrem Körper verrichten die Stoffe den gleichen Dienst wie bei den Pflanzen. Sie binden freie Radikale an sich und machen sie auf diese Weise unschädlich.

In den meisten Obst- und Gemüsesorten finden sich Vitamine und sekundäre Pflanzenstoffe in optimaler Kombination. Ein besonders wichtiger sekundärer Pflanzenstoff ist das in Tomaten vorhandene Lycopin. Und endlich einmal eine gute Nachricht für Freunde der schnellen Küche: Es wird noch besser aufgenommen, wenn die Tomaten verarbeitet und erhitzt worden sind, also in Tomatensauce, Tomatenmark und Ketchup.

Die Weltgesundheitsorganisation (WHO) empfiehlt, mindestens fünf Mal am Tag Obst und Gemüse zu essen. Auf diese Weise können nahezu alle Vitamine, Mineralstoffe, Spurenelemente und sekundären Pflanzenstoffe aufgenommen werden.

Das A und O des Trinkens

Der Körper eines Erwachsenen hat einen Wasseranteil von etwa 50 bis 60 Prozent. Logisch, dass die Flüssigkeitszufuhr entscheidend für Wohlbefinden und Leistungsfähigkeit ist. Ohne Nahrung kann ein Mensch einige Wochen überleben, da ausreichend Speicherfett als Notfallversorgung vorhanden ist. Flüssigkeitsmangel dagegen hat schon nach wenigen Tagen lebensbedrohliche Folgen. Wasser ist Leben! Es dient als Baustoff der Körperzellen, als Transport- und Lösungsmedium des Stoffwechsels. In Form von Schweiß funktioniert die Körperflüssigkeit als effektives Kühlungsmittel.

Über Atmung, Schwitzen und Urin werden täglich etwa 2,5 Liter Flüssigkeit ausgeschieden, und das bereits ohne größere körperliche Aktivität.

Unser Organismus reagiert schon auf geringen Flüssigkeitsverlust äußerst sensibel. Stoffwechselvorgänge wie die Verdauung werden gedrosselt. Das Säure-Basen-Gleichgewicht gerät aus den Fugen. Wir werden im wahrsten Sinne des Wortes sauer. Unter dieser Übersäuerung leiden die Stimmung und die Leistungsfähigkeit. Das Gehirn reagiert mit Kopfschmerzen, Konzentrationsschwäche, Schwindel und Müdigkeit. Übelkeit und Muskelkrämpfe können auftreten. Die Nieren sind von einer ausreichenden Wasserzufuhr abhängig, um die im Stoffwechsel anfallenden Giftstoffe ausscheiden zu können.

Nicht zuletzt ist auch der Alterungsprozess unter anderem ein fortschreitender Flüssigkeitsverlust. Der Flüssigkeitsgehalt des Körpers nimmt im Laufe der zweiten Lebenshälfte kontinuierlich ab. Obendrein trinken ausgerechnet ältere Menschen häufig viel zu wenig. Durch die schon beschriebenen Auswirkungen auf das Gehirn werden viele Senioren vergesslich, haben Konzentrationsschwächen und wirken verwirrt. Nicht selten wird ein dauerhafter Flüssigkeitsmangel als Altersdemenz fehlgedeutet.

Es lohnt sich, Ihre Trinkgewohnheiten zu überprüfen. Sie sollten sich jeden Tag mit mindestens 2,5–3 Liter Flüssigkeit versorgen.

Bei sportlicher Belastung und schwerer körperlicher Arbeit, bei Hitze, sowie auch bei Durchfallerkrankungen steigt der Flüssigkeitsbedarf zusätzlich an. Ein langsamer Ausdauerlauf von etwa 1 Stunde bei 18 Grad Außentemperatur bringt (abhängig von individuellen Schwankungen) einen Schweißverlust von etwa 1,5 Liter, der wieder aufgefüllt werden muss. Bei 32 Grad liegt der geschätzte Flüssigkeitsverlust schon bei 2,5 Litern.

Achten Sie genau darauf, welche Flüssigkeit Sie zu sich nehmen, denn nicht jedes Getränk ist gut für Ihre Flüssigkeitsbilanz.

Kaffee, schwarzer Tee und Alkohol wirken harntreibend und entziehen dem Körper Flüssigkeit (Dehydration). In meinen Seminaren kommt an dieser Stelle immer die gleiche Frage: »Wieso bin ich dann bisher so gut klargekommen, trotz massenhaft Kaffee und ohne ausreichende Trinkmenge?« Es wäre Spekulation zu sagen, dass Ihr Leben mit ausreichender Flüssigkeitszufuhr besser gelaufen wäre. Eines ist aber sicher: Die Folgen einer dauerhaft geringen Flüssigkeitszufuhr werden nicht ausbleiben. Das Blut wird dickflüssiger und fließt langsamer; Konzentrations- und Leistungsfähigkeit wie auch die Koordinationsfähigkeit lassen nach; das Risiko, an einer Herz-Kreislauf-Erkrankung zu erkranken, steigt; die Haut trocknet aus und wird faltig; Giftstoffe werden nicht ausreichend über die Niere ausgeschieden, sondern in verschiedene Gewebe eingelagert und können zum Beispiel in Gelenken Schmerzen hervorrufen.

Daran ist nicht zu rütteln: Ausreichende Flüssigkeit spielt eine zentrale Rolle für die Funktionsfähigkeit unseres Körpers.

- **Softdrinks** wie Cola und Limonaden sind als Durstlöscher schlicht und ergreifend ungeeignet. Sie haben einen so hohen Zuckeranteil und sind so hochenergetisch, dass der Körper zusätzliche Flüssigkeit im Darm mobilisieren muss, um sie zu verarbeiten. Nebenbei liefern sie durch den stattlichen Zuckeranteil jede Menge Kalorien. Cola enthält schätzungsweise 110 Gramm Zucker pro Liter! Der glykämische Index ist hoch. Diese Getränke stressen Ihren Insulinhaushalt.

- Mit **Alkohol** verhält es sich ganz ähnlich. Da alkoholische Getränke hochenergetisch sind, treffen handfeste Sprüche wie: »Das bisschen, was wir essen, können wir auch trinken« ziemlich genau den Punkt. Es handelt sich eher um Nahrungsmittel. Neben der hohen Energiedichte gibt es einen weiteren Grund, warum Alkohol dem Körper Flüssigkeit entzieht. Ab einer gewissen Menge wird das antidiuretische Hormon ausgeschaltet, das dem Körper zur Flüssigkeitsregulation dient. Der Harndrang nimmt zu. Daraus resultiert häufig ein Flüssigkeitsmangel, der sich am nächsten Morgen als starker Kopfschmerz, besser bekannt als »Kater«, bemerkbar macht. Hinzu kommen die Nebenwirkungen: Männer ohne gesundheitliche Vorbelastung vertragen etwa 0,5 Liter Bier oder 0,25 Liter Wein täglich, was etwa 20 Gramm Alkohol entspricht, bevor eine kritische Schwelle für die Leber erreicht wird. Für Frauen liegt dieser Wert etwa bei der Hälfte.

- **Milch und Milchprodukte** sind ungleich gesünder als die bislang vorgestellten Getränke. Trotz aller aktuellen Milchwerbung muss aber festgestellt werden, dass sie sich ebenfalls nicht positiv auf die Flüssigkeitsbilanz auswirken. Aufgrund der hohen Energiedichte ist Milch eher ein Nahrungsmittel. Sie dient als wichtige leicht verdauliche Energie- und Eiweißquelle, die zusätzlich Mineralstoffe und Vitamine liefert (unter anderem Vitamine A und D, Vitamin-B-Gruppe). Auch Buttermilch und Kefir sind keine Durstlöscher, liefern aber wertvolles Eiweiß, viel Kalzium, Magnesium und Zink. Es lohnt sich, gerade bei den Milchprodukten auf die fettarmen Varianten zurückzugreifen, da der Anteil von gesättigten Fettsäuren und Cholesterin in diesen Produkten relativ hoch ist. Qualitativ hochwertige Milchprodukte eignen sich ideal als Zwischenmahlzeiten im Büro.

- **Fruchtsäfte** mit hohem Fruchtgehalt liefern wichtige Vitamine, Mineralstoffe und sekundäre Pflanzenstoffe. Aufgrund ihres hohen Energiegehaltes dienen aber auch sie in unverdünnter Form nicht einer positiven Flüssigkeitsbilanz.

- **Schorle** hingegen ist optimal und schmackhaft. Die Kombination mit Wasser (1 Anteil Fruchtsaft, 3 Anteile Wasser) ist gut für den Flüssigkeitshaushalt und liefert zusätzlich Vitamine, Mineralien und Spurenelemente.

- **Kaffee** gilt als der Wachmacher schlechthin und wirkt in der Tat durch seine Wirkstoffe aufputschend. Der Konsum gerade in Büros und beim Personal von Krankenhäusern ist legendär hoch. Das Koffein führt allerdings, wie schon erwähnt, zu einer Dehydration, das heißt, dem Körper wird Flüssigkeit entzogen. Es ist daher sinnvoll, den eigenen Kaffeekonsum zu beschränken, zumindest aber zu jeder Tasse Kaffee ein großes Glas Wasser zu trinken. Nicht ohne Grund wird in Italien zu jedem Kaffee oder Espresso ein Glas mit klarem stillem Wasser gereicht.

- **Tee** wurde ursprünglich als Heilmittel verwendet, als er vor über 5000 Jahren in China erstmals kultiviert wurde. Tee enthält eine Fülle von Inhaltsstoffen, die unsere Gesundheit und Leistungsfähigkeit steigern. Flavinoide, Gerbstoffe (Polyphenole) und sekundäre Pflanzenstoffe haben antioxidative und krebshemmende Wirkung. Besonders bei den Gerbstoffen wird angenommen, dass sie die Aufnahme von LDL-Cholesterin abschwächen und die Wände des Gefäßsystems schützen. Herz-Kreislauf-Erkrankungen wird dadurch ebenso vorgebeugt wie Magen-Darm-Erkrankungen. Das Immunsystem wird gestärkt. Abgerundet werden die Inhaltsstoffe des Tees durch Mineralstoffe und Vitamine.

  Um die Gerbstoffe freizusetzen, sollte der Tee etwa 5 Minuten ziehen. Ist Ihnen die aufmunternde Wirkung wichtig, sollten Sie den Tee nur kurz ziehen lassen, denn in den ersten Minuten löst sich vor allem das Koffein aus den Teeblättern. Beruhigende Tees sollten länger ziehen, denn die freigesetzten Gerbstoffe binden das Koffein wieder an sich.

  Grüner und schwarzer Tee wirken sich – bei allen gesundheitlichen Vorzügen – in der Flüssigkeitsbilanz negativ aus. Denn sie enthalten in Abhängigkeit der Teesorte eine nicht zu vernachlässigende Dosis Koffein, wenn auch nur ein Drittel beziehungsweise die Hälfte der in Kaffee enthaltenen Menge. Früchte- und Kräutertees dagegen haben eine positive Wirkung in der Flüssigkeitsbilanz. Sie füllen die Flüssigkeitsdepots auf, ohne Wenn und Aber. Der Unterschied zwischen schwarzem und grünem Tee besteht darin, dass schwarzer Tee fermentiert wird. Die Teeblätter werden gerollt und aufgebrochen, wodurch sich Sauerstoff mit den Zellsäften verbinden kann. Durch die Oxidation wird der Gerbstoffanteil verringert, es entstehen spezifische aromatische Verbindungen.

Ich selbst bin leidenschaftlicher Teetrinker und trinke am liebsten grünen Tee. Wer einmal den Unterschied zum Kaffee erlebt hat, sowohl geschmacklich als auch in der belebenden Wirkung, kann nur noch schwer zum regelmäßigen Kaffeekonsum zurückkehren. Grüner Tee belebt und vitalisiert, ohne aufzuregen, denn das Koffein ist an die Gerbstoffe gebunden und wird nur langsam freigesetzt. In China und Japan ist grüner Tee nicht ohne Grund seit Jahrtausenden das Volksgetränk schlechthin.

Grüner Tee ist reich an Mineralstoffen (Eisen, Fluor, Kalium, Mangan, Natrium, Zink), Vitaminen (Vitamin A, B_1, B_2, B_3, B_5, C, E und K) sowie an den erwähnten wertvollen Gerbstoffen, die erwiesenermaßen eine starke antioxidative Wirkung haben und oxidativem Stress vorbeugen. Es ist erwiesen, dass Männer, die grünen Tee trinken, seltener an Prostatakrebs erkranken. Weitere Untersuchungen zeigen, dass das Ausmaß des Zellsterbens nach einem Herzinfarkt oder Schlaganfall bei Konsum von grünem Tee geringer ausfällt.

■ **Wasser** ist das Urelement des Lebens! Es gibt nichts Besseres, als Wasser zu trinken. Es sei denn, man fügt noch Vitamine und Mineralien in Form von Fruchtsaft hinzu. Keine andere Flüssigkeit hat für eine positive Flüssigkeitsbilanz eine größere Bedeutung. Wasser steckt in jeder unserer etwa 70 Billionen Körperzellen. Ein Mensch von 80 Kilogramm Körpergewicht besteht aus etwa 48 Litern Wasser. Der Verlust von 10 Prozent der Gesamtkörperflüssigkeit reicht aus, um den Kreislauf nachhaltig zu bedrohen, schon bei 2–3 Prozent Verlust kommt es zu Leistungseinbußen bei Gedächtnis und Konzentration. Wasser ist für Menschen das natürlichste Element, um den Durst effektiv zu löschen.

Kohlensäure ist kein natürlicher Bestandteil des Trinkwassers, sondern wird dem Wasser zugesetzt und macht es etwas saurer. An sich ist sie also überflüssig, es sei denn, man möchte auf das Prickeln im Mund nicht verzichten. Entsprechend wird in den südeuropäischen Ländern das stille Wasser bevorzugt. Man kann davon mehr trinken, denn die Kohlensäure bewirkt schneller ein Völlegefühl. Auch das Wasser aus dem heimischen Wasserhahn kann hervorragende Qualität haben.

Mein Tipp, wenn Sie auf Nummer sicher gehen wollen: In vielen Städten bieten die Stadtwerke gegen einen Unkostenbeitrag mittlerweile eine Testung des Wassers an, das aus Ihrer Leitung kommt. Nach dieser Prüfung wissen Sie, dass Sie nicht belastetes Wasser trinken, und können fortan kostengünstig und ohne Limit genießen. Wenn Sie nun noch einen guten Schuss Fruchtsaft dazugeben, versorgen Sie sich zusätzlich mit Vitaminen – und erhöhen den Genuss.

Ernährungstipps & Rezepte

Trotz unterschiedlicher Geschmäcker, Bedürfnisse und Gewohnheiten gibt es einige grundlegende Tipps, deren Umsetzung beides steigert – Ernährungsbewusstsein und Genuss.

- Zelebrieren Sie Ihre Mahlzeiten! Kochen und essen Sie in Ruhe. Kultivieren Sie die Zubereitung von Speisen und das gemeinsame Essen im Rahmen der Familie oder unter Freunden.
- Halten Sie Essen und Trinken frei von anderen Beschäftigungen wie Zeitung- oder E-Mails-Lesen, Telefonate-Führen. Essen Sie nicht aus Langeweile oder »nebenher« als Freizeitbeschäftigung! Sonst wissen Sie schon kurz darauf nicht mehr, was Sie gegessen haben und wie es geschmeckt hat.
- »Frühstücke wie ein Kaiser, speise zu Mittag wie ein König und esse abends wie ein Bettelmann«, sagt der Volksmund. Auch die traditionelle chinesische Medizin, die jedem Organ eine bestimmte Zeit der Hauptaktivität zuordnet, empfiehlt ein ausgiebiges Frühstück. Der fernöstlichen Lehre zufolge liegt die Zeit der Magenaktivität zwischen 7 und 9 Uhr morgens. Gönnen Sie sich also ein ausgewogenes üppiges Frühstück, in dem alle Nährstoffgruppen vertreten sind. Zum Abend hin sollten Sie etwa 3 Stunden vor dem Zubettgehen nichts mehr essen.
- Fangen Sie nicht an, Kalorien zu zählen. Der Nutzen ist fraglich, und Sie verderben sich die Freude am Genuss. Es ist vollkommen in Ordnung, auch einmal über die Stränge zu schlagen, solange die Grundernährung im Alltag stimmt.
- Nicht vergessen: Körperliches Training erhöht den Grundumsatz. Sportlich aktive Menschen können mehr essen und sollten sich besser mit Vitaminen und Mineralstoffen versorgen.

- Ist im Büro keine Zeit, um in Ruhe zu essen, verzichten Sie auf schnelle Snacks und Schokoriegel. Stellen Sie eine Schale mit frischem Obst hin (Äpfel, Bananen, Birnen, Pfirsiche, Aprikosen, Erdbeeren), und greifen Sie beherzt zu. Obst verschafft Ihnen mehr Energie als der Schokoriegel, hat 0 Prozent Fett und liefert Ihnen nebenbei noch wertvolle Vitamine, Antioxidantien und sekundäre Pflanzenstoffe.
- Wenn Sie nicht auf Schokolade verzichten wollen (was ich sehr gut verstehen kann), greifen Sie zu Sorten mit hohem Kakaoanteil (möglichst über 70 Prozent). Der Fett- und Zuckeranteil ist wesentlich geringer als bei normaler Schokolade, der glykämische Index ist dementsprechend niedriger, und der Kakao enthält wertvolle Inhaltsstoffe.
- Sparen Sie nicht bei den Lebensmitteln, und gönnen Sie sich qualitativ hochwertige Nahrungsmittel. Im Wort Lebensmittel steckt das Wort »Leben«. Achten Sie also auf frische, »lebendige« Produkte. Denken Sie daran: Ihr Körper ist Ihr Kapital. Sie bestimmen mit Ihren Nahrungsmitteln Ihre Lebensqualität und Ihre Leistungsfähigkeit.
- Sie haben manchmal nicht die Zeit, frische Lebensmittel zu kaufen? Tiefkühlprodukte haben oft eine gute Qualität, vor allem wenn Obst und Gemüse direkt nach der Ernte oder Fisch gleich nach dem Fang gefroren werden.
- Vermeiden Sie bei der Zubereitung von Gemüse langes Kochen. Ein Großteil der Vitamine und Enzyme, die das Gemüse so wertvoll machen, wird zerstört, wesentliche Mineralstoffe werden ins Kochwasser gespült. Und verzichten Sie, wenn möglich, darauf, Obst und Gemüse zu schälen. Die Schale und die darunter befindliche Schicht sind meist reich an Vitaminen, Antioxidantien und sekundären Pflanzenstoffen.
- Bevorzugen Sie Nahrungsmittel mit einem niedrigen glykämischen Index (siehe Seite 152) und einem hohen Ballaststoffanteil.

Nudeln und Reis kochen Sie am besten al dente. Sie vermeiden auf diese Weise einen rapiden Anstieg des Blutzuckerspiegels, eine massive Insulinfreisetzung und Heißhungerattacken. Verwenden Sie nicht das Standardmehl E105, dem nahezu alle Inhaltsstoffe wie Vitamine und Mineralstoffe entzogen wurden. Besorgen Sie sich stattdessen ein vollwertiges Mehl.

- Bei Milchprodukten empfiehlt es sich, auf Light-Produkte umzustellen. Die hochwertigen Proteine bleiben erhalten, der Anteil an gesättigten Fettsäuren sinkt.
- Trinken Sie zu den Mahlzeiten ausreichend Flüssigkeit, am besten Mineralwasser. Auf diese Weise wird der Dehnungsreiz des Körpers eher erreicht. Das Sättigungsgefühl setzt früher ein. Langsames Essen und gutes Kauen bereiten die Nahrung optimal vor für die weitere Verdauung und fördern das Bewusstsein für das, was Sie essen. Deshalb wird das Sättigungsgefühl viel früher wahrgenommen als beim hastigen Herunterschlingen.
- Beginnen Sie Ihren Tag zusätzlich zu Kaffee oder Tee mit einem großen Glas Wasser. So füllen Sie den Flüssigkeitsverlust wieder auf, der in der Nacht auch bei Ihnen angefallen ist. Reduzieren Sie, falls notwendig, Ihren Alkoholkonsum. Trinken Sie aus Genuss und nicht, um die Nerven zu beruhigen! Versorgen Sie sich den ganzen Tag über mit so viel Flüssigkeit, dass ein Durstgefühl gar nicht erst aufkommt. Stellen Sie sich zwei große Flaschen (stilles) Wasser an Ihren Arbeitsplatz, und nehmen Sie sich vor, diese leer zu trinken.

Zum Abschluss stelle ich Ihnen einige Gerichte vor, die ausgewogen und gesund sind – und die ich selber gerne esse. Mit Ausnahme des Frühstücks stammen die meisten aus der mediterranen Küche. Sie ist traditionell reich an Obst und Gemüse, schonend in der Zubereitung – und ausgesprochen köstlich.

Frühstück

Müsli Es gibt kaum eine bessere Energiequelle für den Start in den Tag. Jamie Oliver, der englische Kultkoch, bezeichnet Müsli als Turbolader. Die optimale Zusammensetzung von Kohlenhydraten, Ballaststoffen, Eiweiß, Mineralstoffen und Vitaminen macht auf vernünftige Weise und nachhaltig satt. Achten Sie beim Kauf auf hohe Qualität ohne Zuckerzusatz. Am besten stellen Sie sich Ihr Müsli selbst zusammen, besonders gut und nahrhaft ist die Variante mit frisch geschrotetem Korn. Bereichern Sie Ihr Frühstück mit frischem oder getrocknetem Obst. Äpfel, Bananen, Erdbeeren, Birnen, Aprikosen, Pfirsiche – Ihrer Phantasie sind keine Grenzen gesetzt. Eine Beerenmischung ist als Tiefkühlkost problemlos erhältlich und liefert viele Vitamine und Antioxidantien. Ein wahres Enzym- und Vitaminpaket ist Ananas. Mischen Sie ruhig einige Walnüsse, Mandeln oder Pistazien unter. Nüsse liefern wertvolle Mineralstoffe, Vitamine (insbesondere Vitamin E) und ungesättigte Fettsäuren. Geben Sie fettarme Milch oder Sojamilch dazu. Legt man das Müsli am Abend zuvor ein, wird es in seiner Konsistenz dem Birchermüesli sehr ähnlich.

Frühstücksbrot Wenn Sie morgens Brot bevorzugen, dann nutzen Sie die Kraft der Natur und bringen Vollkornprodukte auf den Tisch. In jeder größeren Stadt gibt es mittlerweile Bäckereien, die vollwertige Brote und Brötchen aus naturbelassenen Zutaten anbieten. Eine Rolle spielt natürlich auch der Brotbelag. Meiden Sie Wurstprodukte und Butter. Wählen Sie möglichst fettarme Milchprodukte, Käse oder Aufschnitt. Köstlich ist auch selbst zubereitetes Kompott aus frischen Früchten.

Deftig Einen optimalen Proteinschub bieten Eier, zum Beispiel als Rührei oder Omelett. Trennen Sie bei drei Eiern das Eigelb, und verwenden Sie das Eiweiß, geben Sie nur das vierte Ei ganz dazu. Die Pfanne sollten Sie mit Olivenöl einstreichen. Je nach Geschmack können Sie Tomaten, Paprika oder Pinienkerne hinzugeben. Egal ob Brot oder Ei: Etwas frisches Obst gehört auf jeden Fall zu einem guten Frühstück.

Zwischenmahlzeiten

Frühstück, Mittag- und Abendessen bleiben Hauptmahlzeiten. Kleine Happen dazwischen, etwa alle 2–3 Stunden, sind wichtiger Bestandteil eines ausgewogenen Ernährungsplans. Auf diese Weise vermeiden Sie die Hungerattacke am Feierabend. Frisches Obst oder auch frische Karotten, Gurken, Kohlrabi etc. lassen sich problemlos in den Alltag integrieren, da keine große Zubereitung nötig ist. Sie lassen sich hervorragend mit fettarmem Joghurt oder Magerquark kombinieren und erfüllen ihren Zweck besser als jeder Schokoriegel.

Mittagessen

Das Mittagessen ist ein wesentliches Hauptgericht, es sollte nicht ausgelassen werden. Die vorgestellten Gerichte geben ein paar Anregungen auf diesem weiten und vielfältigen Gebiet. Gerade bei den zu Recht beliebten Pasta-Rezepten kommt es auf die richtige Zubereitung an. Es ist wichtig, gute Nudeln zu verwenden und sie al dente zu kochen. Der Zeitaufwand dafür ist überschaubar. Und eine köstliche Sauce dazu zu zaubern ist leichter, als Sie glauben. Schon ein aromatisches Olivenöl »extra vergine«, ein paar Gewürze und etwas Parmesan bringen ein köstliches Ergebnis. Das Ganze können Sie mit Fisch oder Fleisch kombinieren, mit Kräutern, Tomaten, Spargel, Fenchel. Lassen Sie Ihrem Einfallsreichtum freien Lauf!

Die Portionen sind etwa für 4 Personen berechnet.

Tomatensauce

- etwa 4–6 Esslöffel Olivenöl (extra vergine)
- 500 g Tomaten (Fertig verarbeitet und grob gehackt heißen sie Passata Rustica. Das ist praktisch und spart ein wenig Zeit.)
- je nach Geschmack 2–4 Knoblauchzehen in feine Streifen geschnitten
- 5 Esslöffel schwarze Oliven ohne Kern
- je nach Geschmack 3 Esslöffel Kapern
- 40 g Parmesankäse

Erhitzen Sie das Olivenöl in einer Pfanne, und dünsten Sie darin den Knoblauch, bis er leicht braun wird. Lassen Sie das Öl aber nicht zu heiß werden, sonst verliert der Knoblauch seinen Geschmack. Anschließend Tomaten und Oliven hinzugeben, mit Pfeffer und Salz abschmecken, etwa 10–15 Minuten köcheln lassen. Vor dem Servieren die Kapern dazu und das Ganze über die Pasta Ihrer Wahl geben. Raspeln Sie ruhig etwas Parmesankäse darüber. Das schmeckt gut und liefert wertvolle Proteine. Diese Sauce können Sie nun nach Herzenslust variieren. Braten Sie zum Beispiel Scampis oder Garnelen mit an, oder tauschen Sie die Oliven gegen Fenchel aus. Sie mögen es scharf? Dann lassen Sie einige Peperoni mitköcheln.

Nudeln mit Brokkoli

- etwa 4 Esslöffel Olivenöl
- 500–800 g Brokkoli (frisch oder tiefgefroren)
- 3 Knoblauchzehen
- Wer es scharf mag: frische oder getrocknete Peperoni- oder Chilischote
- frisch gemahlener Pfeffer und Salz
- Nudeln (am ehesten eignen sich Penne Rigate)
- einige Esslöffel Gemüsebrühe

Den gereinigten und an den Stielen geschälten Brokkoli in etwa 3 Liter kochendem Wasser 8 Minuten kochen. Bei frischem Brokkoli empfiehlt es sich, die Stiele von den Röschen zu trennen und 5 Minuten vorzukochen.

Dann die Röschen bei geringerer Hitze für weitere 5 Minuten blanchieren. Den Brokkoli abschöpfen und kalt abschrecken. In das kochende Brokkoliwasser die Nudeln geben und al dente kochen. In der Zwischenzeit in einer Pfanne das Olivenöl vorsichtig erhitzen, die in feine Streifen geschnittenen Knoblauchzehen mit dem Brokkoli andünsten. Die ebenfalls in feine Streifen geschnittene Peperoni einrühren. Einige Esslöffel Gemüsebrühe zufügen. Die fertigen Nudeln in die Pfanne geben und alles gut vermischen.

Spaghetti mit grünem Spargel

- 8–10 Esslöffel Olivenöl
- 400 g Cocktailtomaten
- 1 Bund grüner Spargel
- 3 Stangen Frühlingslauch
- Salz, Pfeffer
- 100 ml Gemüse- oder Hühnerfond
- nach Wunsch etwas Käse, zum Beispiel 100 g jungen Ziegenkäse

Waschen und vierteln Sie die Cocktailtomaten. Die unteren Spargelenden werden abgeschnitten (ca. 1 cm) und das untere Drittel geschält. Den so bearbeiteten Spargel in sprudelnd kochendem Salzwasser 2 Minuten kochen und anschließend sofort in Eiswasser abkühlen. Danach legen Sie den Spargel auf ein Tuch. Der grüne Spargel ist übrigens der »ursprüngliche« Spargel. Er ist reicher an Nährstoffen, Antioxidantien und sekundären Pflanzenstoffen als weißer Spargel.

Entfernen Sie nun vom Frühlingslauch die äußeren Blätter, die Wurzeln und dunkelgrünen Enden. Waschen Sie die Stangen ab und schneiden sie in etwa 0,5 cm breite Ringe. Jetzt den Spargel in mundgerechte Stücke schneiden.

Nudelwasser zum Kochen bringen und die Spaghetti nach Packungsangabe al dente kochen. Währenddessen Olivenöl in einer Pfanne erhitzen, Frühlingslauch und Spargel darin bei mittlerer Temperatur anbraten und mit Salz und Pfeffer würzen. Den Gemüsefond und die Tomatenviertel zufügen und ein bis zwei Minute erwärmen. Die fertigen Spaghetti mit dem Gemüse mischen. Mit etwas Pfeffer und Salz abschmecken. Sehr gut schmeckt dazu Ziegenkäse. Schneiden Sie diesen in Stücke, und geben Sie ihn über die Pasta.

Spargel-Risotto

- 5 Esslöffel Olivenöl
- 500 g grüner Spargel
- 30 g weiße Zwiebeln, fein gewürfelt
- 200 g Risottoreis
- 100 ml Weißwein
- 400–500 ml heißer Hühnerfond (oder Spargelfond)
- 30 g geriebener Parmesan
- nach Belieben Kerbelblättchen
- etwas Zitronensaft
- Salz, frisch gemahlener Pfeffer

Schneiden Sie die unteren Enden des Spargels ab (ca. 1 cm). Schälen Sie die unteren Drittel der Spargelstangen, trennen Sie die Spargelköpfe ab und legen Sie diese beiseite. Den übrigen Spargel schneiden Sie in kleinere Stücke und kochen ihn etwa 20 Minuten in knapp 1 Liter Salzwasser. Anschließend aus dem Wasser holen und pürieren (mit einem Pürierstab oder durch ein Sieb). Das Spargelwasser wird weiterverwendet, der pürierte Spargel kommt zurück in das Wasser.

Das Olivenöl in einem Topf erhitzen. Zwiebelwürfel darin andünsten, so dass sie nicht braun werden. Spargelspitzen kurz dazugeben und wieder herausnehmen. Dann Risottoreis zufügen und 5 Minuten andünsten, bis er glasig wird. Dabei ständig rühren. Mit Weißwein ablöschen und weiterrühren, bis die Flüssigkeit fast aufgesogen ist. Jetzt die kochend heiße Spargelbrühe nach und nach dazugießen und unter ständigem Umrühren den Reis köcheln und ausquellen lassen.

Nach ca. 20–25 Minuten, wenn der Reis gar ist, aber noch etwas Biss hat, Parmesan und Kerbel unterrühren. Mit Zitronensaft, Salz und Pfeffer abschmecken. Spargelspitzen in restlichem Olivenöl in einer Pfanne bei mittlerer Temperatur anbraten. Mit Salz und Pfeffer würzen und über das Risotto geben. Sofort servieren.

Die Variationsmöglichkeiten, was den Fisch angeht, sind so vielfältig wie das Sortiment im Fischgeschäft. Deshalb hier nur ein Gericht, das ich persönlich sehr mag. Das Schöne an diesem Rezept ist, dass es schnell zuzubereiten ist und leicht gelingt. Es ist weitgehend dem Buch *Kochen für Freunde* von Jamie Oliver entnommen.

Gegrillter Schwertfisch wahlweise mit grünen Bohnen oder gemischtem Salat

- 3 Esslöffel Olivenöl
- 4 Scheiben Schwertfisch
- frisch gemahlener Pfeffer und Salz
- etwa 2 Hand voll gar gekochte grüne Bohnen
- gemischter Salat für etwa 4 Personen (Rucola, Blattsalate, Radicchio etc.)
- Zitronen-Olivenöl-Dressing (Olivenöl, Zitronensaft, Pfeffer und Salz)
- alternativ: Tomatensauce wie beschrieben, aber ohne Oliven

Reiben Sie den Schwertfisch mit Öl, frisch gemahlenem Pfeffer und Salz ein, und braten Sie ihn in einer stark erhitzten Grillpfanne mit ein wenig Olivenöl an. Schwertfisch eignet sich auch für den häuslichen Grill. Den Salat mit etwas Dressing zubereiten, die grünen Bohnen dazugeben, den Fisch in kleine Stücke schneiden und untermischen.

Salate Verwenden Sie Salate regelmäßig als wertvolle Beilage, und lassen Sie sich die enthaltenen Vitamine, Antioxidantien und sekundären Pflanzenstoffe nicht entgehen. An Blattsalaten, Rucola, Radicchio, Chicorée, Feldsalat können Sie sich satt essen, ohne übermäßig Kalorien zu bunkern. Mit einer größeren Menge oder reichhaltigeren Zutaten, wie gebratenen Putenbruststreifen oder Fisch, wird aus einem Salat eine vollwertige Mahlzeit.

Das Dressing für den Salat muss nichts Kompliziertes oder Langwieriges sein. Mein Grundrezept:

- etwa 5 Esslöffel Olivenöl
- etwa 2 Esslöffel Balsamico-Essig
- gemischte Kräuter (frisch oder tiefgefroren)
- Prise Pfeffer und Salz
- nach Geschmack: eine knappe Hand voll geröstete Pinienkerne

Geben Sie die Zutaten in ein Gefäß, das Sie fest verschließen können, und mischen Sie durch Schütteln. Wahlweise können Sie Dijon-Senf dazugeben, Knoblauch, Zwiebeln oder klein gehackte Tomaten. Statt Balsamico ist Kräuter- oder Rotweinessig eine schmackhafte Alternative. Sie mögen die pikante Variante? In italienischen Feinkostgeschäften gibt es getrocknete und zerkleinerte Chilischoten. Eine Prise dazu, und schon ist Ihre Salatsauce schön scharf.

Brot Vollkornbrot ist unter ernährungsphysiologischen Aspekten das Beste, was Sie Ihrem Körper geben können. Zu manchen Speisen, wie Salat oder Pasta, mag ich persönlich lieber italienisches Brot, ob köstliches Landbrot oder ein frisches Ciabatta, mit dem man die Saucenreste so wunderbar aufnehmen kann. Auch wenn der glykämische Index hoch ist.

Die Ernährungsvielfalt ist ungeheuer groß. Und die beschriebenen Speisen stellen wie gesagt nur einen Teil meiner persönlichen Favoriten dar.

> Die Welt des Geschmacks ist groß und bunt – und international. Köstliche und gesunde Gerichte finden Sie in vielen Kulturen. Ob chinesische, japanische, indische oder afrikanische Küche – entscheidend für Ihre Gesundheit und Leistungsfähigkeit sind die Qualität der Lebensmittel, die Ausgewogenheit der Zusammenstellung und die intelligente Zubereitung. Wichtig ist selbstverständlich auch das rechte Maß. Und dafür sind Sie zuständig!

Ausblick: Weichenstellungen für die zweite Lebenshälfte

Es ist unser ureigenes Interesse, gesund und leistungsfähig zu sein und uns wohl zu fühlen. Wir alle wollen ein interessantes und faszinierendes Leben führen – nicht nur heute und morgen, sondern bis ins hohe Alter. Und dieser Wunsch ist nicht unrealistisch. Denn wir werden immer älter, die allgemeine Lebenserwartung in den wohlhabenden Industrienationen steigt. In Deutschland können Männer heute damit rechnen, 74 Jahre alt zu werden, bei Frauen sind es sogar 81 Jahre.

Der Lebenszenit hat sich nach hinten verschoben. Mit 37 beziehungsweise 40 ist gerade mal Halbzeit. Der so genannte Lebensabend ist alles andere als ein Ausklang, und der Ruhestand kein Abschied vom aktiven Leben. Eine neue Generation von Senioren in guter körperlicher Verfassung besucht im Rentenalter noch einmal die Uni, unternimmt die lange aufgeschobenen Reisen und sorgt auch sonst kundig für Lebensqualität.

Es gibt viele Menschen im zweiten Lebensabschnitt, die uns vorleben, dass Aktivität und Kreativität, körperliche und geistige Vitalität fester Bestandteil des Alters sein können. Es sei hier nur an John Glenn erinnert, der mit 75 Jahren noch in den Weltraum flog, um dort wissenschaftliche Experimente durchzuführen. Er selbst glaubt übrigens, dass er seine Vitalität dem körperlichen Training verdankt. Auch Clint Eastwood gehört zu diesen Mut machenden Vorbildern.

Sicher wollen auch Sie im Alter Ihre Wünsche nach vorne richten den Horizont erweitern, sich fordern und weiterentwickeln – ohne dass Ihnen körperliche oder geistige Gebrechen den Spaß an diesem stärker von Freizeit geprägten Lebensabschnitt verderben. Mit den drei Bausteinen des vorgestellten Aktivplans sorgen Sie aktiv für eine solide Grundlage.

Mit den richtigen Strategien können wir viele der heute noch mit dem Alter assoziierten Beschwerden vermeiden. Wir können würdevoll älter werden und dabei, bezogen auf unser tatsächliches Lebensalter, länger »jünger« bleiben als alle Generationen vor uns. Vor dem Hintergrund des verbreiteten Wohlstands und der hervorragenden medizinischen Bedingungen kommt es wesentlich auf uns selbst an. Durch ein vernünftiges Gesundheitsverhalten und kluge Ernährung, sportliches Training und einen entspannten, abwechslungsreichen Lebensstil kann unser Älterwerden ein Prozess von hoher Qualität werden.

Eins müssen wir allerdings akzeptieren: Altern ist ein physiologischer Prozess, den alle Lebewesen durchschreiten. Schlagworte wie »Forever Young« sind leere Versprechungen – und aus meiner Sicht kontraproduktiv, weil sie eher dazu beitragen, den natürlichen Alterungsprozess auszublenden. Der Zwang, körperlich immer jung bleiben zu wollen, bringt kein Plus an Lebensqualität, sondern führt zu psychischem Stress. Und das Scheitern ist vorprogrammiert. Denn die ersten Spuren des Alters werden irgendwann unweigerlich sichtbar – selbst wenn es nur äußere Veränderungen wie Falten oder Haarverlust sind. Eignen wir uns aber die richtigen Kompetenzen an, können wir den zweiten Lebensabschnitt optimistisch angehen und mit Würde, Stil und Genuss gestalten.

Es soll nicht in Abrede gestellt werden, dass bei der Gesundheit Faktoren eine wesentliche Rolle spielen, die wir nicht selbst beeinflussen können, zum Beispiel die genetische Anlage. Viele Gesundheitsstörungen, die allgemein dem Alter zugeschrieben werden, sind aber typische Zivilisationskrankheiten – und somit auch durch uns beeinflussbar. Bluthochdruck, Arterienverengung und Diabetes sind Folgen unseres Lebensstils und unserer Ernährungsweise. Sie gehören nicht zwangsläufig und unausweichlich zum Alterungsprozess, auch wenn das von vielen Menschen so hingenommen wird.

Die vorrangigen Todesursachen in den wohlhabenden Staaten sind Krebs und Herz-Kreislauf-Erkrankungen wie Herzinfarkt und Schlaganfall. Und die Mediziner sind sich einig: Hauptrisikofaktoren für diese Krankheiten sind ungesunde Ernährung und chronisches Übergewicht sowie mangelnde Bewegung. Hinzu kommen Alkohol und Nikotin, Stress und Umweltbelastungen. Alle diese Faktoren entfalten ihre negative Wirkung langfristig und im Zusammenspiel – also wenn sie im individuellen Lebensstil fest verankert sind. Deshalb ist die Änderung der eigenen Lebensweise der richtige Ansatzpunkt. Und deshalb sind die Weichenstellungen in der Lebensmitte so entscheidend für ein gutes Älterwerden.

Alterserscheinungen – und was Sie dagegen tun können

- **Zivilisationskrankheiten** wie Diabetes (Typ II), Arteriosklerose, Bluthochdruck und die mit ihnen verbundenen Folgebeschwerden wie Herzinfarkt oder Schlaganfall sind keine unausweichlichen Alterserscheinungen. Sie sollten sie bereits hier und heute aktiv verhindern, durch vernünftige Ernährung und Gesundheitssport (siehe Seite 186–188, 49–56). Unterstützen Sie Ihre Körperabwehr durch Bewegung, gute Versorgung mit Nährstoffen und Antioxidantien und ausreichend Erholung; meiden Sie Risikofaktoren wie Nikotin und zu viel Alkohol. So schützen Sie sich vor Krebserkrankungen und erreichen eine wesentliche Entlastung für Ihre zweite Lebenshälfte.

- **Haut und Haare** Die Struktur der Haut verändert sich mit den Jahren. Hier können Sie außer einer schonenden Körperpflege und einem vorsichtigen Umgang mit »Sonnenbädern« wenig tun. Akzeptieren ist angesagt. Entwickeln Sie Charakter, und erklären Sie Ihre Falten zu Lebenslinien. Denn so ist es auch: Im Laufe der Zeit zeichnet sich Ihre innere Grundhaltung immer deutlicher in Ihren Gesichtszügen ab. Dass Sie auf Ihre innere Einstellung, auf Ihr Wohlbefinden und Ihre Lebensqualität Einfluss nehmen können, haben Sie in diesem Buch ja schon erfahren (siehe Seite 120–123). Auch bei den Haaren können wir den natürlichen Alterungsprozess nicht aufhalten, sondern durch künstliche Eingriffe lediglich abmildern. Die Farbstoffbildung geht zurück, die Haare werden grau. Die meisten Männer müssen sich darüber hinaus mit einem deutlichen Rückgang der Menge abfinden – und zwar allen Versprechungen der Haarwuchsmittelindustrie zum Trotz. Machen Sie graue Strähnen oder Schläfen zu Ihrem Markenzeichen!

- **Zähne** Dank guter Zahnmedizin sind in unseren Breitengraden die Zeiten der zahnlosen alten Menschen vorbei. Und Sie haben gute Chancen, ohne »dritte Zähne« durchs Leben zu kommen – wenn Sie Ihre Zähne bereits seit langem gut pflegen. Denn mangelnde Pflege und fehlende Kontrolle durch den Zahnarzt sind ein größeres Manko als der »Zahn der Zeit«.

- **Sehkraft** Mit der Lesebrille zu Beginn der zweiten Lebenshälfte müssen Sie rechnen. Bei einigen ist später dann eventuell die operative Ersetzung einer getrübten Linse (grauer Star) notwendig. Lästige Begleiterscheinungen, die aber Ihre Lebensqualität nicht nachhaltig beeinträchtigen.

- **Körperkraft** Wenn man nichts dagegen tut, schwindet die Muskelkraft kontinuierlich ab dem 30. Lebensjahr. Die negativen Folgen für Beweglichkeit, Bewegungsapparat und Stoffwechsel sind gravierend (siehe Seite 84 – 85). Mit Sport und regelmäßigem Krafttraining arbeiten Sie diesem Prozess effektiv und nachhaltig entgegen. Die besten Voraussetzungen für ein kraftvolles Alter schaffen Sie sich, indem Sie so gut trainiert wie möglich in die zweite Lebenshälfte starten. Aber auch später noch können Sie Ihre Muskulatur jederzeit auf- und ausbauen.

- **Knochen und Gelenke** Ein gewisser Gelenkverschleiß ist physiologisch, das heißt, vollkommen natürlich. Stretching, Bewegung und ein moderates Krafttraining unterstützen und schützen Ihre Gelenke merklich. Beginnen Sie also so früh wie möglich damit.

Übergewicht sollten Sie entschieden abbauen. Je eher, desto besser. Wie das auf gesunde Art und Weise gelingt, haben Sie in diesem Buch erfahren. Ein spezielles Thema ist der Knochenabbau bei Frauen durch Osteoporose. Hier kann man präventiv eine Menge tun durch Sport (siehe Seite 55/56) und eine vitamin- und mineralienreiche Ernährung (siehe Seite 171).

Beweglichkeit und Koordination Alles, was zur Bewegungsarmut und ihren negativen Folgen gesagt wurde, trifft auf das Alter in verstärktem Maße zu. Wer nicht rechtzeitig mit einem gezielten Bewegungsprogramm beginnt, sondern stattdessen den Lebensabend lang die Füße hochlegt, der wird steif, unbeweglich und unsicher auf den Beinen – einmal abgesehen von den negativen Folgen für Muskulatur, Stoffwechsel und Hirnleistung. Wissenschaftliche Untersuchungen haben gezeigt, dass Senioren, die regelmäßig ihre Beweglichkeit und Balance trainieren, deutlich seltener stürzen als ihre Altersgenossen, die auf solche Übungen verzichten. Das direkte Zusammenspiel von Körper und Gehirn senkt die Gefahr von Knochenbrüchen. Die Betroffenen waren durch das Training im Alltag gangsicherer und konnten ihr Gleichgewicht besser halten. Gerade für ältere Menschen sollten regelmäßige Bewegung und Koordinationsübungen daher auf dem Wochenplan stehen.

Hirnleistung Gedächtnis und Denkvermögen verändern sich im Alter – allerdings in Abhängigkeit von den Lebensumständen. Über den positiven Einfluss von Ausdauersport auf die Hirnleistung auch bei Senioren wurde schon berichtet (siehe Seite 53/54). Der Alterungsprozess ist nicht nur körperlich abbremsbar, sondern auch bezogen auf unser Denken und Gehirn. Lange Zeit wurde angenommen, dass sich das einmal ausgereifte Gehirn nur noch durch Abbauprozesse verändern könne. Heute weiß man, dass unser Gehirn auch im Erwachsenenalter plastisch auf veränderte Situationen reagiert und sich anpasst. Es ist möglich, sein Gehirn bis ins hohe Alter weiterzuentwickeln. Und es ist wichtig, diese Chance auch zu ergreifen. Sorgen Sie schon jetzt für vielfältige Interessen und Anregungen, dann haben Sie eine selbstverständliche Grundlage, auf der Sie aufbauen können, wenn durch den Ruhestand eine wesentliche Herausforderung aus Ihrem Leben verschwindet. Halten Sie Ihren Geist auf gleiche Weise in Bewegung wie Ihren Körper!

■ **Sexualität** Ja, es gibt hormonelle Veränderungen jenseits der 50, bei Männern wie bei Frauen. Aber ein Verlust an Libido ist damit nicht automatisch verbunden. Entscheidender für die Sinnenfreude sind Gesundheit, körperliche Fitness und nicht zuletzt: die Selbstwahrnehmung. Mit dem Zuwachs an Lebenserfahrung und einer Portion Mut, gesellschaftliche Erotik-Klischees für sich frei umzudeuten, steht einer erfüllten, genussvollen Sexualität bis ans Lebensende nichts entgegen.

Den meisten von uns ist das Thema der privaten Altersversorgung und Vermögenssicherung vertraut. Überlegungen dieser Art werden wir uns in Zukunft auch auf dem Gebiet der Gesundheitsversorgung machen. Es ist eine Tatsache, dass nicht nur wir älter werden und die Lebenserwartung weiter ansteigt – unsere Gesellschaft insgesamt altert. Schon jetzt hat die demografische Entwicklung die Alterspyramide zugunsten der »Alten« verschoben, und dieser Trend wird sich spürbar verstärken.

Man muss kein Prophet sein, um vorherzusehen, dass unser Gesundheitssystem in seiner jetzigen Form bei der bestehenden Bevölkerungsdynamik früher oder später nicht mehr zu halten sein wird. Zunehmend werden wir, die wir eine Rundumversorgung durch Krankenkassen und die sozialen Systeme des Staates gewöhnt waren, die Kosten für Arzt- oder Krankenhausbehandlungen selbst tragen müssen.

Für die Planung Ihrer zweiten Lebenshälfte ist es wichtig, die Probleme, die sich aus der Bevölkerungsentwicklung ergeben, in den Blick zu nehmen und in Ihre Überlegungen einzubeziehen. Sie sind ein guter Grund mehr, bewusst in Ihre körperliche und geistige Fitness zu investieren.

Es gilt mehr denn je, unsere körperlichen und geistigen Ressourcen optimal einzusetzen und präventiv achtsam mit unserem wichtigsten Gut umzugehen, der Gesundheit. In Zukunft wird es weniger darauf ankommen, wie *alt* wir werden, sondern *wie* wir alt werden. Denn: Was nützt eine hohe Lebenserwartung und eine bequeme finanzielle Basis, wenn wir unser Alter nicht selbstständig in die Hand nehmen können, sondern auf die Hilfe anderer angewiesen sind.

In der Einführung habe ich Sie aufgefordert, eine Vision zu entwickeln, wie Sie sich hier und jetzt rundum wohl und zufrieden fühlen würden. Gehen Sie jetzt, am Ende dieses Buches und nach all dem, was Sie an praktischen Anregungen erhalten haben, einen Schritt weiter: Nehmen Sie sich einen Moment Zeit, und stellen Sie sich, möglichst plastisch, Ihr Leben mit 70 vor. So wie Sie es sich wünschen. Welche Qualitäten und Kompetenzen, welche Betätigungen kommen Ihnen in den Sinn? Gesundheit, Gelassenheit, geistige Frische, körperliche Beweglichkeit, Unternehmungsgeist?

Wie Sie den richtigen Weg zu diesem Ziel einschlagen, wissen Sie nach der Lektüre dieses Buches. Sorgen Sie für ausreichend Bewegung und Erholung, eine gute Versorgung mit Nähr- und Vitalstoffen und Flüssigkeit. Bauen Sie verlässliche soziale Bindungen auf – und ein Selbstbild, das von Optimismus und Eigenwert geprägt ist. Auf diese Weise halten Sie eine Vielzahl von Möglichkeiten in der Hand, Ihre Lebensqualität zu steigern sowie körperlich und geistig bis ins hohe Alter leistungsfähig und voller Lebensfreude zu bleiben.

Lassen Sie sich vom Älterwerden nicht stressen: ENTSPANNT GEWINNT! Was sich positiv auf Ihre Lebensqualität auswirkt, steigert in der Regel auch Ihre Lebenserwartung. Und ist Ihr innerer Kompass einmal auf Wohlbefinden und Gesundheit gestellt, werden Sie die entscheidenden richtigen Weichenstellungen ganz von selbst vornehmen.

Tests, Übungen und Trainingsplan

Wie gestresst bin ich?

Testen Sie Ihren Stresspegel

Bei Fragebögen dieser Art haben die meisten von uns eine Hemmschwelle, sich selbst Wahrheiten einzugestehen. Versuchen Sie, alle Fragen des folgenden Tests ganz ehrlich einfach mit Ja oder Nein zu beantworten.

- Regen Sie sich in der letzten Zeit über Dinge auf, die es objektiv gar nicht wert sind, oder fahren Sie schnell aus der Haut und sind gereizt?
- Bekommen Sie in stressbeladenen Situationen das Gefühl, dass Ihr Herz rast, oder fangen Sie an zu schwitzen?
- Versuchen Sie häufig, mehrere Dinge auf einmal zu erledigen?
- Fällt es Ihnen an stressbeladenen Tagen schwer, sich auf eine Sache zu konzentrieren?
- Haben Sie das Gefühl, dass Ihnen auch die Lösung kleiner Probleme zunehmend mehr Kraft raubt?
- Schlafen Sie nachts schlecht ein, weil Alltagsprobleme Sie nicht zur Ruhe kommen lassen?
- Sind Sie chronisch müde, auch wenn Sie scheinbar genug geschlafen haben?
- Sparen Sie aufgrund von Termindruck bei Ihren Zeiten für Regeneration und Schlaf?
- Fühlen Sie sich häufiger unausgeglichen und reizbar als zuvor in Ihrem Leben?
- Haben Sie ständig das Gefühl, unter Zeit- und Termindruck zu stehen?
- Steigt Ihre Angst, bei beruflichen Entscheidungen die fasche Wahl zu treffen?
- Empfinden Sie Ihren Alltag zunehmend als Belastung, fühlen Sie sich wie im Hamsterrad?

- Würden Sie lieber anders leben?
- Kollidieren Job und Privatleben auf eine Weise, dass es deshalb zu Hause zu Streitereien kommt?
- Empfinden Sie die Probleme Ihrer Mitmenschen zunehmend als nebensächlich und störend?
- Haben Sie aufgrund Ihrer Alltagsverpflichtungen das Gefühl, keine Zeit mehr für sich zu haben und zu nichts anderem mehr zu kommen?
- Sind Sie häufig von Ihrem sozialen Umfeld genervt?
- Lassen Sie Ihre privaten Kontakte schleifen?
- Fühlen Sie sich auch an freien Tagen eher lustlos (auch sexuell) und leer, vielleicht sogar ausgebrannt?
- Fühlen Sie sich körperlich häufig angeschlagen und matt?
- Leiden Sie gehäuft unter auftretenden Infektionskrankheiten, Verdauungsstörungen, Spannungskopfschmerzen?
- Essen Sie häufig unregelmäßig und hektisch?
- Sind Sie im Straßenverkehr gereizt, und fahren Sie auch bei dichtem Verkehr aggressiv?
- Trinken Sie regelmäßig Alkohol, um sich zu beruhigen?
- Treiben Sie weniger Sport, als Sie es sich eigentlich wünschen würden?

Je häufiger Sie die Fragen mit Ja beantwortet haben, desto mehr sollten Sie versuchen, Ihre Lebensumstände zu ändern und mehr auf sich achten. Sollten Sie mehr als die Hälfte der Fragen mit Ja beantwortet haben, gibt es in Ihrem Leben zurzeit mehr Stress, als gut für Ihre Gesundheit ist.

Haben Sie Übergewicht?

Die Berechnung des Body-Mass-Index (BMI)

Zur Bestimmung, ob Normgewicht, Unter- oder Übergewicht besteht, hat sich der Body-Mass-Index (BMI) durchgesetzt. Er wird ermittelt, indem das Körpergewicht (in Kilogramm) geteilt wird durch das Quadrat der Körpergröße (in Meter).

$$\text{BMI} = \frac{\text{Körpergewicht in Kilogramm}}{(\text{Körpergröße in Metern})^2}$$

Beispiel: ein 80 Kilogramm schwerer Mann mit einer Körpergröße von 1,80 Metern

$$\frac{80}{3{,}24} = \text{BMI } 24{,}7$$

Der Nachteil dieses Verfahrens liegt darin, dass die Zusammensetzung der Körpergewebe nicht berücksichtigt wird. Deshalb gibt der BMI nur eine grobe Orientierung. Das spezifische Gewicht von Muskulatur ist höher als das von Fettgewebe. Und so landet ein muskulöser Mensch unter Umständen in der Gruppe der Übergewichtigen, obwohl er schlank und äußerst fit ist. Andersherum können Menschen, die scheinbar schlank sind, durchaus einen erhöhten Anteil von Fettgewebe aufweisen, der die Entstehung von Zivilisationskrankheiten begünstigt.

Eine zuverlässigere Bestimmung leisten so genannte Körperimpedanz-Geräte, die den genauen Anteil des Körperfettes berechnen können. Die im Handel erhältlichen Körperfettwaagen geben allerdings häufig nicht die wirklichen Verhältnisse wieder. Wissenschaftlich hat sich die Meinung durchgesetzt, dass es besser ist, ein paar Kilos mehr zu haben und fit zu sein, als sich dem BMI entsprechend im Normbereich zu bewegen, aber untrainiert zu sein. Andererseits ist der BMI sicher und einfach festzustellen und bietet eine relativ gute erste Standortbestimmung. Die untere Tabelle gibt Ihnen Aufschluss über Ihren bestehenden Ernährungs- und Risikozustand:

BMI- Klassifikation:	BMI (kg/m^2)
Untergewicht:	**<18,5**
Normalgewicht:	**18,5 – 24,9**
Grad I: Übergewicht:	**25 – 29,9**
Grad II: Adipositas:	**30 – 39,9**
Grad III: Morbide Adipositas:	**>40**

Untergewicht Untergewicht kann – in Abhängigkeit von der Ursache – eine ernst zu nehmende Gefahr für Ihre Gesundheit sein. Lassen Sie die Gründe auf jeden Fall von Ihrem Hausarzt klären, und nehmen Sie das geringe Gewicht nicht auf die leichte Schulter. Denn unter Umständen fehlen Ihrem Körper wichtige Nährstoffe.

Normalgewicht Sie bewegen sich im optimalen Bereich.

Gruppe I und II (Übergewicht) In diesem Bereich zeigt Ihre Waage zu viel an. Beim einen mehr, beim anderen weniger. Achten Sie auf ausreichend Bewegung, und überprüfen Sie Ihre Ernährungsgewohnheiten. Sind Sie untrainiert, führen Sie die Gelenke und den ganzen Bewegungsapparat schonend an die Belastung heran. Ein BMI über 28 sollte Sie alarmieren. Entwarnung für Bodybuilder: Gut trainierte, muskulöse Menschen können zu Unrecht in diese Gruppe rutschen. Muskeln sind schwerer als Fettgewebe. Ich gehe davon aus, dass Sie selbst einschätzen können, ob ausgeprägte Muskulatur die Ursache eines erhöhten BMI ist.

Gruppe III (schweres Übergewicht) Spätestens bei einem BMI ab 35 herrscht Alarmstufe Rot und Handlungsbedarf. Ihre Gesundheit ist gefährdet. Bedenken Sie bei der Auswahl der Sie ansprechenden Sportarten Ihr Gewicht. Vergessen Sie nicht, dass bei jedem Joggingschritt etwa das Dreifache Ihres Körpergewichts auf Ihre Fuß-, Sprung-, Knie- und Hüftgelenke trifft. Menschen der Gruppe II bis III sollten auf jeden Fall zunächst eine gelenkentlastende Sportart bevorzugen: Schwimmen, Fahrradfahren oder Nordic Walking.

Welcher Sporttyp sind Sie?

Die Bedürfnisse sind verschieden: Der eine genießt die Zeit beim Joggen, um allein zur Ruhe zu kommen; beim anderen steht der gemeinsame Spaß beim Sport im Vordergrund. Finden Sie durch die Beantwortung der folgenden Fragen heraus, welche Sportart für Sie die richtige ist:

- **1** Treiben Sie Sport, um gesund und fit zu bleiben?
- **2** Wenn Sie Sport treiben: Nutzen Sie diese Zeit am liebsten nur für sich, oder bevorzugen Sie Gesellschaft und soziale Kontakte?
- **3** Nutzen Sie Sport zur Entspannung, oder ist Sport immer auch eine Herausforderung für Sie?
- **4** Ist der Sport Ihr Ausgleich für berufliche Belastungen?
- **5** Sind sportliche Wettkämpfe für Sie wichtig, um motiviert zu bleiben?
- **6** Suchen Sie im Sport Ihre körperlichen Grenzen?
- **7** Sollte Sport für Sie immer auch etwas Spielerisches haben?
- **8** Üben Sie Sport am liebsten unter freiem Himmel in der Natur aus?
- **9** Treiben Sie gar keinen Sport?

Auswertung der Fragen

Zu **1**: Mit dieser Einstellung liegen Sie goldrichtig. Sport ist der wichtigste Baustein, um Alltagsstress abzubauen und sich aktiv zu erholen. Wie beschrieben, lässt sich die Erholung von den Stressoren des Alltags am besten durch eine mäßige Ausdauerbelastung erreichen. Durch eine Aktivierung des kompletten Stoffwechsels und einer vermehrten Durchblutung aller Organe und des Gehirns kommt es zu körperlicher und geistiger Regeneration.

Zu **2**: Sie sind ein Mensch, der die Zeit beim Sport am liebsten allein zum Nachdenken als Eigenzeit nutzt? Optimal für Sie sind die langsamen, ruhigen Ausdauersportarten wie Walking, Jogging, Fahrradfahren oder Schwimmen. Sollten Geselligkeit und soziale Kontakte ein wichtiges Motiv für Sie sein, Sport zu treiben, versammeln Sie Freunde um sich, oder schließen Sie sich einem Sportverein Ihrer Wahl an. Mannschaftssportarten wie Fußball oder Basketball bieten einen guten Rahmen. Aber auch Yoga- oder (Aqua-)Gymnastikgruppen geben die Möglichkeit, soziale Kontakte zu erweitern und zu pflegen.

- Zu **3**: Insofern Sie den Sport zur Entspannung nutzen, sind Ausdauersportarten optimal. Sollten Sie die Herausforderung suchen, könnten Sie sich im Ausdauerbereich auf einen Volkslauf oder Marathon vorbereiten. Wettkampfcharakter bieten zum Beispiel auch Rückschlagspiele wie Tennis oder Badminton.
- Zu **4**: Als Ausgleich für die beruflichen Belastungen eignen sich am besten die ruhigen Sportarten, bei denen Sie nicht an Ihre Grenzen gehen. Übermäßig intensive Belastungen sind zusätzlicher Stress für Sie. Und den sollten Sie unbedingt vermeiden.
- Zu **5**: Gegen sportlichen Wettkampf ist nichts einzuwenden. Bedenken Sie jedoch, weshalb Sie den Sport treiben, und vergessen Sie dabei nicht, dass Überforderung ihnen eher schadet, als Ihnen gesundheitlichen Nutzen zu bringen.
- Zu **6**: Sie sind eher jemand, der dazu neigt, sich zu überfordern. Achten Sie beim Sport ganz bewusst auf Ihre Gesundheit, und überschreiten Sie Ihre körperlichen Grenzen nicht. Niemand kann täglich körperliche Höchstleistungen abrufen. Versuchen Sie es trotzdem, erzielen Sie das Gegenteil von dem, was Sie erreichen wollten.
- Zu **7**: Spielerische Sporttypen langweilen sich meist bei den ruhigen Ausdauersportarten. Nehmen Sie einen vernünftiges Maß an Ausdauertraining als konditionelle Vorbereitung für das, was Ihnen Spaß bringt: Mannschaftssportarten oder Rückschlagspiele wie Tennis oder Badminton.
- Zu **8**: Fitnessstudios sind Ihnen ein Graus? Sie sitzen schon den ganzen Tag im Büro und wollen abends einfach nur frische Luft in freier Natur genießen? Mit Ausnahme von Schwimmen (das nur im Sommer gut im Freien möglich ist) werden alle Ausdauersportarten unter freiem Himmel betrieben.

■ Zu **9**: Yoga, Tai-Chi oder Pilates-Training haben auf den ersten Blick nicht viel mit Sport zu tun. In diesem Rahmen können Sie eine Menge für Kräftigung, Dehnung, Entspannung und Koordination tun, ohne dass etwas Sie an Schulsport, Wettkampf oder Sportschau erinnert. Lassen Sie ein gemäßigtes Ausdauertraining aber nicht außer Acht! Spazierengehen, Wandern oder Fahrradfahren bringen ein deutliches Plus für Ihre Gesundheit, wenn Sie Regelmäßigkeit und ein bisschen Schwung hineinbringen.

Wie fit sind Sie?

Bevor es losgeht, sollten Sie ehrlich die folgenden Fragen beantworten:

- Leiden Sie an einem Herzfehler oder an einer Herzerkrankung?
- Verspüren Sie manchmal einen anhaltenden Druck im Brustkorb (länger als 10 Minuten)?
- Haben Sie unter Belastung mitunter Missempfindungen im Brustbereich oder im linken Arm?
- Kommen Sie beim Treppesteigen sehr schnell aus der Puste, oder müssen Sie zum Beispiel nach einer Etage eine Pause einlegen?
- Wird Ihnen schwindelig, wenn Sie schnell gehen?
- Haben Sie Gelenkbeschwerden, sind Ihre Gelenke geschwollen oder entzündet?
- Fühlen Sie sich sehr müde?
- Haben Sie jetzt gerade Fieber?

Wenn Sie eine der Fragen mit Ja beantwortet haben, sollten Sie keine der folgenden Übungen machen und auch nicht mit dem Trainingsprogramm starten, bevor Sie Ihren Hausarzt konsultiert haben.

Es gibt verschiedene Methoden, um zu bestimmen, wie fit Sie sind. Viele populäre Tests arbeiten mit vollkommen überzogenen Anforderungen und einem hierarchischen Klassen- und Punkte-System, das vor allem für Einsteiger kaum geeignet ist, die Motivation zu stärken. Am verlässlichsten ist letztlich immer noch Ihre eigene realistische Selbsteinschätzung. Zum Einstieg hier nun ein paar Basisübungen für den Selbstversuch. Bitte bedenken Sie, dass die Übungen und die Testauswertung für einen Menschen von etwa 40 Jahren angelegt ist. Bei älteren Menschen sinken die angegebenen Ideal- und Normwerte ab.

■ Die **Ausdauerleistungsfähigkeit** testen Sie am besten zunächst im häuslichen Rahmen. Suchen Sie sich dazu eine Stufe oder eine Bank von etwa 40 cm Höhe, und steigen Sie etwa 30-mal pro Minute hinauf, im Wechsel mit dem rechten und linken Bein, etwa 3 Minuten lang. Steigen Sie mit einem Bein auf und ziehen dann das zweite Bein nach, so dass Sie mit beiden Beinen fest auf der Stufe stehen. Steigen Sie hinab, und beginnen Sie den nächsten Aufstieg mit dem anderen Bein. Behalten Sie dabei die ganze Zeit über Ihre Körperspannung und eine aufrechte Körperhaltung.

Atmen Sie während der Belastung ruhig ein und aus. Messen Sie nun unmittelbar nach dem Ende der Belastung für 15 Sekunden Ihren Puls, und multiplizieren Sie den Wert mit 4. Ideal ist ein Wert zwischen 120 und 130, von 131 bis 156 bewegen Sie sich im Normbereich, zu hoch ist ein Wert über 156, der auf einen eher schlechten Trainingszustand hinweist. Je höher Ihre Pulsfrequenz bei diesem Test, desto dosierter sollten Sie in Ihr Trainingsprogramm einsteigen.

■ **Kraft Beine** Setzen Sie sich auf einen Stuhl, verschränken Sie die Arme vor dem Körper, und versuchen Sie, mit einem Bein aufzustehen. Wiederholen Sie das Ganze im Anschluss mit dem anderen Bein.

Klappte das problemlos, mit Wackeln, nur wenn Sie Schwung genommen haben, oder gar nicht?

■ **Kraft Arm-Schulter-Bereich** Knien Sie sich in den Vierfüßlerstand, und stützen Sie die Hände nach vorne ab. Beugen und strecken Sie nun die Arme genauso wie bei Liegestützen. Ideal ist, wenn Sie mehr als 25 Wiederholungen schaffen, 15 bis 25 liegt im Normbereich, unter 15 Wiederholungen bei Männern und unter 10 bei Frauen weisen auf einen eher schlechten Trainingszustand hin.

Sollten normale Liegestütze kein Problem für Sie sein, testen Sie, wie viele Liegestütze Sie in einer Minute schaffen. Zählen Sie dabei nur die Liegestütze, die Sie korrekt ausführen können. Gut Trainierte schaffen zwischen 25 und 30, normal sind 10 bis 25, unter 10 Wiederholungen deuten auf einen schlechten Trainingszustand der Muskulatur.

Kraft Bauchmuskulatur Testen Sie, wie viele Sit-ups/Crunches sie ohne Zeitvorgabe schaffen. Achten Sie dabei auf die richtige Ausführung (siehe Seite 230). Ideal ist eine Wiederholungszahl von über 30, normal sind zwischen 15 und 29 Wiederholungen. Hinweis auf einen schlechten Trainingszustand ist eine Wiederholungszahl von unter 15.

Koordinationsfähigkeit Versuchen Sie, so lange wie möglich auf einem Bein zu stehen. Fällt Ihnen das leicht, dann schließen Sie die Augen. Als weitere Erhöhung des Schwierigkeitsgrads können Sie den Kopf bei geschlossenen Augen in den Nacken legen. Länger als 30 Sekunden brauchen Sie die Übung nicht durchzuführen, dann sollten Sie das Bein wechseln. Idealerweise halten Sie den Einbeinstand bei geschlossenen Augen länger als 10 Sekunden. Zwischen 5 und 10 Sekunden bewegen Sie sich im Normbereich, ein Ergebnis unter 5 Sekunden verweist auf einen schlechten Koordinationszustand.

Beweglichkeit Sie sitzen auf dem Boden, die Beine liegen nah beieinander und sind gerade ausgestreckt, der Rücken ist aufgerichtet. Wenn Sie nun die Arme von den Schultern in gerader Linie ausstrecken und die Hände nach vorne bewegen: Wie weit kommen Sie, ohne den oberen Rücken krumm zu machen?

Fällt Ihnen bereits das aufrechte Sitzen schwer – oder kommen Sie auf Fußhöhe?

Beweglichkeit Stellen Sie sich mit einer Fußlänge Abstand mit dem Rücken zu einer freien Wand. Lehnen Sie sich nun gegen die Wand, die Oberschenkel sind leicht gebeugt, der Rücken liegt mit der ganzen Fläche auf – von den Pobacken bis zu den Schultern. Ihre Arme hängen entspannt neben dem Körper. Führen Sie nun aus dieser Haltung heraus die lang gestreckten Arme in einem ruhigen Halbkreis, bis Sie über dem Kopf mit den Handrücken an die Wand stoßen.

Fiel es Ihnen schwer, das Gesäß an der Wand zu halten, haben Sie gegen Ende ein deutliches Ziehen im oberen Rücken beziehungsweise in den Schultern gespürt, oder ging alles leicht und glatt?

■ **Beweglichkeit** Stellen Sie sich stabil und bequem hin. Führen Sie nun einen Arm über den Kopf nach hinten, so dass die Handfläche sich zum Rücken hin öffnet. Führen Sie den anderen Arm von unten nach hinten, so dass der Handrücken zwischen den Schulterblättern liegt. Versuchen Sie, auf diese Weise die Fingerspitzen der anderen Hand zu berühren.

Empfanden Sie diese Aktion als mühsam, und lagen die Hände nach Ihrem Gefühl weit auseinander, konnten sich die Finger berühren – oder sogar gegenseitig einhaken?

Es macht wenig Sinn, jemandem, der nicht trainiert ist, zu zeigen, dass er bloß wenige Liegestütze, Sit-ups oder Klimmzüge hinbekommt, dass er nach einem Dauerlauf oder ein paar Minuten Seilspringen einen ungesund hohen Puls hat. Hier wie bei den Themen Beweglichkeit und Koordination gilt: Erforschen Sie den Stand Ihrer Fitness vorsichtig beim Praktizieren der Übungen und des Ausdauertrainings, die ich Ihnen in diesem Buch vorschlage. So sind Sie während der Bestandsaufnahme gleich dabei, Ihren Leistungsstand anzuheben.

Die erste wichtige Frage (nach dem Abchecken Ihres Gesundheitszustandes) lautet: Wie lange haben Sie keinen Sport mehr getrieben? Handelt es sich um mehrere Monate oder Jahre, ist es in jedem Fall ratsam, erst einmal mit einem leichten Einsteigertraining zu beginnen, egal ob im Ausdauer- oder Kraftbereich. Denn wie gesagt: Überfordern Sie sich am Anfang körperlich zu sehr, wird Ihre Motivation gleich zu Beginn des Trainings auf eine unnötig harte Probe gestellt. Tasten Sie sich also lieber vorsichtig an Ihre körperliche Belastbarkeit heran, und trainieren Sie eher »untertourig«, als zu überhitzen. Sollten Sie tatsächlich lange Zeit keinen Sport mehr getrieben haben, lohnt es sich zu Ihrer eigenen Sicherheit, Ihr Vorhaben mit Ihrem Hausarzt abzusprechen.

Aus medizinischer Sicht gibt es nahezu keinen Grund, von leichtem Ausdauertraining abzuraten. Ausdauertraining wird mittlerweile als Präventiv- oder Rehabilitationsmethode vieler Beschwerden, vor allem von Herz-Kreislauf-Erkrankungen, eingesetzt. Nachdem Sie sich für eine Sportart entschieden haben und sich gegebenenfalls die entsprechende Ausrüstung zurechtgelegt haben, testen Sie Ihre Fitness am besten selbst aus und steigen ein in das nachfolgende Trainingsprogramm. Der größte Risikofaktor ist überhöhter Ehrgeiz bei mangelnder Vorbereitung und Kondition. Bescheidene Trainingsanfänge kratzen nicht an Ihrer Ehre, sondern sprechen für Ihre Vernunft.

Noch einmal: Am besten war das Training dann, wenn Sie sich nach der Belastung eher besser fühlen als vorher. Auch beim Kraft-, Stretching- oder Koordinationstraining testen Sie Ihren individuellen und momentanen Leistungsstand am besten selbst mit Hilfe der aufgeführten Übungen aus.

Wollen Sie das Ausdauertraining professionell angehen, sollten Sie zur Bestimmung Ihrer Leistungsfähigkeit einen Laktattest durchführen lassen. Im Rahmen einer solchen Untersuchung wird der für Sie optimale Trainingsbereich festgelegt, den Sie dann mit Hilfe einer Pulsfrequenz einhalten können (siehe Seite 69/70).

Ausdauertraining

Das Acht-Wochen-Programm für Einsteiger

Sportmediziner, Herz-Kreislauf-Spezialisten und Sportexperten sind sich weltweit einig: Ausdauerbelastungen 3- bis 4-mal pro Woche bei einer Dauer von etwa 30–45 Minuten sind optimal für Wohlbefinden und Gesundheit. Aber nicht vergessen: Zu jeder Anspannung gehört auch Entspannung, zu jeder Belastung gehört Entlastung und Ruhe. Die Ruhephase ist die Zeit, in der der Körper sich auf die wachsende Belastung einstellt und die Leistungsfähigkeit verbessert wird (siehe Seite 64/65: Superkompensation).

Beginnen Sie das Programm am besten am Wochenende, damit Sie zunächst ohne die Berufsbelastung beobachten können, wie Ihr Körper reagiert. Besonders der Samstag bietet sich für das erste Training an, den Sonntag haben Sie dann noch zur Regeneration und Erholung. Legen Sie die Tage für Ihr Training vorher gezielt fest, und kommunizieren Sie diese mit Ihrem Umfeld, so dass nichts dazwischenkommen kann. Weder Wind noch Wetter sollten Sie nun davon abhalten, Ihr Programm zu absolvieren. Die oft gehörte Weisheit trifft wirklich zu: Es gibt beim Jogging kein schlechtes Wetter, nur unzureichende Kleidung. Auch ein Ausdauerlauf bei Regen hat seinen Reiz, außerdem werden Sie sich nach einer solchen Leistung doppelt stolz fühlen. Verschieben Sie nichts auf den nächsten Tag.

Besonders entscheidend sind die ersten acht Wochen. Deshalb schlage ich Ihnen im Folgenden einen Trainingseinstieg, -aufbau und -ablauf für diesen Zeitraum vor. Halten Sie diese Zeit durch, entsteht tatsächlich eine Routine im besten Sinne. Sie werden das Training vermissen, wenn es jetzt ausfällt, denn Sie und Ihr Körper haben erkannt, dass Sport Ihnen gut tut.

Das Programm ist so konzipiert, dass Sie auch nach langer Sportabstinenz einsteigen können. Sollten Sie sich unterfordert fühlen, machen Sie einfach auf der nächsten oder übernächsten Stufe im Programm weiter.

Selbstverständlich können Sie die Herausforderung auch jederzeit zurückstufen. Achten Sie in jedem Fall auf Ihr Wohlbefinden!

Das hier definierte Ziel ist, nach etwa acht Wochen 30–40 Minuten am Stück zu joggen, 30 Minuten schwimmen oder 60 Minuten zügig Fahrrad fahren zu können. Die Basis meines Programms ist Jogging. Die anderen Disziplinen – Schwimmen und Fahrradfahren – werden dabei kombiniert und eingeflochten. Statt Jogging können Sie auch Walking oder Nordic Walking als Basissportart wählen.

Denken Sie immer daran, dass Sie ausreichend viel trinken, besonders nach dem Sport. Durch das Schwitzen gehen Flüssigkeit und Mineralstoffe verloren. Dieser Verlust sollte möglichst unmittelbar nach dem Training ausgeglichen werden. Trainieren Sie nicht mit vollem Bauch, wenn Ihr Körper mit der Nahrungsverwertung beschäftigt ist und der Durchblutungsschwerpunkt im Magen-Darm-Trakt liegt.

Optimal ist, wie gesagt, wenn Sie sich ein Trainingsbuch zulegen, in dem Sie Laufdauer und Wohlbefinden eintragen. Mit jedem Eintrag, den Sie später nachschlagen können, gewinnen Sie an Erfahrung, was Ihnen gut tut.

Die Trainingstage im Folgenden dienen Ihrer Orientierung. Sie sind willkürlich festgelegt und nur ein Beispiel. Gestalten Sie in Anlehnung daran Ihren eigenen Trainingsplan nach Ihren Bedürfnissen!

1. WOCHE

- **Samstag** Joggen Sie 10-mal für 1 Minute in einem langsamen Tempo, und gehen Sie dazwischen ebenfalls jeweils etwa 1 Minute. Das Training sollte insgesamt etwa 20–25 Minuten betragen.
- **Dienstag** Joggen Sie 8- bis 10-mal 2 Minuten, ruhiges Tempo im Wechsel mit 2 Minuten Gehpause. Sollte die erste Belastung von Samstag jedoch Muskelkater ausgelöst haben, steigen Sie um auf Walking für etwa 20–30 Minuten.
- **Freitag** Laufen Sie 10-mal 2 Minuten im Wechsel mit 1–2 Minuten Gehpause. Achten Sie dabei immer auf Ihre Befindlichkeit, und passen Sie

dementsprechend die Belastung an. Wenn Sie sich überfordert fühlen sollten, dann schalten Sie lieber einen Gang zurück, reduzieren Sie die Laufdauer oder -belastung, beziehungsweise steigen Sie um auf das geruhsamere Walking. Fahren Sie anschließend etwa 25–30 Minuten Fahrrad bei zügiger Geschwindigkeit, oder schwimmen Sie 4-mal 1–2 Minuten mit jeweils einer Minute Pause.

Schon bei einer solchen Trainingsintensität tun Sie aktiv etwas für Ihr Wohlbefinden und Ihre Leistungsfähigkeit. Das Herz-Kreislauf-System und das Immunsystem werden gestärkt, der Stresshormonspiegel abgebaut.

2. WOCHE

- **Sonntag** Wenn Sie sich bis hierhin gut fühlen, wird ab jetzt die Laufzeit kontinuierlich erhöht. Laufen Sie 6-mal 3 Minuten mit etwa 1 Minute Gehpause dazwischen. Die komplette Trainingszeit beträgt also mit zusätzlichen 2 Minuten ruhigem Ausgehen etwa 25 Minuten. Planen Sie also mit dem entsprechenden Stretchingprogramm 45 Minuten ein. Seien Sie auf jeden Fall flexibel, und hören Sie auf die Signale Ihres Körpers. Beim ersten Gefühl der Überlastung schalten Sie einen Gang zurück. Verlängern oder verkürzen Sie die Trainingseinheit individuell nach Wohlbefinden.
- **Dienstag** Fahren Sie etwa 30 Minuten zügig mit dem Fahrrad, oder schwimmen Sie 3- bis 4-mal etwa 5 Minuten mit einer Pause von je 1 Minute. Für den Fall, dass Sie lieber beim Jogging bleiben wollen: erneut 6-mal 3 Minuten mit 1 Minute Gehpause.
- **Freitag** Joggen Sie 5-mal 4 Minuten mit 2 Minuten Gehpause. Möglicherweise sind die Beine und Fußgelenke, gerade bei Menschen, die lange Zeit keinen Sport mehr getrieben haben, nach den ersten 6 Trainingseinheiten belastet. Meist ist das eine ganz normale Reaktion des Körpers. Muskeln, Sehnen und der Kapsel-Band-Apparat sind an die Belastung noch nicht adaptiert. Sollten also die Beine schmerzen, weichen Sie besser auf Schwimmen oder Fahrradfahren aus.

- **Sonntag** 4-mal 5 Minuten Jogging mit 2 Minuten Gehpause. Alternativ 4-mal 6 Minuten Schwimmen mit 1 Minute Pause oder 40 Minuten zügiges Fahrradfahren.

Zum jetzigen Zeitpunkt kann es hier und da zwicken und zwacken. Der Körper muss sich umstellen. Denken Sie daran: Sie haben keine Eile. Das Optimum kann noch gar nicht erreicht sein. Hauptsache ist jetzt, dass Sie kontinuierlich am Ball bleiben.

3. WOCHE

- **Dienstag** Jogging von 6-mal 4 Minuten am Stück mit einer Gehpause von je 2 Minuten. Vergessen Sie nicht zu stretchen, vor allem nach der Belastung. Wahlweise 3- bis 4-mal 8 Minuten Schwimmen mit 1 Minute Pause oder 40 Minuten Fahrradfahren.
- **Donnerstag** 4-mal 6 Minuten Jogging mit Gehpausen von 1 Minute.
- **Sonntag** 5-mal 5 Minuten Jogging mit Gehpausen von 1 Minute. Alternativ 3-mal 10 Minuten Schwimmen mit Pausen von 1 Minute oder 2-mal etwa 30 Minuten Fahrradfahren mit einer Pause von etwa 2 Minuten. Stretchingprogramm nicht vergessen!

Die ersten 3 Wochen sind geschafft. Sie sind schon bei einer Laufdauer von 25 Minuten. Die Laufzeiten werden weiter kontinuierlich erhöht. Es ist keine Niederlage, wenn Sie zwischendurch Laufstrecke und -zeit verringern und auch einmal einen Schritt zurückgehen im Programm. Auch der beste Leistungssportler ist nicht an jedem Tag hundertprozentig fit, er zieht sein vorgegebenes Trainingsprogramm nicht starr durch. Ganz im Gegenteil: Erfahrene und verantwortungsvolle Athleten zeichnen sich dadurch aus, dass sie sich, abgestimmt auf ihr körperliches Befinden, flexibel verhalten und ihr Trainingsprogramm reduzieren, auch um Verletzungen zu vermeiden. Entwickeln Sie Ihr eigenes Körpergefühl. Hier hilft Ihnen dann auch das Trainingstagebuch.

4. WOCHE

- **Dienstag** Joggen Sie 3-mal 8 Minuten mit Gehpausen von 1 Minute. Alternativ: 2-mal 20 Minuten Schwimmen oder 45 Minuten am Stück zügig Fahrradfahren.
- **Donnerstag** 4-mal 7 Minuten ruhiger Dauerlauf mit Gehpausen von 1 Minute. Alternativ: 15 Minuten zügiges Fahrradfahren, dann 15 Minuten etwas intensiver und schließlich nochmals 15 Minuten wieder im Ausgangstempo.
- **Samstag** 4-mal 8 Minuten Dauerlauf mit Gehpausen von 1–2 Minuten. Alternativ: 30 Minuten Schwimmen oder 50–60 Minuten zügiges Fahrradfahren.

Bedenken Sie immer: Jeder Mensch reagiert unterschiedlich, auch auf körperliche Belastung. Faktoren, die das Wohlbefinden beeinflussen, vor allem wenn lange kein Sport ausgeübt wurde, sind Körpergewicht, Arbeits- und Ernährungsbedingungen. Halten Sie also nicht starr am Programm fest, sondern gönnen Sie sich die Freiheit, das Programm als Rahmen für Ihre Bedürfnisse zu nutzen und zu ändern. In meinem Programm wird jetzt das Pensum auf bis zu vier Mal in der Woche erhöht. Ein Schritt, der sein kann, aber nicht muss! Die Entscheidung liegt bei Ihnen.

5. WOCHE

- **Montag** 3-mal 10 Minuten ruhiges Jogging mit Gehpausen von 2 Minuten. Alternativ: Eine Stunde zügiges Fahrradfahren oder 2-mal 20 Minuten Schwimmen mit einer Pause von 2 Minuten.
- **Mittwoch** 4-mal 8 Minuten Jogging mit Gehpausen von 1 Minute.
- **Freitag** 3-mal 10 Minuten Jogging mit Gehpausen von 1 Minute. Alternativ: 20 Minuten Fahrradfahren im Grundtempo, 20 Minuten etwas intensiver, 20 Minuten wieder im Grundtempo; oder 2-mal 20 Minuten Schwimmen mit 2 Minuten Pause.
- **Sonntag** 2-mal 15 Minuten Jogging mit 2 Minuten Gehpause.

6. WOCHE

- **Dienstag** 3-mal 12 Minuten Jogging mit Gehpausen von 1 Minute. Alternativ: 35 Minuten Schwimmen oder 60 Minuten Fahrradfahren.
- **Donnerstag** 25 Minuten Jogging, anschließend 5 Minuten »ausgehen«.
- **Samstag** 2-mal 18 Minuten Jogging mit 1 Minute Gehpause. Alternativ: 35–40 Minuten Schwimmen oder 60 Minuten Fahrradfahren.

Als Faustregel hat sich für das Lauftempo bewährt: Sollten Sie mit einem Laufpartner unterwegs sein, ist das Tempo richtig, bei dem Sie noch entspannt einige Sätze austauschen können.

7. WOCHE

- **Montag** 30 Minuten Jogging am Stück. Anschließend Stretchingprogramm.
- **Mittwoch** 3-mal 12 Minuten Jogging mit Gehpausen von 1 Minute.
- **Freitag** 30–35 Minuten ruhiger Dauerlauf. Außerdem 3-mal 15 Minuten Schwimmen mit Pausen von 1–2 Minuten oder 60 Minuten Fahrradfahren, 20 Minuten Grundtempo, 20 Minuten etwas zügiger, 20 Minuten Grundtempo.
- **Sonntag** 3-mal 15 Minuten Jogging mit Gehpausen von 1 Minute.

Eine wichtige Etappe ist geschafft. 30–35 Minuten am Stück Jogging ist eine gute Leistung. Sie kommen in den Bereich, wo Ihr ganzer Körper beginnt, von den positiven Auswirkungen zu profitieren. Auch die Fettverbrennung wird angeschoben. Geht es Ihnen ausschließlich um Gesundheitssport, sind Sie jetzt nahezu beim Optimum angelangt.

8. WOCHE

- **Dienstag** 35–40 Minuten ruhiger Dauerlauf. Stretchingprogramm nicht vergessen!
- **Donnerstag** 40–45 Minuten Schwimmen oder 60 Minuten Fahrradfahren.
- **Sonntag** 15 Minuten Laufen im ruhigen Grundtempo, dazwischen, wenn Sie zusätzlich mein Krafttrainingsprogramm aufgenommen haben, 3-mal 10–15 Ausfallschritte und 3-mal 10 Liegestütze, unterbrochen von etwa 1 Minute Gehpause. Anschließend 15 Minuten Laufen im ruhigen Grundtempo.

40 Minuten ruhige Ausdauerbelastung sind optimal. An diesem Punkt angekommen, geht es darum, diese Leistung zu konsolidieren. Bestimmt haben Sie mittlerweile Ihre »Hausstrecke« gefunden. Gönnen Sie sich und Ihren Augen etwas Abwechslung, und variieren Sie die Strecken, vor allem an den Wochenenden, wenn Sie mehr Zeit und Ruhe zum Training haben. Sie werden jetzt merken, dass Ihr Körper sich zunehmend an die Belastungen gewöhnt. Das Training wird Ihnen ab jetzt immer leichter fallen.

Lassen Sie sich nicht frustrieren, wenn Sie länger brauchen als die hier eingeplanten 8 Wochen, um auf die gewünschten 40 Minuten zu kommen. Finden Sie Ihr Tempo und Ihren Rhythmus. Es ist nicht Ihr Ziel, in einem festgelegten Zeitrahmen 40 Minuten joggen zu können. Es geht darum, überhaupt regelmäßig Ausdauertraining zu betreiben und sich mit den Grundbedürfnissen des Körpers zu beschäftigen. Sie werden früher oder später auch am Ziel ankommen! Behalten Sie den Trainingsrhythmus von bis zu 4-mal in der Woche bei. Sollten Sie an Gewicht verlieren wollen, wird der Prozess von nun an unterstützt.

Sie fühlen sich unterfordert? Steigern Sie lieber die Laufdauer als das Tempo. Bleiben Sie ruhig! Sollten Sie einen Laktattest gemacht haben, orientieren Sie sich an der angegebenen Pulsfrequenz. Ein nächster möglicher Schritt, um die Ausdauerleistungsfähigkeit zu verbessern, ist Intervalltraining. Sollten Sie das Bedürfnis haben, hier einzusteigen, verlassen Sie den Bereich des reinen Gesundheitssports.

Die wichtigsten Muskelgruppen im Überblick

Trapezmuskel stabilisiert die Hals- und Brustwirbelsäule, bewegt die Schultern, richtet den Oberkörper auf.

Deltoid hebt den Arm seitlich, unterstützt Trapez- und Brustmuskel.

Brustmuskel und **Latissimus** führen im Zusammenspiel die Arme vor dem Körper zusammen und drücken sie nach vorn.

Trizeps streckt die Arme im Ellenbogen.

Bizeps beugt die Arme im Ellenbogen.

Rückenstrecker stabilisiert den Rumpf, richtet den Oberkörper auf.

Bauchmuskulatur stabilisiert den Rumpf, beugt den Oberkörper nach vorn.

Gesäßmuskeln stabilisieren den Rumpf, bewegen das Becken.

Abduktoren bewegen die Beine auseinander.

Adduktoren ziehen die Beine zueinander.

Beinbeuger und **Quadrizeps** stabilisieren den Rumpf, bewegen das Becken, beugen und strecken das Bein im Kniegelenk.

Wadenmuskeln stabilisieren den Stand und sorgen dafür, dass wir uns auf die Zehenspitzen stellen können.

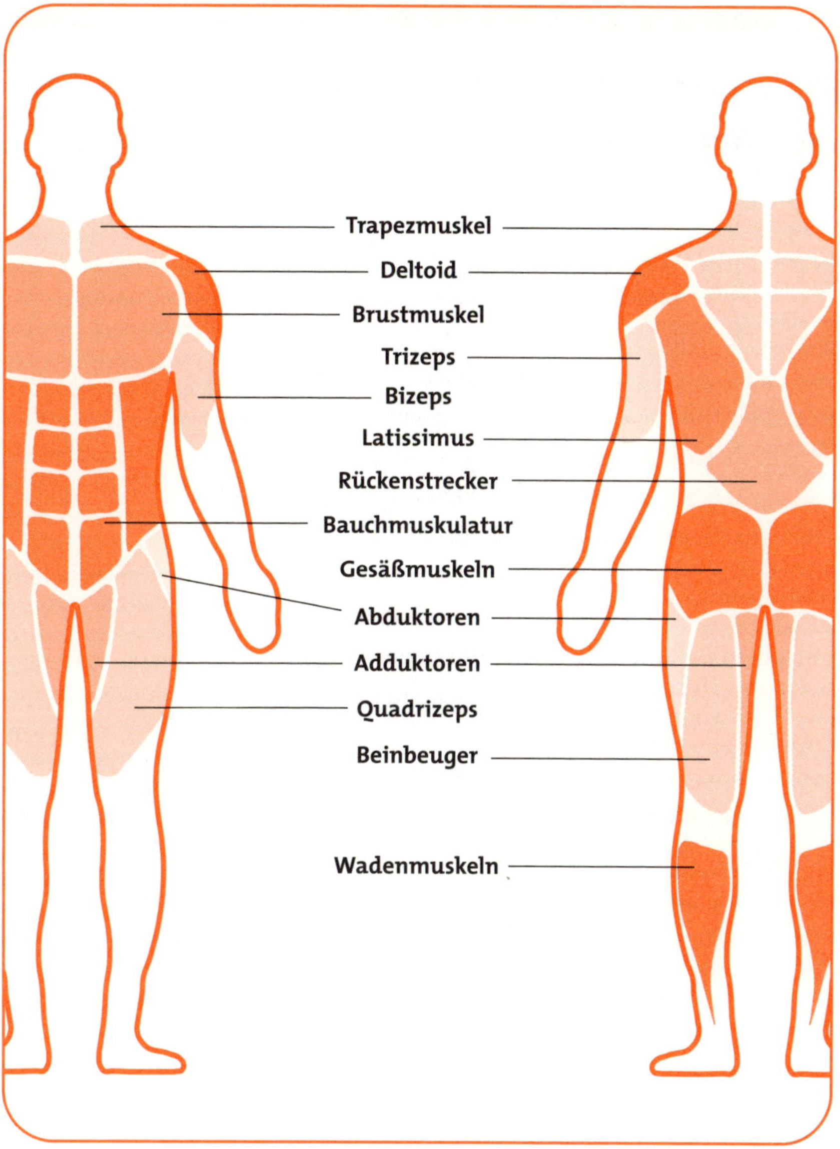
Trapezmuskel
Deltoid
Brustmuskel
Trizeps
Bizeps
Latissimus
Rückenstrecker
Bauchmuskulatur
Gesäßmuskeln
Abduktoren
Adduktoren
Quadrizeps
Beinbeuger
Wadenmuskeln

Praktische Übungen zum Kräftigen, Dehnen, Entspannen

Alle von mir vorgestellten Übungen aus den Bereichen Kräftigung, Dehnung/Stretching und Entspannung haben sich in der Praxis lange Zeit bewährt. Sie sind ausnahmslos leicht verständlich und unabhängig von einem bestimmten Ort. Stellen Sie sich einige Übungen (3–4 pro Trainingseinheit) aus den Bereichen Kräftigung und Stretching zusammen, und führen Sie diese in einem kleinen Zirkel 3- bis 4-mal in den angegebenen Wiederholungszahlen durch.

Ob Kraftübungen, Dehnung oder Entspannungsübungen: Schaffen Sie vor Ort nach Möglichkeit eine angenehme Atmosphäre. Sollte Ihnen zu Hause ein Raum zur Verfügung stehen, sorgen Sie für eine Ihnen angenehme Temperatur und für ausreichend frische Luft. Dehnungs- und Entspannungsübungen können gut barfuß durchgeführt werden. Besorgen Sie sich eine angenehme und bequeme rutschfeste Unterlage. Sollten bei den Übungen Beschwerden oder Schmerzen auftreten, brechen Sie ab, und konsultieren Sie gegebenenfalls einen Arzt. Bestehen Unsicherheiten bei den Übungen, befragen Sie lieber einen fachkundigen Trainer, bevor Sie den Trainingseffekt verschenken oder sogar Verletzungen auftreten.

Kraft

Sollten Ihnen die vorgestellten Übungen nach einigem Training nicht mehr reichen oder sollten Sie detaillierte Fragen zur Ausführung haben, empfehle ich Ihnen, sich in einem guten Fitnessclub oder Sportverein zu diesen Themen speziell zu informieren.

Die Stabilisationsübungen am Schluss dieses Abschnitts heben sich in ihrem Schwierigkeitsgrad von den vorangehenden ab. Sie sind äußerst effektiv und umfassen alle wichtigen Muskeln der Rumpfstabilisierung, erfordern aber ein höheres Maß an Koordination und Konzentration. Die Ellenbogen- und seitlichen Stütze lassen sich sehr gut in einer Übungsabfolge kombinieren, die Ihre Rumpfmuskulatur einmal rundum aktiviert: vorderer Ellenbogenstütz, linker seitlicher Stütz, hinterer Ellenbogenstütz, rechter seitlicher Stütz.

Sie können eine Auswahl der vorgestellten Kräftigungsübungen hervorragend in Ihr Ausdauertraining integrieren. Je nach Lust und Laune und natürlich auch nach Witterungsbedingung unterbreche ich mein Jogging durch eine Sequenz aus 4 × 20 Liegestütz im Wechsel mit 4 × 20 Ausfallschritten. Danach nehme ich meine Laufrunde wieder auf. Neben dem Ausdauertraining habe ich damit auch noch etwas für meine allgemeine Kräftigung getan.

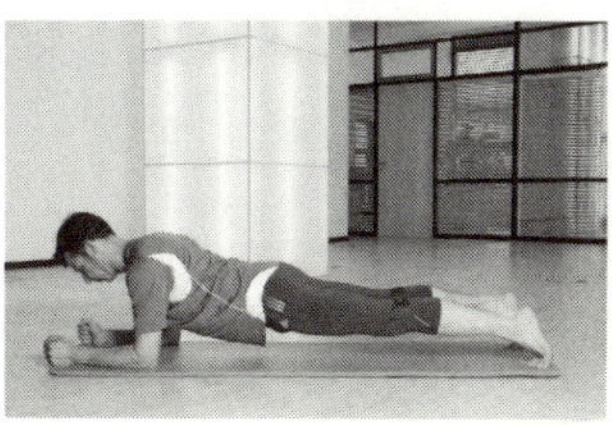

Bauchmuskulatur Legen Sie sich auf den Rücken, winkeln Sie die Beine an, und setzen Sie die Fußsohlen auf dem Boden ab. Drücken Sie bewusst den ganzen unteren Rücken gegen den Boden, und achten Sie darauf, dass er während der gesamten Übung vollflächig Bodenkontakt hält. Führen Sie nun den Kopf zur Brust, und heben Sie Kopf und Schultern vom Boden ab. Für die Arme gibt es zwei Varianten: Zu Beginn ist es sinnvoll, die Arme nach vorne zu strecken, etwas größer wird die Belastung, wenn Sie die Hände hinter den Kopf legen. Machen Sie eher kleine, konzentrierte Bewegungen ohne Schwung. Sie sollten nicht aus dem Liegen in die Sitzposition kommen, auch wenn man bei dieser Übung oft von Sit-ups spricht. Es ist wichtig, dass Ihre Lendenwirbelsäule flach am Boden bleibt.

Sinnvoll sind 10 Wiederholungen, versuchen Sie, auch beim Zurückgehen die Spannung in der Bauchmuskulatur zu halten.

Rückenmuskulatur Ausgangsstellung dieser Übung ist die Bauchlage. Die Beine werden gestreckt, die Arme in U-Haltung oder ebenfalls gerade gestreckt gehalten. Zum Auftakt werden Kopf und Arme vom Boden abgehoben, der Blick ist auf den Boden gerichtet. Halten Sie diese Position für 10 Sekunden. Achten Sie darauf, möglichst kein Hohlkreuz zu bilden. Nehmen Sie die Belastung zurück, wenn es im Rücken »zieht«.

Zu Beginn sollten die Fußspitzen aufgestellt werden; die Belastung wird höher, wenn Sie die Beine ebenfalls vom Boden abheben. Ein weiterer Schritt ist, Arme und Beine vom Boden zu heben und Paddelbewegungen auszuführen.

Brustmuskel und Trizeps Eine Übung, die sich fast in jedem Innenraum gut durchführen lässt. Stellen Sie sich in einer Entfernung von rund einer Armlänge vor eine offene Tür, und drücken Sie Ihre Hände in Schulterhöhe gegen den Türrahmen. Die Beine stehen schulterbreit. Beugen Sie den gestreckten Körper nach vorne, ohne in der Hüfte abzuknicken, bis Sie mit Kopf und Oberkörper über die Schwelle ragen. Ein Teil des Körpergewichts lastet auf den Armen, und Sie spüren eine Spannung und Dehnung zwischen den Schulterblättern. Kehren Sie dann zur Ausgangsposition zurück. Eine gute Übung zur Vorbereitung von Liegestützen.

Wiederholen Sie je nach Befinden und Leistungsstand 10- bis 15-mal.

Liegestütze kräftigen neben der Brustmuskulatur nahezu die komplette Rumpfmuskulatur und sind daher eine effektive Ganzkörperübung. Die seit Jahrhunderten bekannte Übung lässt sich fast überall durchführen. Ausgangsstellung ist der Kniestand. Die Beine werden nach hinten ausgestreckt, Rücken und Kopf bleiben gerade, der Blick ist auf den Boden gerichtet. Der Handabstand kann zwischen 30 und 60 cm frei variiert werden. Nun wird der Körper zum Boden abgesenkt, Brustkorb und angespannter Bauch bilden eine gerade Linie. Führen Sie die Brust bis kurz vor den Boden, legen Sie den Körper aber nicht ab. Verharren Sie kurz in dieser Position, und kehren Sie anschließend wieder in die Ausgangslage zurück.

Beginnen Sie mit 10 Wiederholungen. Sollte die Belastung der konventionellen Liegestütze Ihnen zu hoch sein, so führen Sie diese aus dem Kniestand heraus durch. Fühlen Sie sich unterfordert, erhöhen Sie die Anzahl und variieren den Handabstand.

Liegestütz rücklings dienen der Kräftigung der Brustmuskulatur und des Trizeps der Oberarme. Als Hilfsmittel benötigen Sie einen Tisch. Sie stehen mit dem Rücken zur Tischfläche und stützen sich an der Tischkante ab. Gehen Sie mit den Füßen so weit nach vorne, bis Arme und Beine durchgestreckt sind. Beugen Sie im nächsten Schritt die Arme ab, wobei ein Großteil des Körpergewichts auf den Armen ruht. Nach kurzem Verharren kehren Sie von dort in die Ausgangsposition zurück. 10 Wiederholungen sind empfehlenswert.

■ **Ausfallschritte** kräftigen die Oberschenkel-, Gesäß- und Kniebeugemuskulatur, dehnen gleichzeitig die gegenseitige Hüftbeugemuskulatur und Leistenregion. Ausgangsstellung ist der aufrechte Stand mit aufrechtem Kopf und geradem Rücken. Die Beine stehen etwa hüftbreit parallel. Die Hände sind an der Hüfte abgestützt. Jetzt mit dem rechten Bein einen großen Ausfallschritt nach vorne durchführen. Die Fußsohle hat vollen Bodenkontakt, das Gewicht wird nach vorne verlagert und das Knie gebeugt. Versuchen Sie, das linke Bein möglichst gestreckt zu halten. Hier halten Sie das Gleichgewicht mit der Fußspitze. Von hier aus in die Ausgangsposition zurückkehren und die Übung mit dem linken Bein durchführen.

Vorderer Ellenbogenstütz Aus der Bauchlage stützen Sie sich auf die Unterarme, die schulterbreit und parallel auf dem Boden liegen. Die Füße stehen senkrecht zum Boden, das Gewicht wird auf den Fußspitzen ruhen. Die Ausgangsposition ist wie beim Liegestütz, nur dass das Gewicht auf den flachen Unterarmen ruht. Heben Sie den Körper nun so an, dass er vollkommen gestreckt ist, dass weder der Po nach oben ragt noch der Bauch nach unten durchhängt. Auch der Nacken bildet eine gerade Verlängerung des Rumpfs, die Blickrichtung geht zum Boden. Alle Muskeln sollen angespannt sein. Halten Sie diese Position rund 10 Sekunden und wechseln dann zur Übung für die seitliche Rumpfmuskulatur.

Seitlicher Stütz Stützen Sie sich in Seitenlage auf den Unterarm, der einen rechten Winkel zum Körper bildet. Heben Sie aus dieser Position den Körper an, bis er eine Gerade bildet. Das Gewicht ruht auf dem gesamten aufliegenden Unterarm und der unten liegenden Fußseite. Den nicht benötigten Arm legen Sie entspannt auf der nach oben weisenden Körperseite ab. Auch hierbei ist wieder wichtig, dass alle Muskeln angespannt werden, damit Gesäß und Hüfte nicht nach vorne oder hinten ausweichen. Nach 10–20 Sekunden kehren Sie zur Ausgangslage zurück. Nun ändern Sie die Grundposition und wechseln zur Gegenseite.

Hinterer Ellenbogenstütz Aus der Rückenlage legen Sie die Unterarme schulterbreit parallel zum Boden – die Oberarme im rechten Winkel, die Ellenbogen auf Höhe der Schultern. Heben Sie nun Ihr Becken vom Boden so ab, dass der Körper eine Gerade bildet. Den Kopf nicht abknicken, sondern in gerader Verlängerung des Rumpfs halten, die Blickrichtung geht nach oben. Die Fersen liegen bei gestreckten Beinen am Boden auf.

Rücken-, Gesäß- und hintere Oberschenkelmuskulatur Eine effektive und koordinativ anspruchsvolle Übung. Ausgangsstellung ist der Vierfüßlerstand. Die Hände befinden sich bei gestreckten Armen direkt unter den Schultern und sind leicht nach innen gedreht, die Knie stehen unter den Hüftgelenken. Strecken Sie nun den rechten Arm gestreckt nach vorne weg. Zeitgleich strecken Sie das linke Bein gestreckt nach hinten weg. Der Nacken bildet die Verlängerung des Rumpfs, der Blick ist nach unten gerichtet. Halten Sie diese Position kurz, und führen Sie anschließend den rechten Arm und das linke Bein durch Beugung unter dem Körper zusammen. Der Kopf wird dabei Richtung Brust gebracht. Von hier aus zurück zur Ausgangsstellung und Durchführung mit dem linken Arm und dem rechten Bein. Zunächst reichen 3–4 Wiederholungen.

Stretching

Die folgenden Dehnungsübungen sind so ausgewählt, dass die wichtigsten Muskelgruppen des Körpers angesprochen werden. Bei der Ausführung gilt die Grundregel: Dehnung ist ein kontinuierlicher, langsamer, bewusster Prozess; bitte kein Wippen oder Nachfedern! Ein ziehendes Gefühl der gedehnten Muskulatur ist normal, Schmerzen sollten nicht auftreten beziehungsweise Sie veranlassen, die Übung abzubrechen. Während der Dehnübungen sollten Sie immer ruhig und entspannt atmen können.

Nutzen Sie die Übungen zur Entspannung und zur Entwicklung von Körpergefühl. Einige dieser Übungen sind ideal geeignet für den Arbeitsplatz und lassen sich bequem auch am Schreibtisch durchführen. Wählen Sie 3–4 Übungen aus, und wiederholen Sie diese 4- bis 5-mal. Wenn Sie die Dehnungsübungen mit einer ruhigen, gleichmäßigen Atmung verbinden, tun Sie aktiv etwas für die Harmonisierung von Körper und Geist – wie beim Yoga.

Waden In Schrittstellung werden die Hände in Kopfhöhe gegen eine Wand, einen Baum, Zaun oder Vergleichbares abgestützt. Die Beine sind gestreckt, die Füße stehen etwa schulterbreit parallel, die Fußsohlen am Boden. Aus dieser Position wird das vordere Bein langsam und bewusst gebeugt. Das hintere Bein wird aktiv gestreckt, ohne die Position zu verändern, so dass der Körper eine durchgehende Spannungslinie vom Kopf bis zur Ferse bildet. Die Ferse des hinteren Beines aktiv in den Boden drücken, die Hüfte leicht nach vorne schieben, bis Sie ein deutliches Ziehen in der Wade des hinteren Beins spüren. Diese Position 10 bis 20 Sekunden halten, Dehnung lösen und das Bein wechseln.

Eine weitere Übung zur Dehnung der **unteren Wadenmuskulatur** beginnt aus einer ähnlichen Ausgangsposition. Dabei wird der hintere Fuß etwa eine Fußlänge nach vorne geschoben und der Po etwas nach hinten verlagert. Beim hinteren Bein wird die Ferse wieder fest auf den Boden gedrückt, aber diesmal hier das Knie so weit wie möglich gebeugt. Das Gewicht lagert nun hauptsächlich auf diesem Bein, das vordere sorgt eher für das Gleichgewicht. Ebenfalls 10–20 Sekunden halten. Wadendehnungsübungen eignen sich zum Aufwärmen vor Laufbelastungen, sollten aber auch zur Vorbereitung von Sportarten wie Tennis oder Fußball durchgeführt werden. Sie können Verletzungen vorbeugen und Schmerzen zum Beispiel im Bereich der Achillessehnen verhindern helfen.

Oberschenkel Vorderseite Wieder abgestützt an eine Wand oder Ähnliches stellen Sie sich fest und sicher auf ein Bein und beugen das andere Bein so weit wie möglich nach hinten, umgreifen dann mit der Hand die Fußspitze und führen die Ferse so weit in Richtung Gesäß, bis Sie eine deutliche Dehnung des vorderen Oberschenkels spüren. Das Hüftgelenk bleibt dabei vollkommen gestreckt, die Bauchmuskulatur wird zur Stabilisierung angespannt, das Standbein leicht gebeugt. Wie zuvor 10–20 Sekunden halten, Spannung lösen und anschließend das Bein wechseln. Die Übung beugt dem so genannten Patellaspitzensyndrom vor.

Oberschenkel Rückseite Setzen Sie sich mit gestreckten Beinen auf den Boden, und versuchen Sie, aufrecht zu sitzen. Vermutlich spüren Sie bereits jetzt ein Ziehen auf der Oberschenkelrückseite. Dies verstärken Sie, indem Sie sich mit geradem Rücken leicht nach vorne beugen. Zur weiteren Dehnung können Sie einen Gürtel oder ein Thera-Band um die Füße legen und sich daran nach vorne ziehen. Wichtiger als die Frage, wie weit Sie kommen, ist, dass Sie den Rücken so gerade wie möglich halten.

Adduktoren Die Ausgangsstellung ist ein mehr als schulterbreiter Stand der Beine. Verlagern Sie jetzt das Körpergewicht durch Beugung des Kniegelenks auf die rechte Seite, das andere Bein bleibt dabei gestreckt. Jetzt spüren Sie ein Ziehen in der inneren Oberschenkelregion. Etwa 10–20 Sekunden halten, dann entspannen und zur anderen Seite wechseln.

- Eine weitere Möglichkeit, die so genannten **Adduktoren** zu dehnen, ist der Schustersitz. In der Ausgangsstellung sitzen Sie auf dem Boden, beugen die Kniegelenke und führen die Fußsohlen am Körper zusammen. Umfassen Sie mit beiden Händen Ihre Füße, und lassen Sie die Knie seitlich zum Boden sinken. Zur Verstärkung der Dehnung können Sie mit den Ellbogen leichten Druck auf die Beine ausüben. Ebenfalls 10–20 Sekunden halten, entspannen und gegebenenfalls wiederholen.

Gesäßmuskel Ausgangsstellung ist die Rückenlage. Ziehen Sie das rechte Bein zum Körper, legen Sie dann den Knöchel des linken Beins auf das rechte Knie. Umfassen Sie mit beiden Händen den rechten Oberschenkel, und ziehen Sie den Oberschenkel zum Körper heran, bis Sie ein deutliches Ziehen in der linken Gesäßhälfte verspüren. Der Kopf kann dabei auf dem Boden liegen bleiben oder etwas abgehoben werden. 10–20 Sekunden halten, Spannung lösen und Seite wechseln.

Gesäß- und Lendenwirbelsäulenmuskulatur Ausgangsstellung ist der Sitz auf dem Boden mit gestreckten Beinen. Beugen und heben Sie das rechte Knie an, und setzen Sie den rechten Fuß auf der Außenseite des linken Kniegelenks wieder ab. Drehen Sie nun den Oberkörper nach rechts, bis Sie den linken Ellenbogen nutzen können, um das rechte Knie nach links zu drücken. Die rechte Hand wird hinter dem Körper aufgesetzt. Der Rücken ist gerade, der Kopf nach rechts gewendet. Dabei sollen Sie ein deutliches Ziehen im Bereich der rechten Gesäßmuskulatur spüren. 10–20 Sekunden halten und Seite wechseln.

Seitlicher Rumpf und Flanken Ausgangsstellung ist der mehr als schulterbreite Stand. Bei der Dehnung der rechten Seite stützt sich die linke Hand in der Hüfte ab, die rechte Hand wird nach oben gestreckt. Nun wird der Rumpf langsam zur linken Seite geneigt, bis sich ein Ziehen im Bereich der rechten Flanke bemerkbar macht. 10–20 Sekunden halten, dann Seite wechseln.

Schultern/Nacken Stellen Sie sich im schulterbreiten Stand eine Armlänge entfernt vor eine Wand. Die Hände werden über Kopfhöhe gegen die Wand gestützt. Neigen Sie nun den Kopf durch die Arme nach vorne und unten. Beugen Sie ein wenig die Knie, und lassen Sie den Kopf hängen (hier ist das ausnahmsweise die richtige Methode!). Neben der Brustmuskulatur wird die Schulter-, Nacken-, Armmuskulatur sowie die Muskulatur der oberen Rückenabschnitte gedehnt. 10–20 Sekunden halten.

■ **Trizeps** Als Ausgangsstellung sind Stand und Sitzen möglich. Legen Sie den rechten Oberarm seitlich neben den Kopf, der Unterarm klappt entspannt nach hinten. Ergreifen Sie nun mit der linken Hand den rechten Arm am Ellenbogen, und ziehen Sie ihn nach links. Der Rücken bleibt möglichst aufrecht. Sie spüren ein Ziehen im Bereich des rechten hinteren Oberarms. 10–15 Sekunden halten, Spannung lösen und Seite wechseln.

Seitliche Nackenmuskel Als Ausgangsposition ist wieder sowohl Stand wie Sitzen möglich. Nehmen Sie sich einen Moment Zeit für die richtige Haltung: Rücken aufrecht, hinterer Nacken gerade und in der Achse der Wirbelsäule, Blick nach vorne gerichtet, die Schultern hängen entspannt. Zur Dehnung der rechten Nackenseite neigen Sie den Kopf zur linken Seite, das linke Ohr nähert sich der linken Schulter.

Zur Unterstützung der Dehnung können Sie den Kopf leicht zur linken Seite ziehen. Legen Sie dazu den linken Unterarm um den Kopf, bis die Hand auf dem rechten Ohr liegt. Dabei ist es wichtig, dass Sie weder den Kopf verdrehen, noch die Schulter nach oben ziehen. Um die rechte Schulter unten zu halten, können Sie den rechten Arm mit angewinkeltem Handgelenk bewusst nach unten strecken. 10–15 Sekunden halten und Seite wechseln.

Entspannung

Wie berichtet, gehören Entspannungspausen bei vielen großen Firmen bereits zum Arbeitsalltag. Die kurze Ruhephase wirkt meist wie ein Jungbrunnen, steigert Motivation und Leistungsfähigkeit und regeneriert in kurzer Zeit Ihre Kräfte. Auf der körperlichen Ebene können innerhalb kurzer Zeit Verspannungen gelöst werden. Die folgenden Übungen bieten die Möglichkeit, etwas Abstand von der Hektik des Alltags zu bekommen. Und wer Angst hat, dabei wertvolle Zeit zu verschwenden, dem sei versichert: Nach einer bewussten kurzen Erholung werden Ihnen viele Aufgaben schneller und leichter von der Hand gehen.

Rückenlage Legen Sie sich flach auf den Rücken, strecken Sie Ihren Kopf lang aus, und legen Sie ihn auf dem Hinterhaupt bequem ab. Die Beine liegen etwa schulterbreit gestreckt, die Arme parallel neben dem Körper, die Handflächen zeigen nach oben. Es geht darum, zwischendurch den Rücken und Nacken zu entlasten, bewusst eine Ruhepause einzulegen.

So können Sie zusätzlich Ihre Körperwahrnehmung steigern und das Abschalten aktiv unterstützen: Spannen Sie alle Muskeln der Beine fest an. Ziehen Sie die Fußspitzen nach oben, und aktivieren Sie die Muskeln von der Fußspitze bis zum Hüftgelenk hinauf. Halten Sie die Spannung nur für 3 Sekunden und entspannen dann alle beteiligten Muskeln, die Füße fallen locker nach außen. Spannen Sie nun die Pomuskulatur maximal für 3 Sekunden an, und entspannen Sie dann auch diese. Spüren Sie, wie Sie mit Ihrem Gesäß in den Boden sinken. Ballen Sie die Hände fest zu Fäusten, und spannen Sie Ihre Armmuskulatur an. Dabei können Sie die Arme vom Boden abheben. Halten Sie diese Anspannung wieder für etwa 3 Sekunden, und legen Sie die Arme danach bewusst neben dem Körper ab. Spannen Sie für etwa 3 Sekunden Ihre Gesichtsmuskulatur an, und entspannen Sie diese wieder.

Konzentrieren Sie sich auf Ihre Lage zum Boden. Liegen Sie gerade? Spüren Sie Ihren Atem. Sie tun ausnahmsweise mal nichts für 3–5 Minuten.

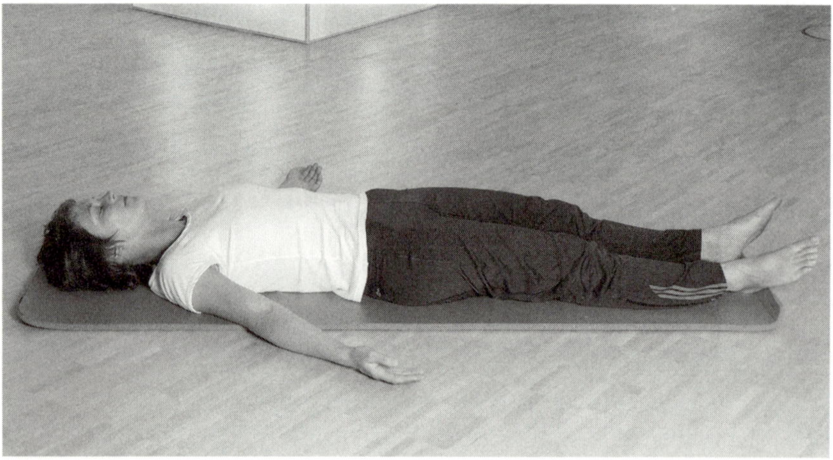

Hochlegen Eine Variante der vorigen Übung ist das Hochlegen der Beine an einer Wand. Legen Sie die Beine bis zum Gesäß ausgestreckt flach an die Wand. Zur Unterstützung kommt ein Kissen oder eine Decke unter den unteren Rücken, so nah wie möglich an der Wand. Der Oberkörper liegt entspannt auf dem Boden. Der Blutrückfluss aus den Beinen steigt an, vor allem die geistige Regeneration wird angeregt, da der obere Körperbereich besser durchblutet wird.

Entspannung für den »Bürorücken« Ausgangsstellung ist das Knien auf dem Boden. Sorgen Sie für eine bequeme Unterlage. Setzen Sie sich auf die Unterschenkel, das Gesäß ruht auf den Füßen. Legen Sie nun den ganzen Oberkörper auf den Oberschenkeln ab, der Kopf ruht mit der Stirn auf dem Boden, strecken Sie die Arme nach hinten, hierbei zeigen die Handflächen nach oben. Lassen Sie die Schultern sinken, und entspannen Sie alle Strukturen des Rückens und des Schultergürtels. Sie können auch alternativ die Arme nach vorne strecken, die Handflächen liegen dann flach auf dem Boden. Die Übung ist optimal zwischen oder nach langen Bürotagen, die für den Rücken eine erhebliche Belastung darstellen. Die Rückenmuskulatur wird gedehnt, die Bandscheibenfächer werden auseinander gezogen. Auch die Oberschenkelvorderseite wird gedehnt.

■ **Variante für den »Bürorücken«** Ausgangslage ist die Rückenlage. Legen Sie den Hinterkopf entspannt ab. Ziehen Sie beide Beine zur Brust, und umfassen Sie die Unterschenkel mit den Armen, ohne dass sich die Schultern vom Boden lösen. Achten Sie dabei darauf, dass sich auch das Becken nicht vom Boden abhebt. Auch durch diese Übung werden die Bandscheibenfächer auseinander gezogen. Durch Anheben von Kopf und Schultern in Richtung der Knie kann der Effekt noch verstärkt werden.

Rückenfit-Übungen fürs Büro

Die folgenden einfachen Übungen wurden auf der Basis wissenschaftlicher Untersuchungen an der Humboldt-Universität und der Charité-Universitätsmedizin in Berlin entwickelt. Sie sind auf einer PC-lesbaren CD erhältlich (Informationen unter www.rueckenfit-am-pc.de). Man kann den gut verständlichen audiovisuellen Anleitungen also gleich am Arbeitsplatz folgen!

Wichtig ist zunächst eine gute Ausgangsposition: Setzen Sie sich in Ihren Schreibtischstuhl, stellen Sie die Beine etwa schulterbreit auf, und drücken Sie die Füße leicht gegen den Boden. Richten Sie den Rücken gerade auf, und spannen Sie die Bauch-, Gesäß- und Beckenbodenmuskulatur an. Der Bauchnabel wird dabei in Richtung der Wirbelsäule gezogen. Strecken Sie nun den Hinterkopf nach oben, und spüren Sie, wie dabei der Nacken gedehnt wird. Aus dieser Ausgangsstellung heraus können Sie die folgenden Übungen problemlos und in kurzer Zeit am Schreibtisch selbst durchführen. Atmen Sie bei allen Übungen ruhig ein und aus.

Schulterheben Aus der Ausgangsstellung ziehen Sie die Schulter so weit nach oben, wie Sie können, und halten die Spannung für etwa 5–8 Sekunden. Anschließend führen Sie die Schultern so weit nach unten, wie es geht, und halten auch dort 5–8 Sekunden. Wiederholen Sie die Übung 8- bis 10-mal.

Schulterkreisen Aus der Ausgangsstellung heraus Arme locker hängen lassen. Führen Sie nun unter Muskeleinsatz die Schultern in einer kreisförmigen Bewegung erst nach vorne, dann nach oben, dann nach hinten und von dort wieder zur Ausgangsposition zurück. Beginnen Sie mit einem kleinen Kreis, und lassen Sie ihn nach und nach so groß wie möglich werden. Wiederholen Sie die Übung etwa 10-mal.

Kopfstemmen Aus der Ausgangsposition, deren Grundspannung Sie auch hier halten, führen Sie die rechte Hand zur rechten Kopfseite. Die Hand drückt den Kopf nach links, der dem Druck jedoch standhält und gerade bleibt. Halten Sie diese Anspannung 5–10 Sekunden, und wechseln Sie anschließend die Seite. Um die vordere Halsmuskulatur anzuspannen, legen Sie beide Hände flach auf die Stirn und drücken den Kopf nach hinten. Der Kopf hält dem Druck stand und bleibt gerade. Auch diese Position sollte 5–10 Sekunden gehalten werden. Wiederholen Sie die Übungen 8- bis 10-mal.

Nackendehnung Verschränken Sie aus der Ausgangsstellung heraus die Hände im Nacken. Drücken Sie den Hinterkopf gegen die Handflächen. Die Arme halten dem Druck stand, der Kopf bleibt zunächst gerade. Halten Sie diese Spannung etwa 5 Sekunden. Die Hände bleiben hinter dem Kopf verschränkt. Beim nächsten Ausatmen führen Sie den Kopf mit Unterstützung der Arme langsam in Richtung des Brustbeins, bis Sie eine deutliche Dehnung im Nacken spüren, und halten dort die Position für 5–10 Sekunden. Anschließend zurück zur Ausgangsstellung, 5–8 Wiederholungen.

Internet-Hinweise

Autogenes Training und progressive Muskelentspannung

www.entspannungsverfahren.com

Website der Fachgruppe Entspannungsverfahren des Bundes Deutscher Psychologen mit Informationen u.a. über autogenes Training und progressive Muskelentspannung sowie umfangreiche Liste ausgebildeter Anleiter

Ayurveda

www.ayurveda.de

Website der Deutschen Gesellschaft für Ayurveda

Bewegungsangebote

www.sportprogesundheit.de

Praktische Site des Deutschen Sportbundes mit Bewegungsangeboten auch in Ihrer Nähe

Ernährung

www.dge.de

Website der Deutschen Gesellschaft für Ernährung: Praktische Hinweise zur Ernährung und Büchertipps

Feldenkrais

www.feldenkrais.de

Website des Berufsverbands der Feldenkrais-Lehrer mit Hintergrundinformationen, Links, Tipps und Literaturempfehlungen

Gesundheit

www.bzga.de

Website der Bundeszentrale für gesundheitliche Aufklärung: Infomaterial, Fachpublikationen, Adressen rund um das Thema Gesundheit

Pilates-Training

www.pilatespolestar.de

Website über Pilates-Training mit umfangreicher Adressenliste von Trainern

Tai-Chi und Qigong

www.tai-chi-zentrum.de

Wissenswertes über die chinesischen Körpertechniken, Adressen, Links

Tee

www.teesorten.de

Alles Wissenswerte zum Thema Tee

Volkshochschulen

www.vhs.de

Unabhängiges Verzeichnis der Volkshochschulen mit Weiterleitung zu den örtlichen Bildungsangeboten und Kursdatenbank

Yoga

www.yoga.de

Website des Berufsverbandes der Yogalehrenden mit Hintergrundinformationen und Links zum Thema Yoga

Zehnkampf

www.zehnkampfteam.de

Alles zum Thema Zehnkampf in Deutschland

Die Website zum Buch

www.entspannt-gewinnt.de

Interaktive Angebote, Veranstaltungstipps und weiterführende Informationen zum Autor

Literatur

Anderson, Bob; Burke, Ed; Pearl, Bill, *Fitness-Basics. Stretching – Krafttraining – Ausdauertraining*, München 2000

Backhaus, Jutta; Riemann, Dieter, *Schlafstörungen bewältigen. Informationen und Anleitungen zur Selbsthilfe*, Weinheim 1996

Berufsverband der Fachärzte für Orthopädie, *Weißbuch Osteoporose. Empfehlungen zur Diagnostik und Therapie*, Berlin 2004

Csikszentmihalyi, Mihaliy, *Flow. Das Geheimnis des Glücks*, Stuttgart 2004

Deutsche Gesellschaft für Ernährung, *Ernährungsbericht 2004*, Bonn 2005

Dickau, Kirsten, *Die Nährstoffe. Bausteine für Ihre Gesundheit*, Bonn 2004

Franke, Stéphane, *Fitness à la Carte!*, Pfaffenweiler 2005

Hess, Reingardt; Sälzer, Sabine, *Die echte italienische Küche: typische Rezepte und kulinarische Impressionen aus allen Regionen*, München 1991

Hollmann, Wildor; Hettinger, Theodor, *Sportmedizin. Grundlagen für Arbeit, Training und Präventivmedizin*, Stuttgart, New York 2000

Holst, Susanne; Meiser, Ulrike, *Der große Trias-Ratgeber Gesunder Schlaf*, Stuttgart 2003

Hüther, Gerald, *Biologie der Angst. Wie aus Stress Gefühle werden*, Göttingen 2004

Hüther, Gerald, *Bedienungsanleitung für ein menschliches Gehirn*, Göttingen 2005

Jacobi, Günther (Hg.), *Anti-Aging für Männer. Strategien für den ganzen Mann*, Stuttgart, New York 2004

Jacobi, Günther; Hellmis, Eva, *Am liebsten immer 40. Mit Power in die zweite Lebenshälfte*, Stuttgart 2003

Kaluza, Gert, *Stressbewältigung. Trainingsmanual zur psychologischen Gesundheitsförderung*, Berlin 2004

Katzenbach, Jon R.; Smith, Douglas K., *Teams. Der Schlüssel zur Hochleistungsorganisation*, Wien 1996

Klein, Stefan, *Die Glücksformel oder Wie die guten Gefühle entstehen*, Reinbek bei Hamburg 2002

Krieger, Verena, *Hülsenfrüchte: die besten Rezepte*, Aarau 2003

Linneweh, Klaus, *Stresskompetenz: der erfolgreiche Umgang mit Belastungssituationen in Beruf und Alltag*, Weinheim 2002

Morgenroth, Christine, *Von der Eile, die krank macht, und der Zeit, die heilt*, Freiburg im Breisgau 2004

Müller-Wohlfahrt, Hans-Wilhelm, *Mensch, beweg dich*, München 2001

Oliver, Jamie, *Kochen für Freunde. Neue geniale Rezepte*, Starnberg 2004

Rosenfelder, Regina, *Lebenselixier Olivenöl*, München 1999

Sprenger, Reinhard K., *Mythos Motivation. Wege aus einer Sackgasse*, Frankfurt am Main 2005

Wessinghage, Thomas, *Laufen. Alles über Ausrüstung, Technik, Training, Ernährung und Laufmedizin*, München 2004

Register

Dank

Die Arbeit an diesem Buch wäre ohne die Unterstützung der Menschen meiner nahen Umgebung undenkbar gewesen. An erster Stelle meine Frau Katharina, die mir den Rücken stärkte und frei hielt und viele Ideen einbrachte: Danke für deine Liebe und dein Vertrauen. Aus meinem Freundeskreis möchte ich vor allem Thorsten Fiedler, Wolfgang Peters, Frank Kemper und Paul Meier nennen, die mich immer gepuscht, hinterfragt und mir Mut gemacht haben. Ein besonderer Dank geht an Paul Meier für den Titel-Tipp.

Eva-Maria Büttner und Prof. Dr. med. Günther Jacobi haben mich mit auf den Weg gebracht und bestärkt. Meinem Bruder PD Dr. Frank-Gerald Pajonk, PD Dr. Dietrich Baumgart und Dr. med. Heinz Birnesser möchte ich für die fachliche Unterstützung danken.

Mit den Fotos im Buch ist Brigitte Werner kongenial eine bildliche Umsetzung unserer Ideen gelungen. Die Grafikerin Meike Teubner und der Schauspieler Karsten Engelhardt haben stellvertretend für alle Leser die Übungen absolviert, und zwar Ia. Susanne Rieger hat den Esstisch gerichtet, und ich kann nur sagen, es war köstlich.

Mein Dank geht auch an das komplette Team vom Murmann Verlag: für den Glauben an das Konzept und das unermüdliche Engagement bei der Umsetzung. Last, but not least: Christian Weller, ganz ehrlich, weit mehr als ein Lektor.

Über den Autor

Dirk Pajonk, Jahrgang 1969, war elf Jahre lang Mitglied der Deutschen Nationalmannschaft im Zehnkampf. 1996 nahm er an den Olympischen Spielen in Atlanta teil, 1998 wurde er Deutscher Meister im Zehnkampf. Im gleichen Jahr schloss er sein Medizinstudium ab. Neben seiner Tätigkeit als Orthopäde hält er Vorträge und gibt Workshops zu den Themen körperliches Training, Ernährung und Stresskompetenz.

Dirk Pajonk arbeitet heute ehrenamtlich als betreuender Arzt für den Deutschen Leichtathletikverband und als Anti-Doping-Beauftragter für das Deutsche Zehnkampf-Team. Er ist verheiratet, hat drei Kinder und lebt in Düsseldorf.

Eva Christiane Wetterer

Die Kunst der richtigen Entscheidung

40 Methoden, die funktionieren

140 Seiten, ISBN 3-938017-23-6

»Entdecke die Möglichkeiten.« *Augsburger Allgemeine*

Wer weit reichende Entscheidungen zu treffen hat, will Eindeutigkeit finden in einer mehrdeutigen Lage. Die Kunst der richtigen Entscheidung stellt vierzig Techniken vor, um herauszufinden, wie man den richtigen Weg einschlägt. In ihrer Bandbreite sind sie für jede Art von Entscheidung geeignet, egal ob die Situation Analyse verlangt, Vision oder schlicht Pragmatismus.

Zu den erläuterten Techniken zählen populäre wie unbekannte Methoden: De Bonos Denkhüte, Stichomantie, Entscheidungsmatrix, Somatische Marker, I Ging, Walt Disneys drei Stühle, Basisfragen nach Osborn, Mind Mapping oder die Morphologische Matrix.

»Dieses Buch hilft Ihnen, die Geheimnisse des Erfolgs zu ergründen. Es ist Nachschlagewerk, Entscheidungshilfe und Ratgeber in einem.«
buchSzene

MURMANN

Dominic Midgley & Chris Hutchins

Der Milliardär aus dem Nichts

Roman Abramowitsch

320 Seiten, ISBN 3-938017-30-9

Geld schießt Tore!

Durch den Kauf des FC Chelsea ist ein bis dahin völlig Unbekannter weltberühmt geworden: Roman Abramowitsch zahlte 60 Millionen Pfund für den angeschlagenen Fußballclub und kauft seitdem einen Star nach dem anderen ein. Wer ist der russische Tycoon, der in nur zehn Jahren ein Milliardenvermögen angehäuft hat? Dominic Midgley und Chris Hutchins haben sich auf Spurensuche begeben und zahlreiche Interviews geführt: mit Schulfreunden, Nachbarn, Lehrern, Ex-Kollegen, Freunden und Feinden. DER MILLIARDÄR AUS DEM NICHTS ist die Chronik eines beispiellosen Aufstiegs – aus den Wirren des neuen Russlands auf die Tribüne des internationalen Jet-Sets.

»Eine fesselnde Biografie.« *Daily Mirror*

»Hervorragend recherchiert und gut geschrieben ... Das Bemühen, die wahre Geschichte Abramowitschs aufzudecken, zeichnet dieses Buch aus.« *The Times*

Katja Blomberg

Wie Kunstwerte entstehen

300 Seiten, ISBN 3-938017-24-4

Der ultimative Scout für den deutschen Kunstmarkt!

Die Oberliga des deutschen Kunstmarktes ist ein Netzwerk, das schwer zu durchschauen ist. Nur wer dazu gehört, kennt das Terrain. Kunstwerte entstehen nach einem geheimen Code unter Beteiligung von Künstlern, Sammlern, Galeristen, Kritikern, Auktionatoren, Restauratoren, Kuratoren, Messeveranstaltern, Beratern, Transporteuren, Versicherern und Museumsdirektoren. Alle drehen an der Wertschraube und machen Kunst zu einem hoch attraktiven Markt mit Milliardenumsätzen.

Nach dem Zerplatzen der New Economy-Blase wird wieder in langlebige Werte investiert. Wer hier mitspielen will, sollte gewappnet sein und erst einmal Katja Blombergs Blick hinter die Kulissen aufmerksam lesen.

»Verführung zum Sammeln! – Katja Blomberg klärt nicht nur über den Kunstmarkt auf: Sie wirbt für das Sammeln. Der geschmeidige Ton ihres Buchs, die kluge und kompakte Abfolge der Kapitel und die stets mit großer Sympathie verfassten Porträts wichtiger Figuren der Kunstszene sind auf Verführung angelegt.« *taz*

MURMANN